Fala Gestual

MATEUS 26

17 No primeiro Dia dos Ázimos, os discípulos aproximaram-se de Jesus e perguntaram-lhe: "Onde queres que preparemos a ceia pascal?"(73). **18** Respondeu ele: "Vão à cidade, à casa de certo homem e digam-lhe: 'O Mestre manda dizer: O meu tempo está próximo; é na sua casa que que ṛo celebrar a Páscoa com os meus discípulos'". **19** Os discípulos fizeram como Jesus lhes ordenara e prepararam a Páscoa.

20 Ao cair da tarde, ele se pôs à mesa com os doze **21** e enquanto comiam, disse: "Eu lhes afirmo, com toda certeza: um de vocês vai me trair". **22** Eles, muito tristes, começaram a perguntar um após o outro: "Será que sou eu, Senhor?" **23** Ele respondeu: "Aquele que põe comigo a mão no prato, é esse que vai me trair. **24** O Filho do homem vai partir, como a respeito dele está escrito na Bíblia; mas infeliz daquele pelo qual o Filho do homem será traído! Para ele seria melhor nunca ter nascido". **25** Então Jesus, que estava planejando a traição, perguntou, por sua vez: "Será que sou eu, Senhor?" "Isso mesmo", respondeu Jesus. **26** Enquanto comiam, Jesus tomou um pão, deu graças a Deus, partiu-o e deu o aos discípulos, dizendo: "Tomem e comam, isto é o meu corpo". **27** Depois, tomou o cálice, deu graças a Deus e passou-o a eles, dizendo: "Bebam dele todos, **28** pois este é o meu sangue, o sangue da Aliança, que é derramado por muitos para a remissão dos pecados. **29** Eu lhes digo: não beberei mais deste fruto da videira, até o dia em que o beber de novo com vocês, no Reino do meu Pai".

Anúncio da negação de Pedro

30 Depois de cantarem o hino, saíram para o monte das Oliveiras.

1. A ÚLTIMA CEIA   JOÃO 13
• O lava-pés

1 Antes da festa da Páscoa, sabendo Jesus que chegara sua hora de passar deste mundo ao Pai, tendo amado os seus que estavam neste mundo, amou-os até o fim. **2** Enquanto ceavam, quando o diabo já havia inspirado a Judas Iscariotes, filho de Simão, o plano de o trair, **3** Jesus, sabendo que o Pai lhe havia dado em mãos todas as coisas, e que ele viera de Deus e para Deus voltava, **4** levantou-se da mesa, tirou o manto e, tomando uma toalha, colocou-a à cintura. **5** Em seguida, pôs água numa bacia e começou a lavar os pés dos discípulos e a enxugá-los com a toalha com que estava cingido.

6 Chegou junto de Simão Pedro e este lhe disse: "Senhor, tu me lavas os pés?" **7** Respondeu-lhe Jesus: "O que eu faço, você não o compreende agora, mas depois o compreenderá". **8** Disse-lhe Simão Pedro: "Nunca me lavarás os pés!" Jesus lhe respondeu: "Se não o lavar você não é meu amigo". **9** "Pois então, Senhor, — disse-lhe Simão Pedro — lava-me, não só os pés, mas também as mãos e a cabeça!" **10** Jesus lhe disse: "Quem já tomou banho, não precisa lavar-se; está todo limpo. Vocês também estão limpos, mas nem todos". **11** Pois ele sabia quem o estava traindo, e por isso disse: "Nem todos estão limpos".

12 Quando lhes lavou os pés e retomou as vestes, sentou-se de novo e lhes disse: "Sabem o que lhes fiz? **13** Vocês me chamam de Mestre e Senhor, e dizem bem, pois eu o sou. **14** Se, portanto eu, que sou o Senhor e o Mestre, lhes lavei os pés, vocês também devem lavar-se os pés uns aos outros. **15** Pois eu lhes dei o exemplo, para que façam como eu fiz.

O empregado e o patrão

16 Eu lhes afirmo com toda certeza: O empregado não é maior que seu patrão, nem o enviado maior que aquele que o envia. **17** Sabendo disso, vocês serão felizes, se o praticarem. **18** Não o digo de vocês todos; eu conheço os que escolhi; mas é preciso que se cumpra o que diz a Bíblia: Aquele que come meu pão, levantou contra mim seu calcanhar(39). **19** Desde já, antes que isto aconteça, eu já estou lhes dizendo, para que, quando acontecer, acreditem que eu sou. **20** Eu lhes afirmo com toda certeza: quem acolher aquele que eu enviar, a mim acolhe, e aquele que me acolhe, acolhe Aquele que me enviou".

Anúncio da traição

21 Ao dizer isto, Jesus ficou angustiado e disse abertamente: "Eu lhes afirmo com toda certeza: um de vocês vai me entregar". **22** Os discípulos olhavam uns para os outros, sem saber a quem ele se referia. **23** Estava reclinando bem perto de Jesus um dos seus discípulos, aquele a quem Jesus amava. **24** Simão Pedro fez-lhe sinal e lhe disse: "Pergunte a quem ele se refere". **25** Reclinando-se sobre o peito de Jesus, perguntou-lhe: "Quem é, Senhor?" **26** Respondeu Jesus: "É aquele a quem vou dar o pedaço de pão umedecido no molho". E ensopando o pão, toma-o e dá a Judas, filho de Simão Iscariotes. **27** Após receber o pedaço de pão, entrou nele Satanás. Disse-lhe Jesus: "O que você tem a fazer, faça-o logo". **28** Nenhum dos que estavam à mesa compreendeu porque dissera isto. **29** Como Judas tomava conta da bolsa, alguns pensavam que Jesus lhe tivesse dito: "Compre o necessário para a festa", ou lhe houvesse ordenado dar algo aos pobres. **30** Tomando, pois, o pedaço de pão, saiu logo. Era noite.

31 Assim que ele saiu, disse Jesus: "Agora, o Filho do homem foi glorificado e Deus foi glorificado nele. **32** Se Deus foi glorificado nele, também Deus o glorificará a si mesmo. E em breve o glorificará. **33** Meus filhinhos, ainda estarei com vocês um pouco. Vocês me procurarão. E agora eu lhes digo a mesma coisa que disse aos judeus: Para onde vou, vocês não podem ir.

A traição de Judas   LUCAS 22

1 Estava chegando a festa dos Ázimos, chamada Páscoa. **2** E os sumos sacerdotes e os escribas procuravam um modo de matar Jesus, pois temiam o povo. **3** Satanás entrou em Judas, chamado Iscariotes, que era um dos Doze. **4** Ele foi encontrar-se com os sumos sacerdotes e com os chefes das guardas, para conversar sobre o modo de entregá-lo. **5** Estes ficaram alegres e prometeram-lhe dinheiro. **6** Ele aceitou e ficou esperando uma ocasião oportuna para entregá-lo a eles sem a multidão saber.

A Ceia Pascal

⁷Chegou, pois, o dia dos Ázimos, no qual se devia imolar o Cordeiro Pascal. ⁸Jesus enviou Pedro e João, dizendo: "Vão e preparemos a Páscoa para comermos". ⁹Perguntaram-lhe eles: "Onde queres que a preparemos?" ¹⁰Respondeu-lhes: "Ao entrarem na cidade, vocês vão encontrar um homem carregando um pote de água. Sigam-no até ele entrar e digam ao dono da casa: ¹¹O Mestre lhe manda perguntar: Onde está a sala em que poderei comer a Páscoa com os meus discípulos?' ¹²E ele lhes mostrará uma grande sala mobiliada, no andar de cima. Façam lá os preparativos". ¹³Eles foram e encontraram tudo como Jesus lhes dissera e prepararam a Páscoa.

¹⁴Chegada a hora, ele se pôs à mesa com os apóstolos. ¹⁵e lhes disse: "Desejei ardentemente comer esta Páscoa com vocês antes de sofrer; ¹⁶porque eu lhes digo que não mais a comerei, até que ela se cumpra no Reino de Deus". ¹⁷E tomando o cálice, deu graças a Deus e disse: "Tomem este cálice e distribuam entre vocês; ¹⁸pois eu lhes digo: doravante já não beberei do fruto da videira, até que venha o Reino de Deus".

A Instituição da Eucaristia

¹⁹Depois, tomando um pão e dando graças a Deus, partiu-o e o deu a eles, dizendo: "Isto é o meu corpo, que é dado por vocês; façam isto para celebrar a minha memória". ²⁰Do mesmo modo, depois de haver ceado, passou-lhes o cálice, dizendo: "Este cálice é a Nova Aliança em meu sangue, que é derramado por vocês (66).

Anúncio da traição

²¹No entanto, eis que a mão de quem me trai está à mesa comigo. ²²Pois o Filho do homem, de fato, vai partir, mas ai daquele por quem ele for entregue!" ²³Puseram-se eles então a indagar entre si qual deles iria fazer tal coisa.

¹⁰Judas Iscariotes, um dos Doze, foi ter com os sumos sacerdotes, para lhes entregar Jesus. ¹¹Eles ficaram alegres com esta notícia e prometeram dar-lhe dinheiro. E ele ficou esperando uma boa ocasião para entregá-lo.

A Ceia Pascal

¹²No primeiro dia dos Ázimos, quando se imolava o cordeiro pascal, disseram-lhe os seus discípulos: "Onde queres que preparemos a ceia pascal?" ¹³Ele enviou, então, dois discípulos dizendo: "Vão à cidade e encontrarão um homem levando uma bilha de água. Acompanhem-no. ¹⁴Onde ele entrar, digam ao dono da casa: O Mestre manda perguntar: Onde está a minha sala, na qual poderei comer a páscoa com os meus discípulos? ¹⁵E ele lhes mostrará, no andar superior, uma grande sala, já mobiliada e pronta. Façam lá os preparativos para nós". ¹⁶Os discípulos foram e, entrando na cidade, encontraram tudo como ele tinha dito e prepararam a Páscoa.

¹⁷Ao cair da tarde, ele chegou com os Doze. ¹⁸Enquanto estavam à mesa, Jesus lhes disse: "Eu lhes afirmo, com toda certeza: um de vocês, um que come comigo, me vai trair". ¹⁹Eles ficaram tristes e começaram a lhe perguntar um após outro: "Seria eu?" ²⁰Ele lhes disse: "É um dos doze, que junto comigo põe a mão no mesmo prato. ²¹O Filho do homem vai, como está escrito a respeito dele, mas ai do homem pelo qual é traído o Filho do homem: melhor para ele seria não ter nascido!".

²²E enquanto comiam, ele tomou um pão, recitou a bênção, partiu-o e deu-o aos discípulos, dizendo: "Tomem, isto é o meu corpo". ²³Depois tomou o cálice, deu graças a Deus e entregou a eles. E todos beberam. ²⁴Ele lhes disse: "Este é o meu sangue, o sangue da aliança, derramado pela humanidade. ²⁵Eu lhes afirmo com toda certeza: Não beberei mais do fruto da videira até o dia em que beberei o vinho novo no Reino de Deus".

Coleção Estudos
Dirigida por J. Guinsburg

Equipe de realização: Revisão – Silvia Cristina Dota; Produção – Ricardo W. Neves e Sylvia Chamis.

Ana Claudia de Oliveira

FALA GESTUAL

EDITORA PERSPECTIVA

Direitos reservados à
EDITORA PERSPECTIVA S.A.
Avenida Brigadeiro Luís Antônio, 3025
01401 – São Paulo – SP – Brasil
Telefones: 885-8388/885-6878
1992

SYLVIA DEMETRESCO
pela coragem amiga de assumir meus riscos

NATHALIE DE KERCHOVE DE DENTERGEN

pela persistência sensível de ouvir falando / falar ouvindo me

MYRIAN CASTILHO ALVES DE OLIVEIRA
SABINA MEI SILVEIRA
pela oferta de seu tempo na reconstrução do meu

A todo universo feminino, que me tornou mais mulher,
gracias, muchas gracias e, gracias

LUZIA MEI DE OLIVEIRA

por mi/su vida

Dados Internacionais de Catalogação na Publicação (CIP)
(Câmara Brasileira do Livro, SP, Brasil)

Oliveira, Ana Claudia de.
 Fala gestual / Ana Claudia de Oliveira. — São Paulo : Perspectiva, 1992. — (Coleção estudos ; v. 128)

 Bibliografia.

 1. Comunicação não-verbal 2. Gestos na arte 3. Última Ceia na arte — Análise, interpretação, apreciação I. Título. II. Série.

91-2976

CDD-750
-001.56
-700.147

Índices para catálogo sistemático:

1. Gestos : Comunicação não-verbal 001.56
2. Gestos na arte 700.147
3. Última Ceia : Análise e interpretação : Arte 750

Sumário

ÍNDICE DAS ILUSTRAÇÕES 1
DA DIVERSIDADE GESTUAL À UNIDADE REPRESENTACIONAL 5

ARTE
1. MÃO FORMA
HISTÓRIA 9
2. A GESTUALIDADE NA *ÚLTIMA CEIA* 29
   Objeto-Imagem: Foco e Desfoco 30
   Hipóteses: Gestos de Possíveis 32
3. O OBJETO-PALAVRA: CEIA PASCAL 39
4. OBJETO-GESTO: PROCEDIMENTOS TEÓRICOS-METODOLÓGICOS 57
5. CEIAS: CENAS DE UM OLHAR 121
6. FALA GESTUAL 179
BIBLIOGRAFIA 189

Índice das Ilustrações

1. *A Criação do Homem*: Michelangelo (Gênesis, II, 7). Capela Sistina, Roma. VII
2. *Olho que Espia*: Juan Miró. 5
3. *O Polegar*: Cesar Baldaccini. Museu de Arte Moderna de Louisiana. Humbebaek, 1966. 9
4. Mão esquerda: El Castilho. Santander. 18
5. Cavalos auriñacienses rodeados pelas mãos esquerda e direita acima e abaixo. Pech-Merle. Lot. 19
6. Desenho de Breuil: correspondente à Fig. 5. 19
7. Mão direita e esquerda: Pech-Merle. Lot. 21
8. Desenho de Breuil: correspondente à Fig. 7. 21
9. Signos Abstratos. Santián. Santander. 22
10. Desenho de Breuil: correspondente à Fig. 9. 22
11. Cerâmica índios Hopi. Aldeia Sikyalki. Arizona. 24
12. Desenho da escultura *A Mão Aberta*: Le Corbusier. Chandigarth. ... 24
13. Escultura *Mão*: Oscar Niemayer. São Paulo, 1989. 25
14. Esculturas na fachada externa do Museu Salvador Dali. Figueras. ... 26
15. *Hands Flying Up Through Constelations*: Juan Miró. Barcelona. 27
16. Fragmento de dedos. Mão de São Gregory: pintor desconhecido. Igreja de Tounai. Paris. 29
17. *Última Ceia*: Mosaico de São Apolinário Novo. Ravena. Século VI. .. 33
18. *Última Ceia*: Ghirlandaio. Igreja de Ognissanti. Florença, 1480. 33
19. Desenho Ceia Pascal, na obra de Lindberg Faria. 35
20. *Última Ceia*: Giotto. Capela dos Scrovegni. Pádua, 1304-1306. 35
21. *Também os Pés São Importantes*: Juan Miró. 39
22. Mural vestíbulo do edifício da Unesco: Picasso. Paris, 1958. 57
23. Detalhe das mãos *Crucificação*: Mathias Grünewald. Altar de Isenhein, 1515. Museu Unterlinder. Colmar França (23a, 23b, 23c, 23d). Dese-

nho da Mudra Budista na obra *The Power of Center* de R. Arnhein (23e).. 64
24. Esboço 1 *Última Ceia*: Leonardo Da Vinci. Manuscritos de Leonardo Da Vinci. Vol. II, pl. XLVI........................ 65
25. Esboço 2: Leonardo Da Vinci. Manuscritos de Leonardo Da Vinci. Vol. II, pl. XLVI............................... 66
26. Esboço 3: Leonardo Da Vinci. Manuscritos de Leonardo Da Vinci. Vol. II.. 66
27. Esboço de Leonardo Da Vinci. Vol. II, p. 297.............. 67
28. Série Gestos de Reflexão. Esboço de Mel Perkarsky........... 71
29. Estudo de expressões faciais: Leonardo Da Vinci. Coleção Real de Windsor... 74
30. Estudos de movimentos. Coleção Real de Windsor............ 75 a 79
31. Fragmento *Las Manos Juegan un Gran Papel*. Juan Miró, 1934..... 121
32. *Última Ceia*: Andrea Del Castagno. Afresco do refeitório do Convento de Santa Appolonia. Florença, 1445-1450................ 126
33. Fragmento *Última Ceia*: Jesus, João, Judas e Pedro. Andrea Del Castagno.. 128
34. Fragmento *Última Ceia*: Jesus, João e Judas. Andrea Del Castagno... 128
35. Fragmento *Última Ceia*: Tiago, o Maior. Andrea Del Castagno..... 130
36. Fragmento *Última Ceia*: Tomé. Andrea Del Castagno.......... 130
37. Fragmento *Última Ceia*: Mateus e Felipe. Andrea Del Castagno..... 131
38. Fragmento *Última Ceia*: mão esquerda de Felipe. Andrea Del Castagno.. 132
38a. Fragmento *Última Ceia*: mãos de Mateus e Felipe. Andrea Del Castagno.. 132
39. Fragmento *Última Ceia*: Bartolomeu e André. Andrea Del Castagno.. 132
39a. Fragmento *Última Ceia*: Bartolomeu. Andrea Del Castagno...... 132
40. Fragmento *Última Ceia*: Tadeu. Andrea Del Castagno.......... 133
41. Fragmento *Última Ceia*: Simão. Andrea Del Castagno.......... 134
42. Fragmento *Última Ceia*: Tiago, o Menor. Andrea Del Castagno..... 134
43. *Última Ceia*: Leonardo Da Vinci. Afresco do refeitório do Convento de Santa Maria Delle Grazie. Milão....................... 139
44. Fragmento *Última Ceia*: Jesus. Leonardo Da Vinci............ 139
45. Fragmento *Última Ceia*: Tomé, Tiago, o Menor e Felipe. Leonardo Da Vinci... 142
46. Esboço da cabeça de Felipe. Leonardo Da Vinci. Biblioteca Real do Castelo de Windsor................................... 144
47. Esboço da cabeça de outros apóstolos. Leonardo Da Vinci. Biblioteca Real do Castelo de Windsor e Biblioteca Ambrosiana.......... 144
48. Fragmento *Última Ceia*: Mateus, Tadeu e Simão. Leonardo Da Vinci.. 145
49. Esboço da cabeça de Mateus. Leonardo Da Vinci. Biblioteca Real do Castelo de Windsor................................... 146
50. Fragmento *Última Ceia*: João, Judas e Pedro. Leonardo Da Vinci.... 147
51. Esboço do braço direito de Pedro. Leonardo Da Vinci. Biblioteca Real do Castelo de Windsor................................. 148
52. Esboço da cabeça de Judas. Leonardo Da Vinci.............. 149
53. Esboço da cabeça de um prisioneiro. Leonardo Da Vinci........ 149
54. Fragmento *Última Ceia*: André, Tiago, o Maior e Bartolomeu. Leonardo Da Vinci.. 150
55. *Última Ceia*: Tintoretto (1592-1594). Tela. São Giorgio Maggior. Veneza... 153

ÍNDICE DAS ILUSTRAÇÕES

56. *O Sacramento da Última Ceia*: Galeria Nacional de Arte. Washington, 1955. 157
57. Fragmento *O Sacramento da Última Ceia*: Salvador Dali. 159
58. Fragmento *Última Ceia*: Buñuel. Filme *Viridiana*, 1959. 174
59. *Última Ceia*: Tintoretto. 174
60. Fragmento *Última Ceia*: Buñuel. Filme *Viridiana*, 1959. 175
61. *Última Ceia*: Leonardo Da Vinci. 175
62. *O Segredo*: Auguste Rodin. Museu Rodin. Paris, 1910. 179
63. Figura humana e animais. Altamira. 187
64. *Elementos Antropomorfos. O Pássaro Aninhado nos Dedos de uma Flor*: Juan Miró, 1969. 189

Da Diversidade Gestual à Unidade Representacional

Antes que o leitor entre no corpo desta pesquisa do gestual, é preciso corporificar os muitos corpos que, com o seu atuar, moveram *Fala Gestual*.

As viagens, um dos meus maiores interesses, voltaram-me, constantemente, para o homem de cada lugar e aguçaram meus sentidos para observar sua expressividade. Há anos relaciono as teorias de comunicação com a vasta gama informacional que o contato humano me transmite. A pesquisa da representação do movimento corporal na arte é só parte deste universo que me atrai.

Estava ainda voltada para outros recortes de meu projeto de estudo, quando, num processo de adaptação de orientadores do programa de Comunicação e Semiótica da Pontifícia Universidade Católica de São Paulo, fui escolhida como orientanda pelo Professor Dr. Fernando Segolin. Estávamos em março de 1986. Fernando assumiu meu encantamento pela premência expressiva do corpo, e assume comigo as postulações que desenvolvo. Sua confiança na minha pesquisa impulsionou-me sempre, assim como sua leitura anotada de meus escritos possibilitou-me maior criticidade nas revisões e abriu diálogos fundamentais com vozes que ainda ecoam na minha.

Uma outra voz sempre presente que não tem nada de acadêmica, mas é a mais determinante de minhas investigações científicas: meu pai, Saulo, e seu método de lavrar a terra-vida foi, e é, minha fonte abastecedora. De olhar e viver a terra, geometricamente delineada para cada lavoura, aprendi a arar o meu solo, adubá-lo com o que há de melhor, abalizar-me na leitura analítica da ciência para investir nele o necessário e trabalhá-lo sempre com confiança na tecnologia de implementação e desenvolvimento do projeto. As abstrações vitalistas de seu fazer concretizam-se no meu, com a significativa certeza: a safra das palavras é como a do café, fruto de muitos anos de trabalho, sol a sol.

Nos bastidores do percurso deste doutorado, contei com dois anos e meio de Bolsa de Auxílio à Pesquisa, da Capes, que contribuiu para este estudo. Contei, ainda, com Alonso Martinez, convivência essa muito importante por enfatizar a força criativa e dinâmica do sul-americano. Vivi com ele "os primeiros mundos", experienciando que entre o "Terceiro" e "Primeiro", as vias podem ser mantidas abertas, num ir e vir de livre trânsito – basta querer, fazer e, inclusive, sonhar. Contei, inclusive, com a assessoria amiga de Ana Tereza Garofalo Colavini e Maria Aparecida Garofalo Meister, que me olharam no amplo sentido da visão, garantindo o meu bem-estar e a possibilidade de traçar novos horizontes.

No tornar realidade os projetos, agradeço muito o carinho com que a sempre amiga Cida Junqueira e Zezé Palo trataram meus originais e a atenção dos Padres: Francisco de Assis Correia, José Geraldo Segantini e Frei José Pinto Ribeiro, que me emprestaram suas bibliotecas e partilharam, criticamente, minhas idéias e o profissionalismo dos fotógrafos Dilma Lúcia Ignácio (fotos preto e branco) e Haroldo Palo Júnior (fotos a cores), que asseguraram a visualidade gestual da pesquisa.

Não há como pôr um ponto final antes de agradecer os alimentos: solidariamente, coragem, esperança, confiança, realização e vida que Daniel e Juliana, meus filhos e amigos, me deram nas quatro estações de 1988.

Ponto final.

1. Mão Forma Arte História

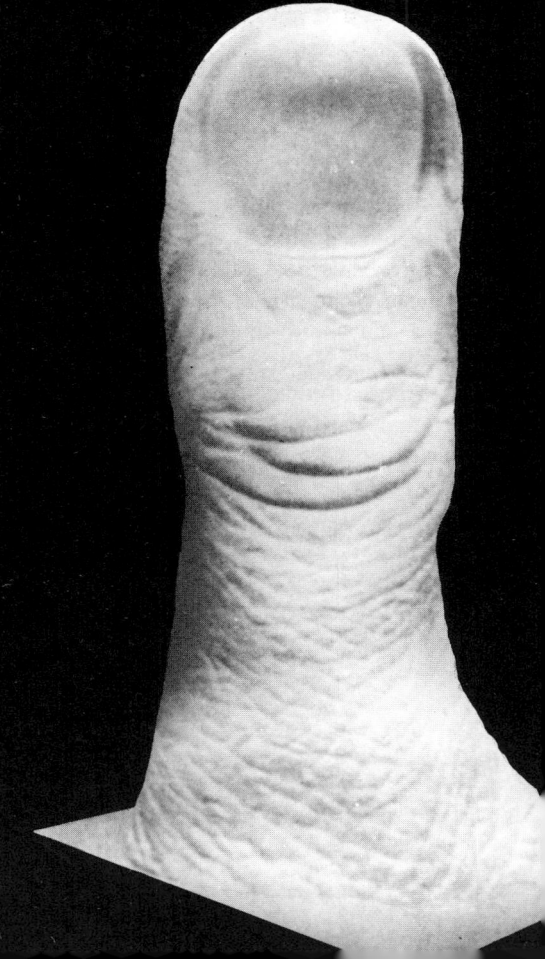

PRODUTO FORMA HISTÓRIA

Esta faixa-anúncio com signos em vermelho, denominação verbal intituladora da Mostra dos 150 Anos do Design Alemão, exposta no Museu de Arte Moderna de São Paulo, em novembro de 1988, deflagrou minhas reflexões, que ancoraram noutro substantivo substituidor, porém correlato à História: Arte. Por analogia, estruturou-se a tríade conceitual e funcional definidora das concepções de arte norteadoras desta pesquisa, montando-se assim nosso anúncio-faixa:

PRODUTO FORMA ARTE

Desfrutando da condensação funcional verbo/substantivo, FORMA é a síntese de nossa concepção de arte. Os produtos artísticos vitalistas e/ou abstratos são articulações de formas. Desde as primeiras manifestações artísticas do homem no Paleolítico e Neolítico até as de nossos dias:

ARTE
PRODUTO FORMA
HISTÓRIA

No âmbito desta tríade, arte é o sentimento-idéia imaginado, percebido e expresso pelo criador em sua experiência sígnica. É um fazer-descoberta articulador, tanto do sentimento idéia-invenção como dos modos de construí-lo. O produto, signo artístico, é um conhecimento que se estrutura em um construto sígnico. Conhecimento por imagens é o produto de nossa mirada: conhecimento-imagem parietal – os murais – é a continuidade das primeiras pinturas das cavernas; conhecimento-imagem-tela pictórica; conhecimento-imagem-tela cinematográfica – caverna do século XX.

Na estruturação de cada produto, identificamos, como matriz geradora, a experiência que se materializa em construtos

en ^{in}con
dis$_{re}$trans   formados por signos que plasmam em

suas operações   HISTÓRIA
ARTE

A mente humana é fonte infinita e original de sensações, associações, pensamentos, idéias, criações. É uma fonte-mundo que se situa em mundos, fontes outras, que a experiência expõe e, sistematicamente, fraciona, filtra, no intento de decifrar, conhecer o que lhe é apresentado.

A experiência é a concreção do pensar humano, conceituada por Charles Sanders Peirce como:

...o curso da vida...[1]
...o inteiro resultado cognitivo do viver...[2]
...nossa única mestra...[3]

O produto artístico é a representação da experiência cognitiva. É uma representação do tempo e espaço de um ser, no tempo-espaço da obra. Representação das qualidades de sentimento, marco único de um tempo sem tempo, que o homem pode experienciar, graças a sua potencialidade, e que Peirce define como:

...a rara faculdade de ver o que está diante dos olhos tal como se apresenta, sem qualquer interpretação...

(PEIRCE, *CP* 5, § 42)

Entretanto, esta condição inerente ao homem não lhe assegura um desempenho coletivo. Seguindo o pensar peirceano:

Esta é a faculdade do artista que vê as cores aparentes da natureza como elas se apresentam. Quando o chão está coberto de neve na qual o sol luminosamente brilha, exceto onde há sombras, se você perguntar a qualquer homem a que se assemelha esta cor, ele responderá a você branco, puro branco, mais branco na luz do sol, um pouco acinzentado na sombra. No entanto, não é aquilo que está diante de seus olhos que ele está descrevendo, é sua teoria sobre o que deve ser visto. O artista ao ser perguntado responderá que as sombras não são cinzas, mas um desluzido azul e que "a neve ao sol é de um rico amarelo".

(PEIRCE, *CP* 5, § 42)

---

1. Hartshorne, Weiss & Burks (eds.). *Collected Papers of Charles Sanders Peirce*, Cambridge, Massachusetts, Harvard University Press. Ao nos referirmos aos oito volumes desta obra assim a indicaremos: *CP* (título), número do volume, seguido do número do parágrafo. A tradução, quando não devidamente indicada, é de nossa autoria. A referência é Peirce: *CP* 1, § 426, tradução de Ivo Assad Ibri, como as demais deste capítulo.

2. Peirce, *CP* 7, § 527.

3. Peirce, *CP* 5, § 50.

O olho-artista de Leonardo, que Alfredo Bosi, em sua obra *Reflexão sobre a Arte*, chama de "poeta das gradações", vê o verde, na natureza, com esta faculdade própria do artista:

> Têm as árvores no campo, várias naturezas de verde, pois umas enegrecem como os abetos, pinheiros, ciprestes, loureiros, briscos e semelhantes; outras amarelecem, como as nogueiras e pereiras, videiras e verduras jovens; outras amarelecem com a escuridão como os castanheiros, os carvalhos e semelhantes; outras incandescem pelo outono, como os sorveleiros, as romãzeiras e as cerejeiras; outras embranquecem como os salgueiros, as oliveiras, as canas e semelhantes[4].

O olho do artista simplesmente vê. Vê formas. E estamos longe de concordar que a natureza adestra seu olho para ver. É a experiência que adestra seu olho, assim como é a experiência que desencadeia o processo de concretização do visto na experiência da criação, do dar forma visual pelos materiais, nos materiais.

No entanto, a experiência primeira do artista, para ser representada, passa pelo processo de tradução do vivido em formas. Nas várias operações desta concretização, o artista, buscando recriar o primeiro, enfrenta tanto os materiais, quanto as técnicas de criação que a história da arte armazena no edifício da tradição iconográfica. Por conseguinte, o artista enfrenta o outro e as normas da representação histórica.

O artista vive, no plano da Secundidade, a trama do conflito, no qual sua ação passa a se caracterizar como sendo "esta coisa e não aquela". O conflito com "isto que não é aquilo" se mediatiza nos signos, força dual de ação/reação individual da mente geradora desta forma e não de outra. A forma composta é uma reação individual ao que lhe ocorreu, é um força em direção oposta, um Segundo em relação a um Primeiro.

No Primeiro, plano que Peirce denomina de Primeiridade, não há o outro porque

> na idéia de Primeiro predominam as idéias de novidade, vida, liberdade. Livre é aquilo que não tem outro atrás de si determinando suas ações.
>
> (PEIRCE, *CP* 1, § 302)

---

4. Alfredo Bosi, *Reflexões sobre a Arte*, São Paulo, Ática, 1986, p. 34.

O ver do artista é a talidade, o que é tal como é e nada mais. Seus olhos têm a faculdade de ver as qualidades do mundo tal como elas aparecem sem interpor qualquer análise. Seu ver é o ver simplesmente vivendo:

> ...as qualidades de sentimento tais como a cor da magenta, o odor da rosa, o som do apito de um trem, o sabor do quinino, a qualidade da emoção ao assistir a uma bela demonstração matemática, a qualidade do amor.
>
> (PEIRCE, *CP* 1, § 304)

> o mero poder-ser, cujo único ser consiste no fato de que poderia existir tal peculiar e positiva talidade em um *faneron*.
>
> (PEIRCE, *CP* 1, § 304)

E a consciência que, num lapso de tempo, vive o Primeiro.

> o presente como presente... O presente é apenas o que é sem considerar o ausente, sem relação com o passado e o futuro... A primeira categoria, então, é Qualidade de Sentimento ou o que quer que seja tal como é, positivamente e sem relação com nada mais.
>
> (PEIRCE, *CP* 5, § 44)

Em processo de experiência, na medida mesma em que o artista começa a considerar a qualidade das idéias, objetos, sensações... O primeiro já não mais existe. No momento em que começa a refletir sobre a qualidade interpõe signos para mediar o que já é em si mesmo, o que o homem só pode sentir sem jamais explicar. Leonardo Da Vinci, o grande criador, tão célebre por suas poucas telas e inúmeros projetos inventivos, expõe, nos manuscritos que legou a outras gerações, a consciência dessa impossibilidade:

> Olhe bem o lume e considere sua beleza. Pisque o olho e observe: o que dele tu vês, antes não era, e o que dele era, já não é. Quem é aquele que o refaz, se quem o faz morre sem cessar?[5]
> a força nasce e morre em cada momento[6]

O artista opera, ininterruptamente, uma volta no tempo e, em sua presentidade, põe-se em relação com o passado vivido e com o futuro que sua obra cria. Num transitar temporal, o objeto de sua expressão, fruto de sua imaginação criadora, vive no reba-

---

5. G. Fumagalli, *Leonardo Omo Senza Lettere*, Florença, Sansoni, 1943.
6. *Idem.*

ter dos tempos. Apreende-se que, no sincronismo, a experiência estética expõe o artista à conjunção temporal.

O passado, um existente com poder de ação sobre o criador, constitui-se de uma somatória de particulares ocorridos num tempo e espaço que, num presente, repropõe-se ao artista, no seu representar, o único vivido em formas, construção sígnica que atualiza a unicidade sentida.

No presente, o artista experiencia o re-experienciar sígnico do sentido, vive o conflito de formar o sentido-forma, sendo este conflito, para o artista:

> a ação mútua entre duas coisas sem considerar qualquer tipo de terceiro ou meio e, em particular, sem considerar qualquer lei de ação.
>
> (PEIRCE, *CP* 1, § 322)

Mas, está no curso do pensar binário, da dúvida, o encontro com certezas, com a generalidade da lei, com a Terceiridade, nível de síntese da experiência vivida, que se traduz no conhecimento resultante do vivido.

Passado, presente e futuro se estendem na Terceiridade, que é o pensar direcionado por uma intencionalidade. Dos individuais, dos conflitos de Secundidade que marcam as experiências particulares, derivam regularidades, conseqüências, normas generalizadoras.

É nesse entender que a consciência representacional de Leonardo Da Vinci evidencia o processar dos signos, distinguindo a qualidade da cor do seu interagir com ela, do seu pensar a cor ao representá-la e da cor-signo na representação. São estas as etapas de relação do eu-artista com a cor em estágios distintos, que levam Da Vinci a explicar, cientificamente, a cor na arte:

> O azul, com que o ar se mostra, não é a sua cor própria, mas é causado pela unidade quente, evaporada em miudíssimos e insensíveis átomos, a qual recebe em si a percussão dos raios solares e faz-se luminosa sob o escuro das imensas trevas da região do fogo que de cima lhe dá cobertura[7].

A cor é carregada de significações antes mesmo de o artista optar por ela em sua expressão, que é a re-criação da experiência vivida em signos. É cor-vida que o artista transporta para outras vidas, mantendo sempre seu existir pluridinâmico.

Nos vários sistemas sígnicos da arte, os signos guardam, em suas articulações próprias, tanto o exterior, energia do objeto re-

---

7. *Idem.*

presentado, como o interior, energia do signo, o que, compulsivamente, mantém a energia do *faneron*, quer enquanto Primeiro, quer enquanto Segundo, quer enquanto Terceiro.

Toda busca da Arte se concentra no corresponder experiência e forma; busca de um eu tensionado a unir força e forma sígnicas e a dar ordem ao entrópico, busca esta postulada por Herbert Read, em *O Sentido da Arte*, como própria da arte:

> A arte é fuga ao caos. É movimento ordenado em números; massa limitada em medida; indeterminação de matéria à procura do ritmo da vida[8].

O buscar representacional do artista é, sobretudo, o exercício contínuo na alteridade do outro. A representação, no universo do Segundo, mantém, em potencial, a possibilidade de o Primeiro e o Terceiro coabitarem no mesmo espaço. A resultante é a obra, objeto único, produto do trinarismo cosmogônico, apreendido pelas categorias peirceanas, dele originárias como construtos lógicos e a ele análogas.

A arte, como as demais expressões do homem, surgiu na linha evolutiva da espécie humana com o *homo sapiens*, ser capaz de representar pensamentos, idéias, sentimentos através de signos.

A aptidão para a linguagem possibilitou ao homem viver em sociedade e assegurou à espécie a preservação dos produtos do pensamento individual e coletivo através de sistemas articulados de signos. O homem é também um signo gerado e gerador de signos através dos quais codifica e decodifica suas mensagens.

Leroi-Gourhan, em sua obra *O Gesto e a Palavra*, traça um esboço de uma paleontologia da linguagem. Em sua opinião, a evolução do homem traduz-se, por um lado, pelo aperfeiçoamento cumulativo das estruturas cerebrais e, por outro, pela adaptação das estruturas corporais. Discordando da concepção cerebral da evolução, o autor agrupa documentação suficiente para comprovar que o cérebro aproveitou e não provocou os progressos da adaptação locomotora.

O *homo sapiens*, bípede, ereto, ao ter suas mãos libertas da locomoção, assumiu, para este dispositivo ósseo-muscular simples, tarefas como a alimentação do corpo, a articulação dos movimentos de manipulação: preensão, rotação, translação e, também, a sensibilidade táctil, que se foi enriquecendo juntamente com o desenvolvimento do cérebro.

---

8. Herbert Read, *O Sentido da Arte*, 3. ed. Trad. E. Jacy Monteiro, 3. ed., São Paulo, Ibrasa, 1976, p. 34.

Numa escalada, a força motriz da mão foi sendo transferida para os instrumentos, até assistirmos, nas atuais sociedades elétrico-eletrônicas,

à mão passar a desencadear um processo programado em máquinas automáticas, que não só exteriorizam o utensílio, o gesto e a motricidade, como invadem o domínio da memória e do comportamento maquinal[9].

Além dessas tarefas, as mãos, pouco antes da aparição do *homo sapiens*, adquiriram uma função de representação, ao disporem o pensamento numa organização imagética, paralela à fala e aos movimentos da face, da cabeça e do corpo em seu todo. Essa linguagem, Leroi-Gourham denomina de mitográfica, dado que

a natureza das associações mentais que ela suscita é de ordem paralela à do mito verbal, estranha a uma especificação rigorosa das coordenadas espácio-temporais[10].

As imagens criadas pela palavra e pelo gesto são paralelas e não dependentes. Têm uma ocorrência simultânea, que, por não estar sujeita aos vetores espácio-temporais, mantém abertas as possibilidades de significação. Uma associação mental convive com outra na continuidade cíclica do criar e do pensar as imagens representadas pelas mãos e pelos órgãos da fala. São elas, pois, pluridimensionais.

A evolução do homem Cro-Magnon para o homem contemporâneo não incide no aparelho neurônico, mas na evolução dos meios de expressão. Leroi-Gourhan afirma que

nos primatas existe um equilíbrio coerente entre as ações da mão e as da face, e o macaco usa admiravelmente este equilíbrio até ao ponto de fazer jogar, a seu modo, o papel de instrumento de transporte alimentar que a sua mão, ainda utilizada para a marcha, não pode realizar. Nos antropídeos primitivos, a mão e a face afastam-se, contribuindo respectivamente com o utensílio, com a gesticulação e com a fonetização, na pesquisa de um novo equilíbrio. Quando surge a figuração gráfica, o paralelismo restabelece-se: a mão tem sua linguagem, cuja expressão se liga à audição, entre os dois reinos, este halo confere um caráter próprio ao pensamento anterior à escrita propriamente dita – o gesto interpreta a palavra, esta comenta o grafismo[11].

---

9. André Leroi-Gourham, *O Gesto e a Palavra*, vol. II. Trad. Emanuel Godinho, Lisboa, Edições 70, 1983, p. 38.
10. André Leroi-Gpurham, *Op. cit.*, vol. I, p. 209.
11. *Idem, ibidem.*

Com a escrita, ocorre a passagem do pensamento mitológico ao racional e esta dualidade é canalizada em um

aparelho lingüístico único, instrumento de expressão e de conservação de um pensamento cada vez mais canalizado para o raciocínio[12].

A distinção entre pensamento mitológico e racional é conseqüência dos novos modos com que o homem passa a se relacionar com o mundo. A fixação agrícola, a metalurgia e os agrupamentos urbanos, frutos de novo estágio do homem, trazem também o rompimento com o pensamento contínuo, cuja organização espácio-temporal faz-se na relação entre o ser-pensante e o meio sobre o qual incide o pensamento. Quando o espaço e o tempo não são fixos, a ação do homem sobre o universo não se restringe, e o pensamento, construto sígnico, é não demarcado, e, por isso, pluridimensional. Ao contrário, quando se estabelece como referência um ponto (e as primeiras aldeias foram este marco), assistimos à ordenação do pensamento-idéia a ser apresentado, o referente, determinado pela dimensão temporal e pela espacial, em relação à referência. Tempo e espaço tornam-se os parâmetros ordenadores das representações sígnicas, que são construídas por linhas vetores do/e para o ponto de referência, fato que lineariza e aprisiona a cadeia de sentidos (interpretantes) que o signo passa a gerar ao representar o mundo. Assim, ficam sistematizados os princípios regedores da ação humana sobre o mundo material e, conseqüentemente, controlada a ilogicidade dos meios de expressão.

Os vetores tempo/espaço assumem uma categoria universal e, desde então, são os regentes de toda e qualquer representação. Esta mudança, importa-nos evidenciar, determinou a unificação do processo expressivo, o que resultou na subordinação do grafismo à linguagem sonora, na restrição da cadeia de associações mentais dos signos e no enfraquecimento dos meios de expressão ilógicos.

No instigante abordar de Leroi-Gourhan, a linguagem está no nível da técnica ao ser adequada e eficaz (utilitarismo técnico) como meio de registro do encadeamento do discurso por signos e como memória do cabedal cultural da sociedade.

Da memória desses inícios, se não há vestígios das línguas nem dos movimentos corporais, há das mãos nas figurações parietais das cavernas, por exemplo, nas de El Castilho e Pech-Mer-

---

12. *Idem, ibidem.*

le. A imagem-mão, representada também pela mão, permaneceu e significa em sua forma/ força.

Em El Castilho (Fig. 4), a mão, instrumento-produto, produz sentidos.

Fig. 4. El Castilho: mão esquerda[13].

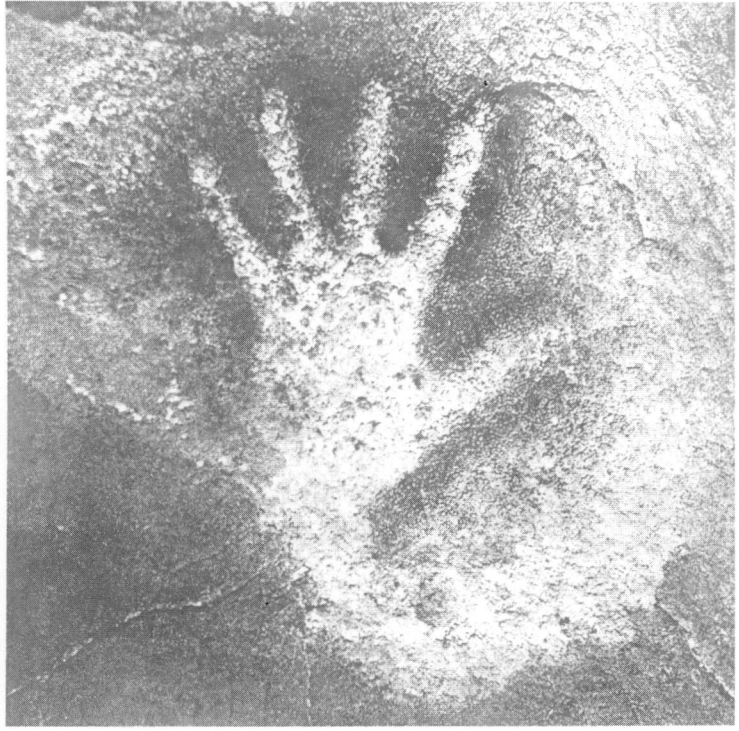

13. As ilustrações parietais que se seguem foram retiradas da obra de Sigfried Giedion, *El Presente Eterno: Los Comienzos Del Arte*. Trad. do inglês para espanhol de Maria Luisa Balseiro. Madrid, Alianza, 1981, pp. 137, 185, 184, 126, 127 e 142.

Fig. 5. Pech-Merle: cavalos auriñacienses com pontilhados dentro e fora de seus contornos e rodeados pelas mãos esquerda e direita, acima e abaixo.

Fig. 6. Desenho correspondente à Fig. 5: mãos esquerda e direita rodeadas de preto.

As mãos, esquerda e direita, são uma informação parietal nova, que ganha visualidade através do círculo pontilhado delineador de seus contornos. Como que almejando tocar os cavalos, as mãos, instrumento corporal que permite o tocar, estão distribuídas na representação. Seria o representar do ato de obtenção do animal desejado, ou a possibilidade-desejo do toque-conhecimento do animal, ou o inscrever de um ato mágico para atrair o animal/caça/vida? No pontilhar circular, compacto conjunto energético, grava-se uma das primeiras figurações simbólicas do homem. Estudiosos até hoje se voltam para estes inícios, no entanto, a interpretação continua em aberto. No pluralismo dos pontos, conjuga-se a pluridimensionalidade das mãos no atuar humano. São as bases de uma evolução, até os nossos dias em processamento, e, porque não, são o olho táctil, visão primeva da humanidade.

Nos contornos parietais, o referente dominante é o animal, ser maior, reverenciado, admirado pelo homem. Foi no Neolítico, só depois de ter ganho força domesticando os animais, que o homem passou a se auto-representar. O homem não se apercebera ainda como personagem central de sua história no mundo. Os estudos de S. Giedion alicerçam nossa afirmação:

> A princípio consideravam o animal um ser superior ao próprio homem: o animal sagrado, o objeto de máxima veneração. Durante a era paleolítica – que foi, sobretudo, zoomórfica – o animal foi o ídolo indiscutível[14].

As mãos pintoras, que registravam os conhecimentos do homem sobre o circundante, também inseriam nos registros a mão do caçador. O homem primitivo, como grande parte dos estudos desenvolvidos o atestam, não se representava em suas pinturas, mas, suas mãos, metonimicamente, o colocavam nelas. A presa ou o animal, a ser conquistado ou aquele em estudo, é uma aquisição possível pela mediação das mãos, instrumento corporal de realização do processo de idealização cerebral. As mãos passam a metaforizar o homem e seu agir: as mãos vêem, tocam, sentem, descobrem, pensam, conhecem, resgistram e armazenam o próprio conhecer. São, porque não, mãos que sonham, imaginam e idealizam o ato de conhecer. Ao aparecer junto a imagens de animais, a mão é a representação do homem que, ao evoluir, se autoconsiderará "senhor do universo". Na parte-mão está o todo-homem que almejava o animal como alimento, roupas, poder – um querer que perdura até nossos dias.

---

14. S. Giedion, *Op. cit.*, p. 29.

Noutros espaços parietais, as mãos são menos representativas. No entanto, permanecem como signos visíveis, associados a elementos vários: vegetação, acidentes geográficos, todos eles extensões sígnicas da MÃO-NATUREZA.

Fig. 7. Pech-Merle: provavelmente, mãos direita e esquerda, cada uma com quatro dedos.

Fig. 8. Desenho de Breuil correspondente à Fig. 7.

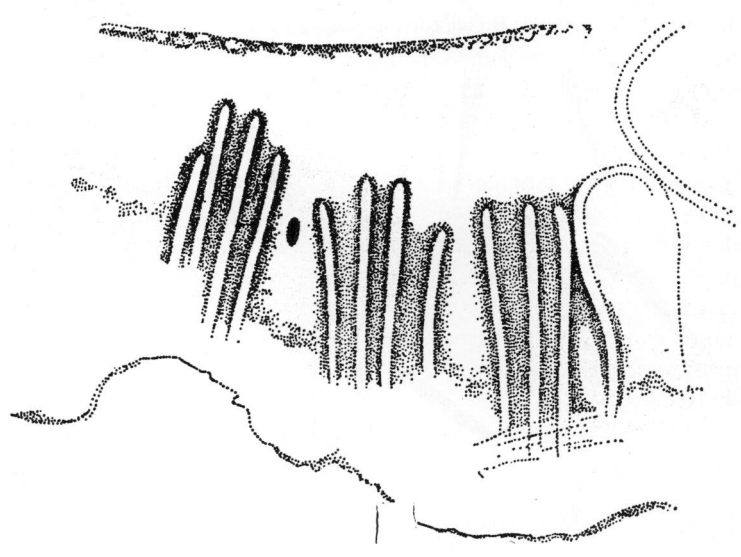

Fig. 9. Santián (Santander), signos abstratos.

Fig. 10. Desenho de Breuil, correspondente à Fig. 9.

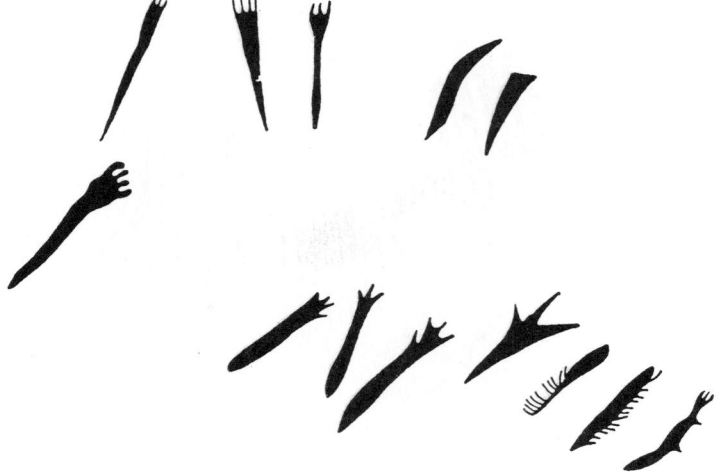

Mãos/pés e seus prolongamentos são materializados em instrumentos. Na própria natureza, os galhos não seguem ramificações similares? Ocorre um afastamento do meio e de si mesmo nestas abstrações, e o afastamento, possibilidade para se ver mais, é um horizonte outro que as mãos pintam, contexto novo que elas constróem e reconstróem por sua interferência no circundante.

As mãos, em contornos visíveis, permaneceram, de geração a geração, sem serem recobertas por outras representações. Essa preservação é relevante, pois representações de animais, do Paleolítico e Neolítico, foram recobertas com o passar dos tempos e os estudiosos parietais atestam uma contínua sobreposição de imagens por outras imagens. Para Giedion, as mãos foram protegidas da destruição pelo tributo ao seu poder de invocação mágica. As mãos, que transformam o meio, que caçam, colhem e produzem os alimentos, as mãos, que criam expressão, são imortalizadas pelas representações parietais, são reverenciadas e cultuadas. Chegamos a perguntar se não estariam as mãos, rodeadas por pontos, como que envoltas ou iluminadas por uma auréola que marcaria seu ser como sagrado. E mais, se não seria a auréola, já nos primórdios, signo de luz, de conhecimento, de divindade.

As mãos, as palavras de Giedion esclarecem:

Revelam o alto teor de refinamento espiritual que deve ter existido no *Homo Sapiens*, quando projetou seu interior através de um meio de expressão supra-individual: a Arte[15].

E ainda, nas mãos de El Castilho não reencontraríamos a prece às mãos de Henri Focillon

As mãos são quase seres vivos... dotados de um espírito livre e vigoroso, de uma fisionomia. Rostos sem olhos e sem voz que, não obstante, vêem e falam... As mãos significam ações: fazer, criar, às vezes, parecem até pensar[16].

As mãos cravadas nas rochas, se desaparecem no período magdaleniense, sobrevivem até hoje, em culturas diversas como a da Austrália e a dos índios das Américas. Nesses primórdios, as mãos atestam o imbricamento técnica-linguagem e falam a fala do gesto, que é para sempre, o gesto da fala.

---

15. *Idem*, p. 131.
16. H. Focillon, *The Life of Form in Art*. Nova York, 1948, p. 65.

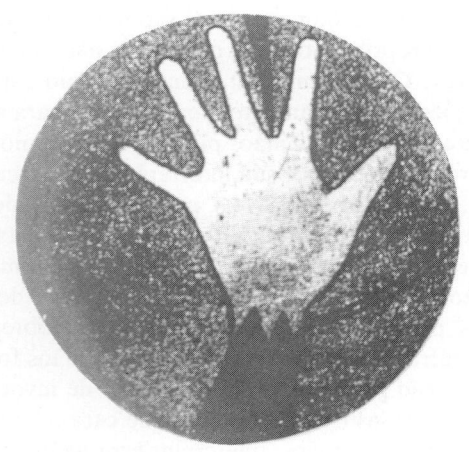

Fig. 11. Cerâmica índios Hopi, Aldeia Sikyatki. Arizona. EUA

Na modernidade, o artista, como o homem dos primórdios, configura as mãos em suas criações. Prolonga assim, concretamente, o seu fazer no espaço-mundo para o espaço-arte. São as mãos, índices, vestígios do seu corpo que simbolizam o seu existir.

No monumento escultórico de Le Corbusier, em Chandigarth, a imensa mão direita é o símbolo/ícone do atuar humano sobre a região dos Himalaias.

Fig. 12. Desenho da escultura *A Mão Aberta*. Le Corbusier. Chandigarth.

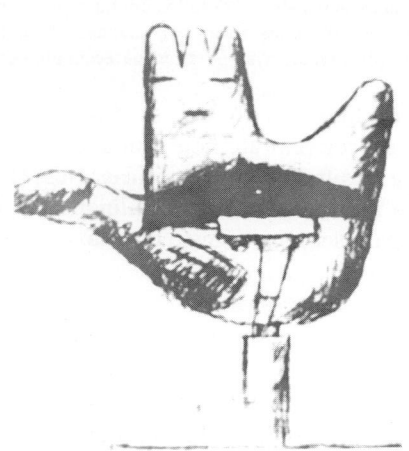

A mão abre-se com os três dedos centrais estirados em direção ao céu, enquanto o polegar e o mínimo esticados atingem o mundo. Com grandes ângulos, iconizando as formas angulosas das montanhas do Himalaia, que circundam a região, a mão de Le Corbusier não prolonga até nossos dias o poder de transformação que este membro ósseo possibilitou, possibilita e possibilitará ao homem?

No recém inaugurado Memorial da América Latina, em São Paulo, a escultura *Mão* de Oscar Niemayer traz em sua palma o continente latino-americano. Mão espalmada com dedos estirados, rumo ao céu, ao horizonte, ao espaço-mundo, como que vetores da atuação da América Latina no mundo.

Fig. 13. Escultura *Mão*, Oscar Niemayer, São Paulo, 1989.

Em Figueras, na Espanha, o museu-residência de Salvador Dali é todo circundado, no teto exterior e nas janelas de cada andar que dão para o pátio interno, por esculturas de corpo de mulheres. A face, com uma metade lisa e outra marcada pelos órgãos dos sentidos, junto com os movimentos dos braços, mãos e de todo corpo, saúda os visitantes. Nas distintas posições do corpo feminino, a saudação "Bem-vindo" assume formas múltiplas como se as movimentações do corpo falassem em todas as línguas humanas.

Fig. 14. Esculturas na fachada externa do Museu Salvador Dali, Figueras.

Fig. 15. *Hands Flying up Through Constelations*. Juan Miró. Fundación Juan Miró. Barcelona, 1975.

Outro exemplo são as mãos que, ciclicamente, se apresentam nas telas de Juan Miró. Na gigantesca *Hands Flying up Through Constelations* (1975), uma das três telas que ocupam a sala de abertura da Fundação Juan Miró, em Barcelona, as mãos, constelações do espaço sideral, diagramam tanto o conhecer humano, quanto o impulso dominador sobre o que desvelam.

A mão forja os espaços-constelações de que necessita e neles se encontra, porque neles e por eles o homem se afirma como homem. As mãos reafirmam a força dos sentidos como forma de conhecimento. Além de tocar para dominar, o homem toca para sentir, decifrar e conhecer. Num branco sem tempo/espaço, o homem associa sensação, intuição, pensamento, ação, reação, imaginação, sonho, no seu tempo/espaço cósmico. Este espaço/tempo ele próprio constrói, construindo-se. Não há perspectiva, nem há mão direcionada para baixo. As mãos são os espaços próprios, construídos pelo homem para ele mesmo. As mãos, energia humana, como a energia solar, movem-se no espaço sideral. Unem neste mover milenar, tela pictórica à tela parietal. A macro dimensão da tela força o olho a caminhar no tempo/espaço cósmico de ação da mão e Miró, por sua vez, submete o fazer humano a suas dimensões psíquicas e espirituais. A mão, uma vez mais, é a marca da ação humana, e não da divina, sobre o espaço circundante.

Mão, metáfora preservada na escuridão de El Castilho, ressurge em Barcelona e, na mesma Espanha, a mão, metáfora também na iluminada Fundación Juan Miró, é o ontem, sempre hoje e amanhã.

As mãos criam e expressam o sentir humano. Passado e presente, pelas mãos, transtemporizam-se. As mãos, ontem e hoje, falam do ser/estar do homem no mundo. São uma parte do homem que re-acorda o próprio homem para sua dinamicidade num outro tempo/espaço de ação.

Se as mãos, parte do homem, nas figurações parietais falam de seu ser/estar no mundo, o que não falaria todo o corpo humano na expressão artística das representações imagéticas? O que o corpo, seu posicionar-se, postura e movimentos, expressam do ser, objeto da representação? Como o corpo e suas partes repropõem na imagem a dinamicidade do mover humano em seu tempo/espaço de ação?

Nas imagens parietais, a constatação da importância das mãos, na experiência da criação e expressão humanas, lançou-nos à problemática deste estudo. As indagações, por nos seduzirem, apontaram-nos a tese: o que e como fala a fala dos gestos? Necessárias se fazem outras delimitações: o objeto, campo de estudo a ser problematizado.

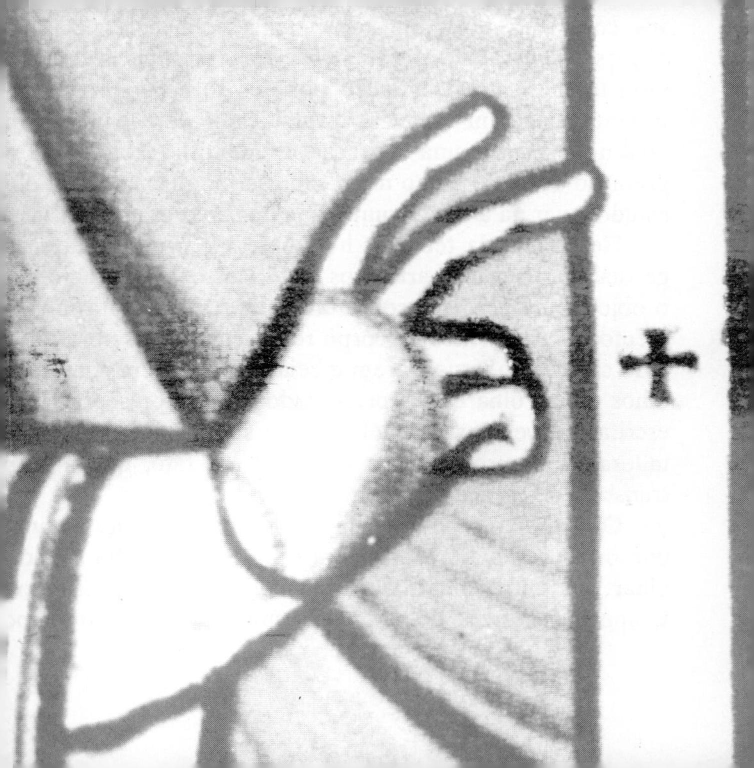

OBJETO-IMAGEM: FOCO E DESFOCO

Os horizontes são amplos e abarcam uma constelação de eventos. Nossos olhos, frente à multiplicidade informacional que os cerca, agem seletivamente para poder ver. O ver é o focar uma parte do todo. E a possibilidade de selecionar é que torna possível a tarefa do pesquisador, na medida em que esta lhe permite delimitar seu campo de pesquisa. Cabe ao investigador enfrentar a tarefa de recortar o universo, tarefa de escultor que, na matéria bruta, talha seu objeto sem o retalhar.

As refeições, em nosso recorte, são objetos-momento constantes nas representações artísticas da literatura, teatro, pintura, cinema, televisão.

Restringindo-nos aos códigos imagéticos, a pintura, ao criar representações, foca um instante de interação, condensando, na imagem capturada, estatizada, alta taxa informacional. Com outras características, o cinema cria a representação em um tempo durativo, todavia seqüencializado pelos atos centrais. A imagem em movimento dos atos-sínteses diminui a concentração informacional e tem-se o fazer em partes encadeadas. São atos de fala, quer verbal, quer gestual, que se desenrolam no tempo-espaço da cena.

Ao longo da história da arte imagética, um referente que chamou sempre a atenção dos artistas foi a última refeição de Jesus com seus doze apóstolos, mais conhecida pelas denominações: *Última Ceia* ou *Santa Ceia*. A constância temática chamou também nossa atenção por nos fornecer, no estudo dum mesmo tema, um material diversificado intra e intercódigos, o qual nos permite uma operação de identificação, análise e interpretação do gesto como meio expressivo, quer em cada objeto de estudo, quer na análise comparada dos objetos entre si.

Nossa mirada tem por horizonte a representação do código gestual em trabalhos artísticos pictóricos e cinematográficos, com o objetivo de verificar como tal código re-presenta idéias, sentimentos, pensamentos do corpo representado. As obras da pintura e do cinema ao visualizarem a ceia pascal, fazem com que nossos olhos olhem olhares re-apresentadores das apresentações verbais escritas, as versões evangélicas, que são, por sua vez, reapresentadoras das apresentações orais de um fato, que a linguagem translada de geração em geração.

O fato, não é possível discutí-lo, mas somente as linguagens que o re-presentam. Cada obra é uma experiência sígnica, é um olhar um outro olhar, que tem como ótica última o olhar os Evangelhos. A rede de olhares, formada no curso do tempo, é seletiva e reordenadora dos Evangelhos. É uma experiência imagética veiculadora tanto da capacidade interpretativa, quanto da capacidade imaginativa do criador e do uso que ele faz do código que o veículo-forma veicula.

Os olhos são nosso instrumento para captar como o corpo é sistematizado pelo artista como meio expressivo e conceitual de sua interpretação. Captar o gesto que o gesto do artista modelou é uma experiência semiótica a qual experienciaremos num *corpus* de obras pictóricas e cinematográficas. Compõem o recorte pictórico as *Últimas Ceias* de:

- Andrea Del Castagno, de 1445-1450, mural do refeitório do Convento de Santa Apollonia, em Florença.
- Leonardo Da Vinci, de 1495-1498, mural do refeitório do Convento de Santa Maria Delle Grazie, em Milão.
- Tintoretto (Jacopo Robusti), de 1592-1594, tela, São Giorgio Maggior, em Veneza.
- Salvador Dali, de 1955, tela, Galeria Nacional de Arte, em Washington.

No cinema, trabalharemos com as versões de:

- Luiz Buñuel, 1959, filme *Viridiana*, Unici e Films, Madrid.
- Pier Paolo Pasolini, 1964, filme *Evangelho Segundo São Mateus*, L'Arco Filme, Roma.

As pinturas foram vistas e revistas em seus espaços, e um contato muito próximo foi possível pela convivência com as reproduções. No caso dos filmes, graças à gravação em vídeo, nossa proximidade com *Viridiana* foi bem estreita. Já com o *O Evangelho Segundo São Mateus*, a relação limitou-se ao rol das apresentações de um dia do filme no circuito comercial. No entanto, o objeto "ceia pascal", de Pasolini, exige outro tipo de exame por introduzir um elemento novo no *corpus*: o imbricamento dos códigos verbal e gestual na configuração fílmica. A impossibilidade de tal enfoque mantém nosso investigar centrado na representação imagética do gestual, tanto na visualidade pictórica quanto na fílmica.

Os objetos desta pesquisa nos remetem a períodos distintos, com valores e concepções individuais, porque o intuito é a seleção de abordagens que se destacam no curso da história da representação do tema. O destacar apóia-se assim, na projeção que cada obra teve, em seu tempo e além dele, como forma artística. Nosso propósito não é uma abordagem diacrônica das obras e de sua época; restringem-se nossas leituras ao enfoque daquilo que das concepções de mundo transparece no conceber da gestualidade dos corpos na arte.

HIPÓTESES: GESTO DE POSSÍVEIS

As representações das Santas Ceias, como as dos demais temas religiosos, materializam as representações da Sagrada Escritura e suas partes: o Velho e o Novo Testamento. As criações artísticas são interpretantes imagéticos dos ensinamentos do cristianismo. "A pintura explica os mistérios, esclarece e simplifica os dogmas mais obscuros"[1], aponta Leonardo Da Vinci.

Desde as primeiras representações bíblicas, explorando a necessidade simbólica do homem, a igreja estimulou intensamente a criação de objetos artísticos, capazes de levar os homens à empatia com a mensagem cristã. A Igreja encomendava ao artista a execução de seu pensamento, de suas idéias e conceituações. Até o século XIX, a Igreja Católica foi a maior empregadora de artistas, tendo a seu serviço os mais renomados criadores de toda série iconográfica. Toda uma riqueza canalizada para recriar representações atualizadas do contexto bíblico, representações em sintonia com os valores e concepções de cada época, a fim de que os receptores se identificassem com o modelo cristão de interpretação do mundo. A despeito disso, o pensar cristão, a cada criação pictórica, sempre passou pelo exercício de interpretação do artista.

As primeiras representações da *Última Ceia* datam do século VI e são as miniaturas do Evangelho de Rosano e os mosaicos de São Apolinário, em Ravena. Até esta data, o cristianismo, religião proibida, não havia representado, nas pinturas das catacumbas, a *Última Ceia*.

No mosaico, as figuras dos apóstolos se ladeiam formando um semicírculo, que é iniciado por Jesus. Destacando-se do grupo dos discípulos pela auréola, pela cor das vestes e pelo movimento do braço direito, Jesus, com as mãos, abençoa seu grupo e o alimento consagrado. Devido à direção de seus olhos e posicionamento da cabeça, este abençoar se estende para os que estão fora do mural. Na parede plana, os corpos se distribuem colados um no outro e, só na figura de Jesus, o corpo recebe uma massa corpórea mais compacta.

---

1. Fred Bérene, *Leonardo Da Vinci*. Série Grandes Artistas. Trad. Fernando Melro, Lisboa, Verbo, 1984, p. 124.

Fig. 17. Fragmento do mosaico de São Apolinário Novo, Ravena, Século VI.

Por vários séculos, até a Idade Média, um esquema de configuração pictórica se firmou. O modelo concebia a ceia sempre alocada no espaço de uma sala fechada. Uma mesa, com formato de ferradura, traçava a horizontal da configuração. Em primeiro plano, de perfil para o receptor era colocado Judas, numa posição de isolamento e de confronto com Jesus e seu grupo de onze personagens, distribuídas no segundo plano da representação. Jesus era um dos doze que ficava sempre posicionado, quase ao centro da mesa, entre os apóstolos. João, a seu lado, dormia sobre a mesa, com o tronco reclinado e voltado para o Mestre. A ceia de Ghirlandaio é o exemplo deste esquema que foi continuamente recriado pelos mais diversos pintores até Leonardo Da Vinci.

Fig. 18. *Última Ceia*. Ghirlandaio. Igreja de Ognissanti. Florença, 1480.

O modelo representacional que se firmou, no entanto, diferia dos Evangelhos. Nas telas, elege-se a visualização frontal dos figurantes à mesa da Santa Ceia e a distribuição dos apóstolos diversifica-se de pintor para pintor. Mas, segundo o Evangelho de João, o grupo estava reclinado à mesa numa posição que, após as declarações de Jesus, permitiu que os apóstolos olhassem uns para os outros (Jo 13:22) em atitude duvidosa e indagadora. Deduzimos, então, que os apóstolos, ao invés de estarem distribuídos ao longo de uma das laterais da mesa, ocupavam, ao contrário, todos os lados do espaço-mesa, cuja forma não é especificada nos relatos evangélicos.

Por outro lado, mostram os relatos bíblicos que o posicionar-se à mesa é importante como possibilitador das interações dos treze figurantes. Depreendemos da leitura do Evangelho de São João que o apóstolo que Jesus mais amava, o próprio João, senta-se ao lado de Jesus (Jo 13:23, 25). Pedro está próximo a João porque com este fala com palavras e gestos (Jo 13:24). Judas senta-se próximo dos três, o que se depreende pelo fato de este receber de Jesus o pão ensopado de molho (Jo 13:26), gesto, através do qual Jesus, se tivesse sido entendido, revelaria a João, que Judas seria o traidor. A proximidade entre Jesus e Judas está marcada também pelo verbal. Jesus diz a Judas: "O que tem a fazer, faça-o logo" (Jo 13:27). E como esta ordem é ouvida bem como é visto o gesto que a antecede, por todos os que estão à mesa, concluímos que se sentam distribuídos ao redor dela numa posição que permite a cada um ver o outro.

No livro de Lindberg Faria, *Enriqueça Aprendendo Ilustração*[2], há um esboço da ceia que confirma tal raciocínio. A ilustração corporifica uma possibilidade de distribuição e posicionamento das personagens pascais à mesa de refeição e, mesmo fugindo à série de referências artísticas deste trabalho, o desenho ilustra nossas afirmações.

---

2. Lindberg Faria, *Enriqueça Aprendendo Ilustração*. São Paulo, Novo Mundo, s. d. Fig. 17, p. 37.

Fig. 19. Desenho da Ceia Pascal, na obra de Lindberg Faria.

Na diacronia iconográfica das representações da *Última Ceia*, encontra-se no mural de Giotto semelhante arranjo distribuicional de Jesus e seus apóstolos.

Fig. 20. *Última Ceia*. Giotto, Capela dos Scrovegni, Pádua, 1304-1306.

Giotto mantém a distribuição de Jesus e seus apóstolos ao redor da mesa, todavia, difere dos Evangelhos ao adotar o sentar de seu tempo. Bancos e cadeiras substituíram há muito o hábito de se reclinar ao se alimentar. Outras concepções de mobiliário e espaço, assim como hábitos outros para o ato de cear, determinaram posturas mais rígidas e sem muita flexibilidade de movimentos no sentar-se à mesa de refeições.

À esquerda do mural, na cabeceira da mesa, Giotto posiciona Jesus que pode, daí, ver e ser visto por todos. Outros recursos marcam sua liderança. Em primeiro lugar, a elevação de seu banco por um degrau coloca sua cabeça num nível acima do de seus apóstolos. Em segundo lugar, a cabeça, em plano mais alto, eleva-se ainda mais devido à inscrição de ornamentos especiais que se acrescentam à auréola.

A distribuição dos apóstolos segundo os Evangelhos, numa configuração plana, decorrente da sobreposição do primeiro sobre o segundo plano, determina, no mural, o destaque visual da figura representada. Sem a face, o que nos dizem os corpos dos apóstolos da lateral esquerda, colados um no outro até pela gradação cromática de suas vestes? Emudecem. Deste observar, estrutura-se nossa primeira hipótese:

A representação dos movimentos da face e das mãos constrói o ícone da figura-personagem pictórica ou cinematográfica.

A observação e a análise dos gestos representados pelas mãos e face, se, por um lado, destacam-se pela alta taxa informacional que veiculam, por outro, apontam que não são as únicas vozes definidoras da personagem. O corpo em seu todo fala e, quanto mais se observa o movimento global do corpo mais "ouvimos-vendo" sua fala gerada pela multiplicidade de suas partes. Dessas considerações, delineou-se a segunda hipótese a ser testada:

No contexto cênico: a alocação dos corpos; a posição e a distância entre a figura representada e o outro, pessoa ou objeto, bem como a postura, são configuradores da figura-personagem.

O agir-pensar-sentir da figura representada, de que os gestos são um dos codificadores, está, por sua vez, condicionado por vários parâmetros que regem a estruturação da imagem. Destacam-se entre estes, o tempo e o espaço, sobretudo, pelo papel que assumem na ordenação do contexto cênico e da configuração das personagens.

Se o contexto da obra se constrói com base num tempo e espaço definidos pelo criador, rebate, na rede de suposições enunciadas, o fato de o criador também se inserir num tempo e espaço, traduzido, em suas criações, através de marcas sócio-econômico-culturais (religiosas) que vestem o contexto e os que nele atuam. Se assim é, podemos inferir como terceira hipótese que:

O corpo é submetido tanto às hierarquias que regem o corpo físico, quanto às hierarquias que regem os códigos representacionais.

Ao supor que tempo e espaço são precisados rigidamente pelo criador, somos impulsionados a ver que os gestos obedecem a uma precisão sintático-semântica. São eles codificações de múltiplas partes do corpo para expor, por exemplo, pensamentos, sentimentos, emoções, idéias, julgamentos. Se a expressão gestual constrói-se por uma rede relacional de signos produzidos pelas diferentes partes físicas do corpo, é possível supor como quarta hipótese:

Um mesmo interpretante é representado por variantes gestuais,

ou ainda, numa quinta hipótese, propor:

gestos semelhantes podem ter interpretantes distintos.

Atuando nos mais díspares contextos, o corpo é uma fala complexa, produzida por uma multiplicidade sígnica e, para se ler a fala gestual, nossa sexta e última hipótese prognostica:

O Intérprete deve re-operar relacionalmente os marcadores sígnicos do Objeto-Imagem, para apreender a simultaneidade fundante do gesto-fala.

As hipóteses são possíveis explicações que podem ser confirmadas ou negadas na investigação. Num processar, cujos pilares são a atenção, a observação, a comparação e a inferência, as conjecturas que a mente elabora a partir do objeto de estudo são passíveis de verificação. No conjunto, os dados coletados, advindos do observar o *corpus*, propiciarão respostas-guia que são o alvo de nosso conhecimento.

No entanto, um conhecimento preliminar, como uma fundação, foi sendo alicerçado com nossa investigação do objeto-ceia pascal nos Evangelhos. A seleção do *corpus* e a formulação de hipóteses, tentativas de explicar o nosso problema, exigiram uma leitura das matrizes geradoras das releituras imagéticas.

3. Objeto-Palavra:
Ceia Pascal

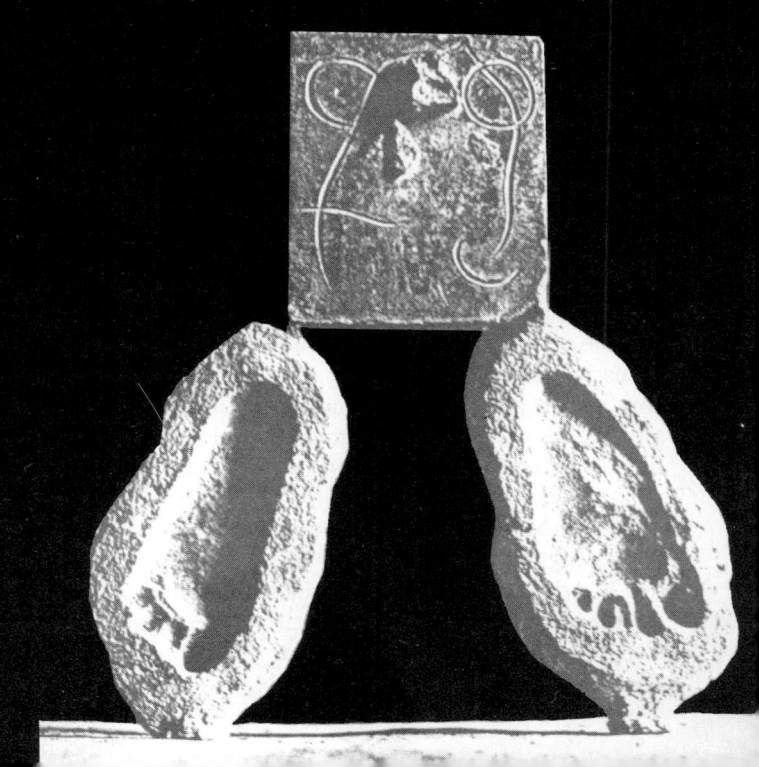

Olhar um olhar é o nosso olhar as ceias cenas de gestos. Ceia, a Santa, que assentada quase sempre nas salas de jantar propõe, pelo espaço que ocupa, uma relação metalingüística reproposta a cada refeição entre os comensais da obra e os da sala.

O estudo do objeto-palavra: ceia pascal nos Evangelhos exige um mover por entre intrincadas metáforas, metonímias e outras figuras de linguagem, uma vez que os textos evangélicos são recobertos de imagens simbólicas, organizadas segundo a tradição semítica. Quanto à composição do texto, ela é marcada por provérbios populares, pela repetição de expressões e de palavras tipicamente israelitas, na grande maioria retiradas das Sagradas Escrituras. A tradição oral dos ensinamentos explica por sua vez o recurso das repetições. Outra característica do texto evangélico é o uso de agrupamentos numéricos (2-3), marcadamente simbólicos, que também são frutos da tradição.

Etimologicamente, "ceia" origina-se da palavra latina *coena*, em grego *Koinós*, e significa comida, em comum ou em conjunto, que se toma à noite. Conta-nos a história que era a refeição principal entre os gregos, desde os tempos homéricos. Não se tratava de um banquete público, de uma festa solene. Era um ato religioso celebrado em casa, com orações específicas, e a linguagem destas evidencia que o homem compartilhava com os deuses seus alimentos. Após Homero, surgiu o costume de se comer estendido em bancos, hábito que se tornou usual em toda Grécia, com exceção de Creta, lugar em que se manteve a posição de sentar ao redor da mesa. Este costume foi também difundido pelo mundo greco-romano.

Sobre a Ceia de Jesus Cristo / *Cena Domini* (italiano) / *Cène* (francês) / *Cena* (espanhol) / *Lord's Supper* (inglês) / *Abendmahl* (alemão), conta-nos o Cristianismo que, após sua entrada triunfal em Jerusalém, Jesus se retirou para Betânia, de onde só voltou na manhã de quinta-feira. Nesta ocasião, seus doze apóstolos mais próximos, aqueles que se deslocavam com ele em suas peregrinações, indagaram-lhe onde gostaria de celebrar a Páscoa.

Páscoa era uma festa de origem nômade, de tradição antiqüíssima entre vários povos, e que, para os israelitas, coincidia com a festa agrícola do Ázimo (pão feito de trigo novo, sem fermento). As celebrações ocorriam na primavera, na Palestina, em fins de março e início de abril. A Páscoa, comemorada à noite, abria os dias de festividades.

Os israelitas, assim como outros povos, imolavam o cordeiro pascal. Significava devotar a Deus a primeira vida: os primogênitos, os primeiros animais, os primeiros alimentos. A princípio estas ofertas eram queimadas inteiramente, o que representava a total entrega a Deus ou a reparação. Com o passar do tempo, o alimento sagrado só em parte era queimado, e o restante tornava-se o alimento dos ofertantes, que assim comungavam com a divindade e a ela se entregavam.

Dado que os Ázimos coincidiam com a fuga dos israelitas da opressão egípcia e com o seu vagar em busca da terra prometida, a festividade incorporou outro sentido para eles. Ao comer os Ázimos, o cordeiro e as ervas amargas, cada israelita, até em nossos dias, considera a si mesmo como saído do Egito, o que faz da Páscoa a festa de libertação para a nova vida. Esta libertação, fonte de vida, coincide, simbolicamente, com a primavera dos israelitas, época de renovação da natureza e do próprio homem para o novo.

Jesus Cristo, ao viver todos os passos que o levam à crucificação, morte e ressurreição, justamente na época das celebrações pascais, acresce à festa da libertação dos judeus um novo interpretante: a libertação do viver terreno.

Numa arena em que as coincidências são simbólicas, a Última Ceia é, portanto, a ceia da revelação, a ceia do último encontro terreno, a ceia da libertação, a ceia da transubstanciação, a ceia do perdão, a ceia da renovação.

Arrolados estes interpretantes da celebração pascal, passamos a fundamentá-los através do estudo dos Evangelhos de Mateus, Marcos, Lucas e João. São esses uma documentação histórica reconhecida pelos cânones da Igreja Católica, que narram o desenrolar da vida de Jesus na terra, ou ainda, a concretização do profetizado no Velho Testamento, constituindo todos eles, em conjunto o Novo Testamento.

Outros Evangelhos como os de Tomé, de Felipe, de Judas, os Atos de Tomé, o Apocalipse de Tomé etc., chamados de Apócrifos, também contam a passagem de Jesus no mundo, só que são versões não reconhecidas pela Igreja Católica.

Nosso investigar centra-se nos textos aceitos pela Igreja, pois são estas versões as fontes das representações imagéticas. Os quatro Evangelhos permitem-nos conhecer o pensamento de Jesus, sua comunicação com os ouvintes, o seu relacionar com os doze apóstolos mais próximos, assim como um pouco de cada apóstolo.

São os Evangelhos, portanto, a fonte informacional comum, quer às nossas pesquisas, quer às das criações artísticas. São eles o texto matriz gerador de leituras e de leituras de leituras. Como numa caixa chinesa, a ceia pascal dos Evangelhos é a ceia primeira que contém as demais e nelas está contida. Perguntamos então como as quatro versões evangélicas apresentam-na?

MATEUS
A CEIA PASCAL

¹⁷No primeiro Dia dos Ázimos, os discípulos aproximaram-se de Jesus e perguntaram-lhe "Onde queres que preparemos a ceia pascal?".

¹⁸Respondeu ele: "Vão à cidade, à casa de certo homem e digam-lhe: O Mestre manda dizer O meu tempo está próximo, é na sua casa que quero celebrar a Páscoa com os meus discípulos".

¹⁹Os discípulos fizeram como Jesus lhes ordenara e prepararam a Páscoa.

²⁰Ao cair da tarde, ele se pôs à mesa com os doze ²¹e enquanto comiam, disse: "Eu lhes afirmo com toda certeza um de vocês vai me trair". ²²Eles, muito tristes, começaram a perguntar um após o outro: "Será que sou eu, Senhor?"

²³"Aquele que põe comigo a mão no prato, é esse que vai me trair. ²⁴O Filho do homem vai partir, como a respeito dele está escrito na Bíblia, mas infeliz daquele pelo qual o Filho do homem será traído! Para ele seria melhor nunca ter nascido".

²⁵Então Judas, que estava planejando a traição, perguntou, por sua vez: "Será que sou eu, Senhor?" "Isso mesmo", respondeu Jesus. ²⁶Enquanto comiam, Jesus tomou um pão, deu graças a Deus, partiu-o e deu-o aos discípulos, dizendo: "Tomem e comam, isto é o meu corpo". ²⁷Depois, tomou o cálice, deu graças a Deus e passou-o a eles, dizendo: "Bebam deles todos, ²⁸pois este é o meu sangue, o sangue da Aliança, que é derramado por muitos para a remissão dos pecados. ²⁹Eu lhes digo não beberei mais deste fruto da videira, até o dia em que o beber de novo com vocês, no Reino do meu Pai".

ANÚNCIO DA NEGAÇÃO DE PEDRO

³⁰Depois de cantarem o hino, saíram para o monte das Oliveiras.

***

MARCOS
JUDAS PREPARA A TRAIÇÃO

¹⁰Judas Iscariotes, um dos Doze, foi ter com os sumos sacerdotes, para lhes entregar Jesus. ¹¹Eles ficaram alegres com esta notícia e prometeram dar-lhe dinheiro. E ele ficou esperando uma boa ocasião para entregá-lo.

A CEIA PASCAL

¹²No primeiro dia dos Ázimos, quando se imolava o cordeiro pascal, disseram-lhe os seus discípulos: "Onde queres que preparemos a ceia pascal?" ¹³Ele enviou, então, dois discípulos, dizendo: "Vão à cidade e encontrarão um homem levando uma bilha de água. Acompanhem-no. ¹⁴Onde ele entrar, digam ao dono da casa: O Mestre manda perguntar: Onde está a minha sala, na qual poderei comer a páscoa com os meus discípulos? ¹⁵E ele lhes mostrará, no andar superior, uma grande sala, já mobiliada e pronta. Façam lá os preparativos para nós". ¹⁶Os discípulos foram e, entrando na cidade, encontraram tudo como ele tinha dito e prepararam a Páscoa.

¹⁷Ao cair da tarde, ele chegou com os Doze. ¹⁸Enquanto estavam à mesa, Jesus lhes disse: "Eu lhes afirmo com toda certeza: um de vocês, um que come comigo, me vai trair". ¹⁹Eles ficaram tristes e começaram a lhe perguntar um após outros: "Seria eu?" ²⁰Ele lhe disse: "É um dos doze, que junto comigo põe a mão no mesmo prato.

²¹O Filho do homem vai, como está escrito a respeito dele, mas aí do homem pelo qual é traído o Filho do homem: melhor para ele seria não ter nascido!"

²²E enquanto comiam, ele tomou um pão, recitou a benção, partiu-o e deu-o aos discípulos, dizendo: "Tomem, isto é o meu corpo". ²³Depois tomou o cálice, deu graças a Deus e entregou a eles. E todos beberam. ²⁴Ele lhes disse: "Este é o meu sangue, o sangue da aliança, derramado pela humanidade. ²⁵Eu lhes afirmo com toda certeza: Não beberei mais do fruto da videira até o dia em que beberei o vinho novo no Reino de Deus".

ANÚNCIO DA NEGAÇÃO DE PEDRO

²⁶Depois de cantarem os Salmos, saíram para o Monte das Oliveiras.

***

LUCAS
A TRAIÇÃO DE JUDAS

¹Estava chegando a festa dos Ázimos, chamada Páscoa. ²E os sumos sacerdotes e os escribas procuravam um modo de matar Jesus, pois temiam o povo. ³Satanás entrou em Judas, chamado Iscariotes, que era um dos Doze. ⁴Ele foi encontrar-se com os sumos sacerdotes e com os chefes das guardas, para conversar sobre o modo de entregá-lo. ⁵Estes ficaram alegres e prometeram-lhe dinheiro. ⁶Ele aceitou e ficou esperando uma ocasião oportuna para entregá-lo a eles sem a multidão saber.

A CEIA PASCAL

⁷Chegou, pois, o dia dos Ázimos, no qual se devia imolar o Cordeiro Pascal. ⁸Jesus enviou Pedro e João, dizendo: "Vão e preparem-nos a Páscoa para comermos. ⁹Perguntaram-lhe eles: "Onde queres que a preparemos?" ¹⁰Respondeu-lhes: "Ao entrarem na cidade, vocês vão encontrar um homem carregando um pote d'água. Sigam-no até ele entrar e digam ao dono da casa: ¹¹O Mestre lhe manda perguntar: Onde está a sala em que poderei comer a Páscoa com os meus discípulos? ¹²E eles lhes mostrará uma grande sala mobiliada,

no andar de cima. Façam lá os preparativos". ¹³Eles foram e encontraram tudo como Jesus lhes dissera e preparam a Páscoa.

¹⁴Chegada a hora, ele se pôs à mesa com os apóstolos ¹⁵e lhes disse: "Desejei ardentemente comer esta Páscoa com vocês antes de sofrer; ¹⁶porque eu lhes digo que não mais a comerei, até que ela se cumpra no Reino de Deus". ¹⁷E tomando o cálice, deu graças a Deus e disse: "Tomem este cálice e distribuam entre vocês; ¹⁸pois eu lhes digo: doravante já não beberei do fruto da videira, até que venha o Reino de Deus".

A INSTITUIÇÃO DA EUCARISTIA

¹⁹Depois, tomando um pão e dando graças a Deus, partiu-o e o deu a eles, dizendo: "Isto é o meu corpo, que é dado por vocês; façam isto para celebrar a minha memória". ²⁰Do mesmo modo, depois de haver ceado, passou-lhes o cálice, dizendo: "Este cálice é a Nova Aliança em meu sangue, que é derramado por vocês.

ANÚNCIO DA TRAIÇÃO

²¹No entanto, eis que a mão de quem me trai está à mesa comigo. ²²Pois o Filho do homem, de fato, vai partir; mas ai daquele por quem ele for entregue!" ²³Puseram-se eles então a indagar entre si qual deles iria fazer tal coisa.

***

JOÃO
1. A ÚLTIMA CEIA
O Lava-Pés

¹Antes da festa da Páscoa, sabendo Jesus que chegara sua hora de passar deste mundo ao Pai, tendo amado aos seus que estavam neste mundo, amou-os até o fim. ²Enquanto ceavam, quando o diabo já havia inspirado a Judas Iscariotes, filho de Simão, o plano de o trair, ³Jesus, sabendo que o Pai lhe havia dado em mãos todas as coisas, e que ele viera de Deus e para Deus voltava, ⁴levantou-se da mesa, tirou o manto e, tomando uma toalha, colocou-a à cintura. ⁵Em seguida, pôs água numa bacia e começou a lavar os pés dos discípulos e a enxugá-los com a toalha com que estava cingido.

⁶Chegou junto de Simão Pedro e este lhe disse: "Senhor, tu me lavas os pés?" ⁷Respondeu-lhe Jesus: "O que eu faço, você não o compreende agora, mas depois o compreenderá". ⁸Disse-lhe Simão Pedro: "Nunca me lavarás os pés!" Jesus lhe respondeu: "Se não o lavar você não é meu amigo". ⁹"Pois então, Senhor, – disse-lhe Simão Pedro – lava-me, não só os pés, mas também as mãos e a cabeça!" ¹⁰Jesus lhe disse: "Quem já tomou banho, não precisa lavar-se; está todo limpo. Vocês também estão limpos, mas nem todos". ¹¹Pois ele sabia quem o estava traindo, e por isso disse: "Nem todos estão limpos".

¹²Quando lhes lavou os pés e retomou as vestes, sentou-se de novo e lhes disse: "Sabem o que lhes fiz? ¹³Vocês me chamam de Mestre e Senhor, e dizem bem, pois eu o sou. ¹⁴Se, portanto eu, que sou o Senhor e o Mestre, lhes lavei os pés, vocês também devem lavar-se os pés uns aos outros. ¹⁵Pois eu lhes dei o exemplo, para que façam como eu fiz.

O EMPREGADO E O PATRÃO

¹⁶Eu lhes afirmo com toda certeza: O empregado não é maior que seu patrão, nem o enviado maior que aquele que o envia. ¹⁷Sabendo disso, vocês serão felizes, se o praticarem. ¹⁸Não o digo de vocês todos; eu conheço os que escolhi; mas é preciso que se cumpra o que diz a Bíblia: Aquele que come meu pão, levantou contra mim seu calcanhar. ¹⁹Desde já, antes que isso aconteça, eu já estou lhes dizendo, para que, quando acontecer, acreditem que eu sou. ²⁰Eu lhes afirmo com toda certeza: quem acolher aquele que eu enviar, a mim acolhe, e aquele que me acolhe, acolhe Aquele que me enviou".

ANÚNCIO DA TRAIÇÃO

²¹Ao dizer isto, Jesus ficou angustiado e disse abertamente: "eu lhes afirmo com toda certeza: um de vocês vai me entregar". ²²Os discípulos olhavam uns para os outros, sem saber a quem ele se referia. ²³Estava reclinado bem perto de Jesus um dos seus discípulos, aquele a quem Jesus amava. ²⁴Simão Pedro fez-lhe sinal e lhe disse: "Pergunte a quem ele se refere". ²⁵Reclinando-se ele sobre o peito de Jesus, perguntou-lhe: "Quem é, Senhor?" ²⁶Respondeu Jesus: "É aquele a quem vou dar o pedaço de pão umedecido no molho". E ensopando o pão, toma-o e dá a Judas, filho de Simão Iscariotes. ²⁷Após receber o pedaço de pão, entrou nele Satanás. Disse-lhe Jesus: "O que você tem a fazer, faça-o logo". ²⁸Nenhum dos que estavam à mesa compreendeu porque dissera isto. ²⁹Como Judas tomava conta da bolsa, alguns pensavam que Jesus lhe tivesse dito: "Compre o necessário para a festa", ou lhe houvesse ordenado dar algo aos pobres. ³⁰Tomando, pois, o pedaço de pão, saiu logo. Era noite.

³¹Assim que ele saiu, disse Jesus: "Agora, o Filho do homem foi glorificado e Deus foi glorificado nele. ³²Se Deus foi glorificado nele, também Deus o glorificará a si mesmo. E em breve o glorificará. ³³Meus filhinhos, ainda estarei com vocês um pouco. Vocês me procurarão. E agora eu lhes digo a mesma coisa que disse aos judeus: Para onde vou, vocês não podem ir.

Três Evangelhos, só excluindo o de João, localizam a preparação da Ceia Pascal na época dos Ázimos. Nas versões de Mateus e Marcos é a pergunta dos apóstolos sobre o local para a organização da Páscoa que leva Jesus a ordenar sua preparação. Nestes relatos, todavia, não ocorre a nomeação de seus organizadores, ao contrário do de Lucas, em que Jesus envia Pedro e João para prepararem a ceia.

Os apóstolos Pedro e João têm um papel central no apostolado de Jesus e a escolha deles para efetuarem tal tarefa explicita a importância do evento, que o Evangelho de João assim apresenta:

sabendo Jesus que chegara sua hora de passar deste mundo ao Pai, tendo amado os seus que estavam neste mundo, amou-os até o fim ... (Jo 13:1)

A ceia é anúncio, é o marco da última revelação de Jesus de sua morte próxima. Lucas confirma ser a ceia o anúncio de despedida:

Desejei ardentemente comer esta Páscoa com vocês antes de sofrer; porque eu lhes digo que não mais a comerei até que ela se cumpra no Reino de Deus. (Lu 22:18)

Há em Marcos, Lucas e sucintamente em Mateus a enumeração do conjunto de determinações dadas por Jesus aos apóstolos, a fim de estes organizarem a ceia no local previamente reservado.

Enquanto Marcos, Mateus e Lucas abrem o relato da ceia com os seus preparativos, João é o único a narrar o lava-pés como o início das cerimônias da Páscoa, atestando a igualdade dos homens.

Ao final do lava-pés, dissertando sobre a igualdade, Jesus recomenda que pratiquem este ensinamento, mas, faz uma ressalva:

Não o digo de vocês todos; eu conheço os que escolhi, mas é preciso que se cumpra o que diz a Bíblia: "Aquele que come meu pão, levantou contra mim seu calcanhar". (Jo 13:16-18)

Indicia a segunda revelação – a traição. João é o único a caracterizar o estado de espírito de Jesus na hora da revelação: angústia ("...Jesus ficou angustiado..."), o que o leva a dizer abertamente:

...Um de vocês vai me entregar. (Jo 13:21)

A traição – exceção feita ao Evangelho de Lucas, que abre o relato pascal com o ato de entrega de Jesus por Judas, dominado por Satanás – é o segundo anúncio de Jesus.

Mateus e Marcos caracterizam o efeito da traição nos apóstolos:

Muito tristes (Mt 26:22),
tristes (Mc 14:19).

Os apóstolos, segundo Mateus, voltam-se para Jesus perguntando-lhe, "um após outro", qual deles seria o traidor, até que se confirma o nome de Judas. Igualmente, no de Marcos, as indagações são dirigidas a Jesus. Diferentemente, no de Lucas, os apóstolos perguntam entre si a identidade do traidor, enquanto no de João eles se olham indagantes. Em João, a identificação do traidor se dá por um gesto simbólico: Jesus dá a Judas um pedaço de pão, ato-resposta que lhe indicaria o traidor e que João, todavia, não decodificou.

No Evangelho de João, pelas referências às posições de Pedro, João, Judas e Jesus à mesa, podemos inferir que estavam os quatro próximos. João ladeava Jesus e era ladeado por Pedro, que o instiga a pedir a Jesus que identifique o traidor. Como Jesus responde dando a Judas um pedaço de pão, supõe-se a proximidade de ambos. Nenhum outro dado consta dos relatos sobre a disposição dos demais apóstolos à mesa.

A ceia, que seria uma celebração festiva é, aqui, ao contrário, um momento de separação, marcado pela dor que este ato gera, um momento de inquietação, de questionamento, de desconfiança, de suspeita e de busca, no seio do grupo, do traidor. A ceia é uma série de anúncios que, num crescendo, tensiona o grupo. O nível tensional dilui-se com o último revelar de Jesus. Numa tentativa de resgatar a normalidade, Jesus institui a Eucaristia. O pão e o vinho, alimentos cotidianos, presentes nas distintas mesas, são transformados no corpo e no sangue de Jesus. Estamos diante da transubstanciação de Jesus que dilui a tensão, apaziguando o grupo, porque, espiritualmente, Jesus assume continuar junto a eles.

Lucas apresenta primeiro a transubstanciação, seguindo-se a ela o anúncio da traição, da discussão de qual apóstolo seria o maior e do anúncio da negação de Pedro. Todavia, a Eucaristia, antecedendo as revelações, não ameniza o impacto destas como nas demais versões, e o relato, até o seu término, mantém o ritmo tensional. Em Marcos, Mateus e João, a Eucaristia restitui a serenidade de Jesus e dos apóstolos, excetuando Judas que, por ordem de Jesus, saíra antes da sala, para completar a traição.

De volta a uma situação de harmonia, eles cantam hinos (Mt 26:30) e salmos (Mc 14:26) antes de deixarem o recinto rumo ao Monte das Oliveiras, cenário para o anúncio das negações de Pedro em Mateus e Marcos, quando, em Lucas e João, tal anúncio ocorre ainda no interior da sala.

A ceia pascal é, por estruturação, um nó tensional que será desatado com a ressurreição de Jesus. Restringimo-nos à abordagem deste contexto-palco tensional e passamos a configurar nele o perfil de cada apóstolo, caracterizando o seu papel no apostolado sem nos preocuparmos com a diversidade de pontos de vista dos Evangelhos, pois nosso objetivo é retirar deles tão somente informes das personagens-peças do jogo da ceia pascal.

Dos doze apóstolos, alguns são bem pouco caracterizados e, mesmo nossa meticulosa leitura, pinçando referências esparsas através dos dados, não nos permitiu o delineamento de alguns tipos. Todavia os artistas estiveram consultando as mesmas fontes e preencheram os mesmos vazios em suas criações. Conhecidos de todos são os registros-desenho que Leonardo rascunhava ao andar pelas ruas de Florença em busca de feições para os apóstolos. Todos os demais, tal como Da Vinci, tiveram de preencher as lacunas do texto bíblico.

Jesus, cujo nome é o mesmo de Josué – o guia dos judeus na fuga do Egito para Canaã – é o ser humano/divino que veio ao mundo concretizar as profecias. Como Moisés que organizou os israelitas em doze tribos, Jesus, herdeiro da casa de Davi, realizou sua missão cercado por doze apóstolos, homens do povo por ele assim escolhidos:

...Naqueles dias, Jesus foi à montanha para rezar, e passou toda a noite em oração a Deus. Quando amanheceu, chamou seus discípulos e, dentre eles, escolheu doze, aos quais chamou de apóstolos: Simão, a quem deu o nome de Pedro; André, seu irmão; Tiago; João; Felipe; Bartolomeu; Mateus; Tomé; Tiago, filho de Alfeu; Simão, chamado o Zelota; Judas, filho de Tiago, e Judas Iscariotes, que se tornou traidor. (Lc 5:12-16)

...Assim falou ele, ensinando numa sinagoga de Cafarnaum.

INCREDULIDADE DOS DISCÍPULOS

Tendo-o ouvido, muitos de seus discípulos disseram: "Esse modo de falar é duro demais! Quem tem disposição para ouvir isso?" Jesus, percebendo que seus discípulos murmuravam contra suas palavras, disse-lhes: "Isto os escandaliza? O que será então quando vocês virem o Filho do homem subindo para o lugar onde antes estava? O espírito é que dá vida; a carne para nada serve. As palavras que eu lhes disse são espírito e vida. Alguns de vocês, porém, não acreditam".

Jesus sabia muito bem, desde o começo, quais eram os que não acreditavam e quem iria entregá-lo, e acrescentou: "Por isso lhes disse que ninguém pode vir a mim, se não lhe for dado por meu Pai". Desde então, muitos de seus discípulos se afastaram e não o seguiram mais.

PEDRO PROFESSA SUA FÉ

Então Jesus perguntou aos Doze: "Vocês também querem separar-se de mim?" Simão Pedro respondeu-lhe: "Senhor, a quem iremos? Tu tens palavras de vida eterna, e nós acreditamos e sabemos que és o Santo de Deus". (Jo 6:59-69)

...Convocando os Doze, Jesus deu-lhes força e poder sobre todos os demônios bem como o dom de curar os doentes. E enviou-os a pregar o Reino de

Deus e curar doenças. Disse-lhes: "Nada levem para a viagem: nem bastão, nem alforge, nem pão, nem dinheiro, nem tenham duas túnicas. Em qualquer casa em que se hospedarem nela permaneçam e de lá tornem a partir. Se não os acolherem, saiam da cidade sacudindo a poeira dos pés em protesto contra eles". Eles partiram e percorreram as aldeias anunciando a Boa Nova, e operando curas por toda parte. (Lc 9:1-6)

O primeiro apóstolo escolhido foi André, um discípulo de João Batista. Era um pescador nascido em Betsaida, pequeno povoado da Galiléia, situado perto de Cafarnaum, na margem direita do lago Tiberíades, onde, mais tarde, André viria a fixar moradia. Na região, o peixe era abundante e o seu comércio era uma atividade lucrativa. André, com seu irmão Pedro, possuía uma barca. Foi, juntamente com outro apóstolo, João, que André conheceu Jesus, fato que o Evangelho assim narra:

> João Batista estava lá de novo com dois de seus discípulos. Fixando o olhar em Jesus que por ali passava, disse: "Eis o Cordeiro de Deus". Os dois discípulos ouviram-no e seguiram a Jesus. Voltou-se Jesus e viu que o seguiam. E disse-lhes: "Que desejam?" Responderam-lhe: "Rabi (esta palavra quer dizer Mestre), onde moras?" "Venham e vejam", disse-lhes ele. Eles foram, e viram onde morava. Esse dia ficaram com ele. Isso foi pelas quatro horas da tarde. André, irmão de Simão Pedro, era um dos dois que tinha ouvido as palavras de João Batista, e que tinha seguido a Jesus. O primeiro a quem encontrou foi seu irmão Simão, ao qual disse: "Encontramos o Messias (que quer dizer Cristo)". E foi levá-lo a Jesus. Jesus olhou-o e disse: "Você é Simão, filho de Jonas. Você se chamará Cefas (que significa Pedra)". (Jo 1:35-42)

Há mais algumas informações sobre André, mas poucas, embora ele apareça entre os apóstolos mais próximos de Jesus, junto com Pedro, João e Tiago. Era um homem do povo e, pela passagem que antecede à multiplicação dos pães, quando Jesus "experimentava" Felipe sobre como dar de comer à grande multidão, vemos que era um homem ingênuo. Disse ele a Jesus:

> Aqui está um menino que tem cinco pães de cevada e dois peixes; mas o que é isso para tanta gente? (Jo 6:9)

André, apesar de ser o primeiro a seguir Jesus, não imaginava os poderes de seu guia, o que nos é indicado pelo fato de lhe ser inconcebível o ato de Jesus multiplicar aqueles pães e peixes.

Quanto a Simão-Pedro, era ele um homem maduro, já casado (Mc 1:29-31), com família, quando foi chamado por Jesus. Era um pescador (Lc 5:8), fraco diante do perigo – negou três vezes conhecer Jesus durante o processo de julgamento (Lc 22:34); impulsivo e agressivo – cortou com a espada a orelha do soldado que foi prender Jesus (Jo 18:10).

No entanto, foi Simão-Pedro o escolhido para edificar e guiar a comunidade cristã:

> Chegando Jesus ao território de Cesaréia de Felipe, perguntou aos discípulos: "No dizer do povo, quem é o Filho do homem?" Os discípulos responderam: "Uns dizem que é João Batista, outros afirmam que é Elias; outros ainda falam que é Jeremias ou um dos profetas". Então Jesus lhes perguntou: "E vocês? Para vocês, quem sou eu?" Simão-Pedro respondeu: "Tu és o Messias, o filho de Deus vivo". Em resposta, Jesus disse a Pedro: *"Feliz é você Simão, filho de Jonas porque não foi nenhum ser humano que lhe revelou isso e, sim, o meu Pai que está nos céus.* E por isso lhe digo: *Você é Pedro, e sobre esta pedra edificarei a minha Igreja* e os poderes do inferno jamais conseguirão dominá-la. *Vou lhe dar as chaves do Reino dos Céus*, e tudo o que você ligar na terra, será ligado nos céus e o que você desligar na terra, será desligado nos céus". Depois Jesus ordenou aos discípulos que não dissessem a ninguém que ele era o Messias. (Mt 16:13-20)

O fato de Simão receber de Deus a resposta à pergunta de Jesus aos apóstolos evidencia o papel que lhe cabia assumir e para o qual estava sendo preparado, ou seja, papel de líder da igreja cristã. O fato de Jesus mudar-lhe o nome para *Petros* – Pedro (masculino), que significa *petra* – pedra (feminino), reforça nossa afirmação, pois, ao renomear Simão, Jesus iconiza no nome seu papel e função, assim como a transformação de seu ser. No nome, a unidade masculino/feminino: Pedro-pedra fundante do Cristianismo. O possessivo "minha", ao lado de Igreja, reforça a atuação de Pedro na Igreja que Jesus veio alicerçar. Pedro foi, então, o discípulo central. A ele Jesus outorga total poder para "ligar" os homens à comunidade cristã, que deixaria na terra, assim como desligá-los dela. Pedro tem a chave do "Reino de Deus", que passaria definitivamente a reger, quando Jesus lhe entrega "seus cordeiros, suas ovelhas". (Jo 21:15-18)

João se auto-apresentava como "o discípulo que Jesus amava" (Jo 13:23; 19:26; 21:7). Encontramos múltiplos dados desta predileção de Jesus, a tal ponto de, na última ceia, João descansar sua cabeça sobre o peito de Jesus e, instigado por Pedro, perguntar-lhe sobre quem o trairia. A sua indagação teve resposta que, todavia, não foi entendida. (Jo 13:26)

O dado que mais enfatiza este afeto nos é dado pelo próprio ato de Jesus na cruz:

> Quando Jesus viu sua mãe e perto dela o *discípulo que amava*, disse à sua mãe: "Mulher, eis aí teu filho". Depois disse ao discípulo: "Eis aí tua mãe". E desta hora em diante, o discípulo a levou para a sua casa. (Jo 19:25-27)

A entrega de Maria, sua mãe, a João é um ato simbólico. João, metonimicamente, é todo seguidor de Jesus, assim como Maria, em processo similar, é a mãe de todos os cristãos.

O OBJETO-PALAVRA: CEIA PASCAL

Outros dados comprovadores dessa preferência estão no número de citações de seu nome. Nos Evangelhos Sinópticos, encontramos onze referências a ele. Nove no quarto Evangelho e uma nos "Atos" e na "Carta aos Gálatas", respectivamente.

João, irmão caçula de Tiago, era um jovem ainda púbere, que, para muitos comentadores da Antigüidade, era na época identificação de virgindade. Esteve presente nos momentos centrais da pregação de Jesus e, a princípio, defendia Jesus seu Mestre com rudeza e impetuosidade tamanhas, que foi alvo de reprovação por parte do Mestre (Lc 9:49-51-56). Por isso, Jesus chamou-o de Boanerges ou filho do trovão. Seu amor intenso a Jesus (Mc 3:17) levou-o a ter ciúmes da liderança de Pedro (Mt 20:20-23; Mc 10:35-41) e, apesar de não conseguir sentar ao lado de Jesus no Reino do Céu (Mt 20:20-23), João bebeu de seu cálice e recebeu Maria como mãe (Jo 19:26-27). Sabemos ainda que, repetidas vezes, João testemunhou a ressurreição de Jesus (Jo 20:2-8; Act 1:13; 3:1-11; 4:1-21).

A nível dos atos de Jesus, reveladores do papel dos apóstolos, é importante observar que Pedro e João foram também os escolhidos para preparar a Última Ceia, o que uma vez mais confirma a relevância de Pedro e João no apostolado de Jesus.

Tiago, o irmão de João, era, como os três outros apóstolos, pescador originário de Betsaida, na Galiléia. Seu pai, Zebedeu, possuía várias barcas e empregados; sua mãe, Salomé, seguia Jesus em sua peregrinação e era uma das que o sustentavam com seus bens (Mc 15:40-41; Lc 8:3). Foi o chamado de João que uniu sua família a Jesus. Com Pedro e João, Tiago testemunhou a ressurreição da filha de Jairo (Mc 5:37), a transfiguração de Jesus (Mt 17:1; Mc 9:1; Lc 9:28) e a agonia do Mestre no horto (Mt 26:37; Mc 14:33; Lc 22:39).

Em virtude do outro discípulo, primo de Jesus, chamar-se também Tiago, ele foi denominado Tiago, o Maior. Seu caráter tem o delineamento atrelado ao de seu irmão. E depreendemos que era resoluto (Mt 4:21-22 e 20:20-23), impetuoso e até violento – em certa ocasião, sugeriu "descer fogo do céu" para que os habitantes de uma aldeia da Samaria permitissem a entrada de Jesus (Lc 11:54-56).

Felipe é o quinto apóstolo e, como os demais, era pescador de Betsaida. É apresentado como o líder do segundo dos três grupos quaternários em que os apóstolos são, constantemente, distribuídos. Caracterizava-se por um caráter decidido, que o levou, prontamente, a seguir Jesus (Jo 1:43-44), assim como a convencer e trazer para o grupo seu amigo Natanael-Bartolomeu (Jo 1:45). Ambos os amigos foram convidados para as bodas de

Canaã, iniciando, então, sua participação no grupo de discípulos. Depreendemos de sua fala, no diálogo que precede à primeira multiplicação dos pães, sua ingenuidade e pouca visão dos poderes de Jesus. Para sondá-lo, perguntou-lhe seu Mestre:

Onde poderemos comprar pão para dar-lhes (a uma multidão, por volta de cinco mil homens) de comer? (Jo 6:5)

E Felipe respondeu:

Duzentos denários de pão não bastariam para que cada um recebesse ao menos um pouco. (Jo 6:7)

Por outro lado, estava sempre disponível para possibilitar a convivência de Jesus com outras pessoas. Assediado por gregos, que queriam ver Jesus, Felipe, junto a André, providenciou o encontro (Jo 12:20-22).

Se de um lado, está sempre presente em Felipe o querer dividir Jesus com os demais, de outro, limita-se ele a observar e participar dos atos concretos de Jesus. Felipe não consegue conceber a dimensão superior de Jesus para além dos seus atos visíveis e palpáveis. Era muito simples. Na Última Ceia, pediu a Jesus:

Senhor, mostra-nos o Pai e isto nos basta.

Disse-lhe Jesus:

Felipe, faz tanto tempo que estou com vocês e você ainda não me conhece? Quem me viu, viu o Pai. Então você não crê que estou no Pai e que o Pai está em mim? (Jo 14:8-10)

Bartolomeu, o sexto apóstolo, era um pescador de certa posse, originário de Canaã, nas margens de Tiberíades. Quando Felipe lhe falou de Jesus de Nazaré, Bartolomeu disse-lhe:

De Nazaré poderá sair alguma coisa boa? (Jo 1:46)

Comentário que nos faz perceber seu caráter preconceituoso, assim como sua franqueza, característica que foi enfatizada por Jesus. Após a convocação de cinco galileus, Bartolomeu, o sexto, é filho de Tolmi ou Natanael, nome de origem puramente judaica.

Jesus refere-se assim a ele:

Eis um verdadeiro israelita no qual não há fingimento. (Jo 1:47)

Mateus, o sétimo apóstolo, era um cobrador de impostos públicos que tinha certa instrução e entendia de finanças. Em contraste com Mateus, que faz cumprir as leis do tributo, estão todos os outros apóstolos, que, como Pedro (pescador e comerciante), consideravam as taxas muito elevadas e abusivas. Mateus representa os judeus aliados ao invasor romano, que dominava Israel. Seu chamamento para o apostolado de Jesus significa que oprimidos e opressores convivem lado a lado.

Mateus era por profissão um publicano, ofício que, na escala social, era considerado inferior, e situado no mesmo nível das meretrizes e dos pecadores públicos. Assim, o chamamento de Mateus para o apostolado concretiza a idéia de uma religião para todos e na qual todos são iguais. Mateus redigiu, em aramaico, a primeira síntese dos atos de Jesus, numa perspectiva que exalta a dimensão messiânica.

Tomé era um humilde pescador do lago de Tiberíades, na Galiléia. sua impetuosidade, decisão e coragem revelam sua lealdade a Jesus. Ante a indecisão dos discípulos de acompanhar Jesus, quando este foi feito prisioneiro, Tomé propôs:

Subamos nós também e morramos com ele. (Jo 11:16)

Por outro lado, seu comportamento, após a ressurreição de Jesus, revela-o um homem obstinado e incrédulo. Foi o último a crer na ressurreição; por uma semana negou os testemunhos dos outros apóstolos:

Se eu não puder ver o sinal dos cravos nas mãos dele e não tocar ali o meu dedo e não puser também a minha mão no lado da dele não acreditarei. (Jo 20:25)

A insistência em provas concretas para poder crer levou Jesus a repreendê-lo:

Estenda sua mão e ponha-a no meu lado. E não seja incrédulo, mas fiel. (Jo 24-29)

Poucas são as informações sobre os atos de Tiago, o Menor, nos Evangelhos. É apresentado como primo de Jesus por parte da mãe e só aparece nas listas de nomeação dos apóstolos. Contudo nos "Atos dos Apóstolos" e na "Carta aos Gálatas" de São Paulo, é citado, ao lado de Pedro, como um dos edificadores da igreja de Jerusalém (At 12:17; 21:15-18; Gál 1:18-19). Apesar disso, faltam dados para uma descrição mais específica de seu caráter.

Ocupando sempre os últimos lugares nas listagens apostólicas temos Simão, o Zelota; Judas, filho de Tiago e Judas Iscariotes.

Zelota era um partido nacionalista judeu de tendência radical. Seus adeptos se dedicavam com zelo à causa de Deus e de seu povo. Seu objetivo era a expulsão dos dominadores estrangeiros pela revolução armada. Simão pertencia ao partido, quando de seu chamado para o apostolado, o que nos leva a supor uma comunhão com os ideais do partido e a vê-lo, assim, como um revolucionário.

Além de Simão, muitos estudiosos acreditam que também Judas Iscariotes, o último apóstolo do grupo, fosse um Zelota, adversário do Império Romano. Pelos relatos históricos, havia, no movimento Zelota, muitas lideranças, o que levava seus partidários a atuações conflitantes, desencontradas e contraditórias. No entanto, todas se marcavam por profunda religiosidade e fé no líder que viria para impulsionar e vencer a luta guerrilheira, que os libertaria do jugo romano. Consideramos, então, que a política, além da religiosidade, esteve sempre presente no grupo dos apóstolos.

De Judas, filho de Tiago, o Maior, dispomos de poucos dados. Por ocasião da ceia, Jesus prometeu enviar aos discípulos o Espírito Santo. Judas, diante das revelações indaga-lhe:

Senhor, que aconteceu para que te manifestes a nós e não ao mundo? (Jo 14:22)

Sua simplicidade é o que podemos destacar. Tiago parece não entender que Jesus os preparava para continuar sua missão.

Sua morte estava próxima e, pregando exclusivamente para os apóstolos, Jesus transmitia-lhes os ensinamentos que eles divulgariam. Num ato de declaração de fé, Pedro professa sua crença em Jesus, referindo-se a ele como "o Santo de Deus" (Jo 6:69). Jesus no debater de idéias com os discípulos coloca-lhes:

Não escolhi vocês, os Doze? No entanto, um de vocês é um demônio. (Jo 6:70)

A identidade deste um, o Evangelho de João nos informa:

Referia-se a Judas, filho de Simão Iscariotes. Este o havia de entregar sendo dos Doze. (Jo 6:71)

Desde a apresentação dos apóstolos escolhidos, Judas Iscariotes foi colocado como aquele "que se tornou traidor" (Lc 6:16). No grupo, era Judas o responsável pelas finanças

O OBJETO-PALAVRA: CEIA PASCAL

(Jo 12:29). O apostolado exigia o despojamento dos bens, tanto que Pedro diz:

> Nós deixamos nossos bens e te seguimos. (Lc 18:28)

Os recursos do grupo restringiam-se aos donativos que recebiam em suas peregrinações, os quais eram redistribuídos entre os pobres. A possibilidade de Judas ter se apegado aos bens materiais encontra fundamento na narração de João (12:1-8):

> Seis dias antes da Páscoa veio Jesus a Betânia, onde morava Lázaro, a quem ressuscitara dos mortos. Prepararam lá uma ceia para ele; Marta servia a mesa, e Lázaro era um dos convivas. Então Maria tomou uma libra de genuíno perfume de nardo, muito caro, ungiu com ele os pés de Jesus e os enxugou com seus cabelos. A casa inteira se encheu do cheiro do perfume. Judas, o Iscariotes, um dos seus discípulos, aquele que o havia de entregar, disse: "Por que não se vendeu este perfume por trezentas moedas, a fim de dá-las aos pobres?"

A pergunta tem uma resposta surpreendente, se pensarmos nos apóstolos como até então os víamos, como um grupo de companheiros ligados por uma missão.

> Dizia isto, não porque se preocupasse com os pobres, mas porque era ladrão e, sendo o encarregado da bolsa, roubava o que nela se colocava.

No entanto, concretiza-se neste exemplificar a diversidade de pontos de vista dos Evangelhos. O de Marcos não identifica o comentário como sendo de Judas, mas sim de alguns dos presentes (Mc 14:3-9), enquanto no de Mateus, a fala é atribuída ao conjunto dos discípulos que se "irritaram com o desperdício" (Mt 26:6-13).

Se concordarmos com João vamos interpretar Judas como um apegado ao dinheiro que entregou Jesus à guarda dos sumos sacerdotes chefiados por Caifás, por uma questão de dinheiro. Um beijo identificador valeu o preço de trinta moedas de prata. O Evangelho narra:

> Estava chegando a festa dos Ázimos, chamada Páscoa. E os sumos sacerdotes e os escribas procuravam um modo de matar Jesus, pois temiam o povo. Satanás entrou em Judas, chamado Iscariotes, que era um dos Doze. Ele foi encontrar-se com os sumos sacerdotes e com os chefes das guardas para conversar sobre o modo de entregá-lo. Estes ficaram alegres e prometeram-lhe dinheiro. Ele aceitou e ficou esperando uma ocasião oportuna para entregá-lo a eles sem a multidão saber. (Lc 22:1-6)

A ação de Judas é sempre um meio para um fim. Para os sumos sacerdotes e escribas é o meio para prender Jesus. Com as pregações, estes dois segmentos da sociedade que, junto com os romanos, a dominavam, sentiam-se ameaçados de perder seus poderes e privilégios. Caifás, o chefe dos sumos sacerdotes, ao debater, no conselho da Igreja, soluções para as ameaças de desestabilização de seus poderes, argumenta:

> Vocês não entendem nada! Não compreendem que lhes convém que morra um só homem por todo o povo, em vez de perecer toda a nação?...
> E não só pela nação, mas também para reunir numa unidade os filhos de Deus que andavam dispersos. (Jo 11:49-50-52)

Jesus foi então usado pelos sacerdotes, e Judas foi o mediador. De outro lado, sabemos que Judas serviu à missão de Jesus. Fez o que lhe tinha sido determinado fazer. Durante a ceia, Jesus, após dar a Judas o pão umedecido em molho, gesto que o identificaria como traidor, ordenou-lhe:

> O que você tem a fazer, faça-o logo. (Jo 13:27)

Se considerarmos Judas Iscariotes um revolucionário, é possível interpretar seu ato como um passo para levar Jesus a se sentar no trono de Davi, pondo fim à dominação estrangeira.

Em qualquer das possíveis interpretações, o que nos importa é que Judas, o último colocado nas diversas listas, foi o apóstolo eleito para denunciar Jesus. Com um beijo na face, no jardim de Cedron, Judas identificou Jesus para os soldados e, depois disto, arrependeu-se e enforcou-se. Se de um lado a fraqueza e a cobiça são suas marcas características, de outro, o seu suicídio nos leva a ver que ele cumpriu seu papel no apostolado. Neste seu ato derradeiro, Judas, um homem comum, expõe sua humanidade, que não o permitia ver em seu ato o vetor derradeiro da missão terrena de Jesus.

Como as caracterizações individuais mostram, o grupo de Jesus compõe-se tanto de um aliado dos opressores, como de homens do povo com ofícios definidos – a começar pelo próprio líder, um carpinteiro, galileu, perfeitamente identificado com o homem comum, habitante das aldeias judaicas – como também de revolucionários zelotas. O grupo, uma microunidade, no qual as diferenças montam um todo, atesta para os homens a viabilidade de salvação de todos pela união à missão de Jesus.

O conhecimento dos atos dos apóstolos levou-nos à caracterização dos mesmos, já que a linguagem de cada fazer é o homem-signo. Todo gesto ou qualquer outro signo usado pelo homem é o próprio homem. Sua linguagem é a sua identidade e, como coloca Peirce:

A identidade do homem consiste na "consistência" daquilo que faz e pensa e, esta é o caráter intelectual de uma coisa, o expressar algo.

(PEIRCE, *EC*, § 313)

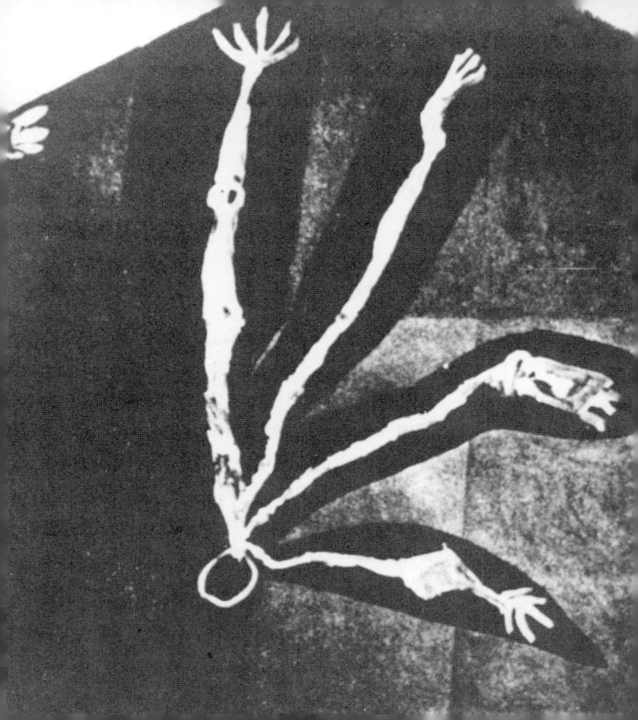

Definido o problema, passamos à segmentação do objeto e das hipóteses a serem testadas. Determinamos o contexto histórico do gesto a ser estudado e fixamos o recorte seletivo desta investigação. Requerem ainda atenção os procedimentos teóricos e metodológicos mais adequados que, aplicados ao objeto, nos permitirão olhá-lo, lê-lo.

A determinação de procedimentos é inerente ao objeto investigado, à sua natureza e, só considerando-a, podem os procedimentos propiciar um interagir auto-reflexivo entre: o objeto de estudo/carga informacional do pesquisador ou intérprete/teoria(s) e método(s). Com este enfoque: intérprete-objeto-procedimentos, gerando-se e sendo gerados, propõe-se o nosso gesto-pesquisa:

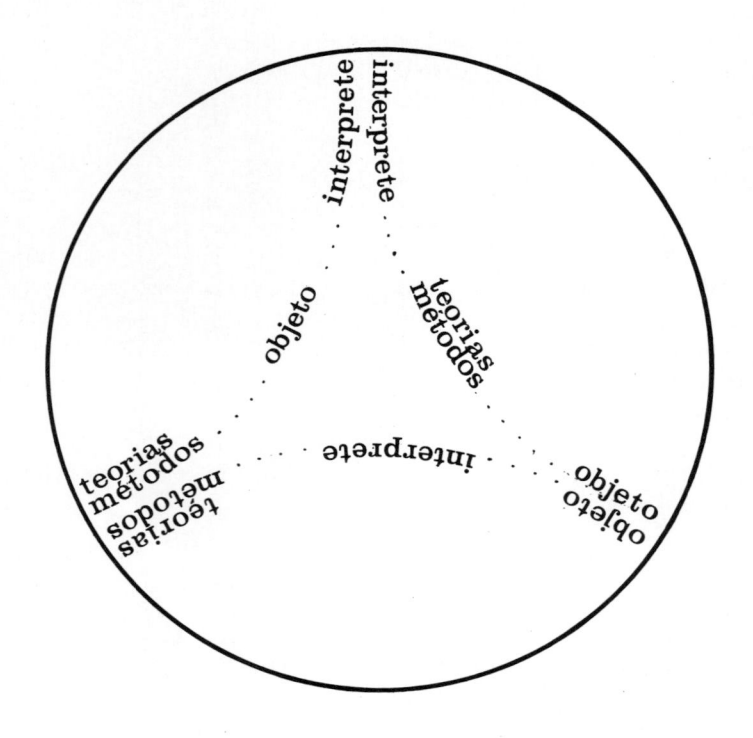

Irradiam-se do relacionar desta tríade fundante de nosso fazer ciência os raios que nos permitem descobrir que teoria(s)-método(s) nos possibilita(m) desvelar nosso objeto.

Considerando que o objeto é o "ato-gesto" nas Santas Ceias e que para apreendê-lo contamos com o nosso olhar e o olhar dos que o representaram em diversos códigos, faz-se necessário ainda caracterizar o "ato-gesto" como um signo, para, na especificidade de seu código, encontrarmos modos de olhar sua representação por outros códigos.

Os códigos selecionados, o pictórico e o cinematográfico, são ambos sistemas sígnicos que criam imagens para os produtos da imaginação criadora. Todavia, a imagem de cada código guarda uma estruturação própria. No jogo, ponto, linha, plano, forma, cor/não-cor, luz/não-luz, volume, direção, configuração, tamanho, localização no tempo, perspectiva/plano, profundidade, movimento, volume, representação (narrativa, personagens), cenografia formam os elementos estruturantes da pintura. Por sua vez, a linguagem cinematográfica é híbrida em sua formação, sendo composta por movimentos de câmera, enquadramentos, planos, combinação de planos, montagem, cor/preto e branco, iluminação, formas e seus movimentos, som, representação (narrativa e personagens), cenografia, profundidade. Cada um destes conjuntos se articulam formando o conjunto sígnico, obra.

No estruturar das mensagens, elementos comuns estão presentes, no entanto, com um uso específico a cada código. Além disto – outra diferença se acresce – a natureza do trabalho é diversa. O fazer, eminentemente coletivo do cinema, contrasta com o operar individual da pintura.

Cinegrafista, produtor, diretor, roteirista (dialoguista), cenógrafos, figurinistas, sonoplastas, entre outros, interagem no fazer do filme, que atores-personagens executam conforme o planejamento. Em contrapartida, o pintor idealiza e executa o seu projeto individualmente. As figuras vivem na tela a vida, que uma única vida lhes confere.

Outra distinção é levantada, seguindo as idéias de André Bazin. Refere-se à delimitação espacial própria a cada linguagem que ele assim propõe:

> Os limites da tela (cinematográfica) não são como o vocabulário técnico às vezes o sugere, o "quadro" da imagem, mas um "recorte" que não pode senão mostrar uma parte da realidade. O quadro (pintura) polariza o espaço em direção ao seu interior; tudo aquilo que a tela nos mostra, contrariamente, pode se prolongar indefinidamente no universo. O quadro é centrípeto, a tela é centrífuga[1].

Confirmando as concepções de Bazin, Castagno, Da Vinci, Tintoretto guardam, no interior de suas molduras, a represen-

---

1. A. Bazin, *Qu'este-ce que le cinéma?* Vol. II. Trad. Ismael Xavier, Paris, Editions du Cerf, 1961, p. 128.

tação dos interpretantes das Ceias Pascais. Exceção à tela de Dali, todas as pinturas formam um mundo fechado em suas molduras. Ao lado das telas fílmicas, a de Dali é uma segmentação do mundo, cuja representação se prolonga para além do corte-moldura, no mundo exterior.

Tanto a tela/mural, quanto as seqüências de cenas, planos, no cinema, se organizam nos eixos paradigmáticos e sintagmáticos. Os elementos de cada código são submetidos a estes vetores que regem o eixo concentrado de energia que o grupo, ao redor da mesa pascal, quadratiza, delineando uma esquematização configuradora do objeto.

Segundo Arnhein:

> A forma visual de uma obra de arte não é nem arbitrária, nem um mero jogo de formas e cores. Ela é indispensável como um intérprete preciso da idéia que a obra pretende expressar[2].

Para unificarmos a terminologia, intérprete deve ser compreendido no sentido do interpretante peirceano. A obra de arte é um pensar sobre um pensar, que se mostra na forma de seus elementos constitutivos. Entre esses, o corpo é um dos signos estruturantes da obra.

O corpo é uma massa dinâmica. Seu movimento/estaticidade serve à expressão e à comunicação humana. Movimento/estaticidade codificado pela parte corpórea do homem, com estes fins, são gestos. E os gestos, assim como as palavras, são sistemas sígnicos cuja produção e veiculação são inerentes ao homem e inscritas no seu corpo físico. Da mesma forma que os sons são articulados pelo aparelho fonador, numa adaptação de vários órgãos para a fala, os gestos são ações articuladas por movimentos da face, da cabeça, do ombro, dos braços, das mãos (dedos), do tronco, das pernas, dos pés, enfim, por movimentos do corpo com funções diversas das responsáveis pela locomoção humana.

Com base nessas concepções, entendemos o gestual da mesma forma que Arlindo Machado entende a palavra. Acrescentando a suas idéias o código gestual, afirmamos com ele que a palavra, e também o gesto, são:

> os únicos signos que podem ser exteriorizados por qualquer indivíduo que tenha pulmões, cordas vocais... (um corpo)... já que a produção dos demais sistemas de signos pressupõe a propriedade privada dos meios de produção (as tintas, o pin-

---

2. Rudolf Arnhein, *Arte e Percepção Visual*. Trad. Ivone Terezinha de Faria, São Paulo, Pioneira-Edusp, 1980, p. 452.

cel, o instrumento musical, a câmera fotográfica, os aparelhos de gravação e todas as demais parafernálias mecânico-eletrônicas da ideologia industrializada) e a aquisição nem sempre democrática do *know-how* para operar instrumentos e códigos[3].

No relacionar homem/homem, o verbal e o gestual estruturam mensagens produzidas pelo instrumental corpo. A aquisição democrática desses códigos assegura a todos os homens a possibilidade de geração sígnica nos dois códigos.

Os mesmos códigos são incorporados nas mensagens de outros sistemas sígnicos, que, diferentemente, têm sua produção de mensagens restrita aos detentores dos meios de produção. Gesto e palavra (fala) são signos que se põem em relação a outros signos. Na pintura, imagem sem som, o gestual é a fala que, na estaticidade da tela, move-se como uma voz que se vê. No cinema, gesto e palavra interagem como um dos signos que codificam sua mensagem.

Com efeito, o código gestual, foco desta investigação, é um construto sígnico. O "ato-gesto" é signo, aquilo que torna presente na consciência, aquilo que presente não está. Concebemos o signo a partir do conceito de Charles S. Peirce, conceito continuamente reformulado ao longo de seus manuscritos, com objetivo de precisar a noção de signo como rede inconsútil de caráter vicário. Signo como campo de relações entre um primeiro signo – que intenta, sem nunca totalmente conseguir, representar um segundo, seu objeto – e outro signo. Todo signo aspira à completude do objeto e, imanente ao signo, o objeto determina a incessante procura do signo para abarcá-lo. Para tal, o signo determina um signo mais desenvolvido para realizar seu intento. Esse outro signo, denominado interpretante, é também incompleto, pois não consegue a completude do objeto. Por mais que se desenvolva, por mais que cresça determinado pela ação do signo, o novo signo é incompleto, uma vez que, ao crescer, determina também o crescimento do objeto. Portanto, o jogo entre o primeiro, o segundo e o terceiro move por força da determinação que cada termo exerce sobre o outro, o que faz do signo de qualquer linguagem um ininterrupto jogo de mediações sobrepostas.

Com fragmentos de Peirce, ilustramos o seu intento de precisar melhor a noção de signo:

---

3. Arlindo Machado, *Ilusão Especular*. Tese de Mestrado, São Paulo, Pontifícia Universidade Católica de São Paulo, p. 19. Obra já publicada pela Brasiliense, 1988.

Pela existência triádica, a multiplicidade de formas é tão terrível que tenho, usualmente, fugido da tarefa de enumerá-las... um Signo intenta representar, pelo menos em parte, um Objeto, que é, portanto, num certo sentido, a causa ou determinante do signo, mesmo se o Signo representar seu Objeto falsamente. Mas, dizer que o Signo representa seu Objeto implica que ele afeta a Mente Interpretadora de tal modo que, de certa maneira, ele determina nesta Mente alguma coisa que é mediatamente pertencente ao Objeto. Esta determinação, cuja causa imediata ou determinante é o Signo e cuja causa mediata é o Objeto, deve ser chamada de Interpretante...

(PEIRCE, *CP* 6, § 347)

aquilo que, sob *certo aspecto ou modo*[4], representa algo para alguém. Dirige-se a alguém, isto é, cria na mente dessa pessoa um signo mais desenvolvido. Ao signo assim criado denomino Interpretante do primeiro signo. Um signo é um cognoscível que, por um lado, é determinado... por algo que não ele mesmo, denominado de seu Objeto, enquanto, por outro lado, determina alguma Mente concreta ou potencial, determinação esta que denomino de Interpretante criado pelo signo, de tal forma que essa Mente Interpretante é assim determinada, mediatamente, por seu Objeto[5] (PEIRCE, *S*, § 177). O signo representa alguma coisa, seu objeto. Representa esse objeto *não em todos os seus aspectos, mas com referência a um tipo de idéia*... (PEIRCE, *S*, § 228)... A palavra Signo será usada para denotar um objeto perceptível, ou apenas imaginável ou mesmo inimaginável... (PEIRCE, *S*, § 280). O signo pode apenas representar o Objeto e referir-se a ele (PEIRCE, *S*, § 231)... Segundo esta colocação, todo Signo tem, real ou virtualmente, um Preceito de explicação segundo o qual ele deve ser entendido como uma espécie de emanação, por assim dizer de seu Objeto (Se o Signo for um ícone, um escolástico poderia dizer que a *species* do Objeto que dele emana materializou-se no ícone. Se o Signo for um índice, podemos considerá-lo como um fragmento extraído do Objeto, constituindo os dois, em sua Existência, um todo ou uma parte desse todo. Se o signo for um Símbolo, podemos considerá-lo como corporificando a *racio* ou razão do Objeto que dele emanou.)

(PEIRCE, *S*, § 231)

O signo, na medida mesmo em que é o mediador da relação com o objeto que parcialmente representa, é também o elo da relação com o interpretante. Um processar, onde:

Em conseqüência do fato de todo signo determinar um Interpretante, que também é um signo, temos signos justapondo-se a signos.

(PEIRCE, *S*, § 94)

---

4. Os grifos são de nossa autoria. Quando forem dos autores serão devidamente indicados.

5. Charles S. Peirce, *Semiótica*. Trad. José Teixeira Coelho, São Paulo, Perspectiva, 1977, p. 29, § 177. Todas as demais citações de Peirce desta obra serão marcadas por *S*, indicando título da obra, seguido do número do parágrafo em que se encontram.

Estamos, assim, diante de uma operação contínua de signos que geram e são gerados por signos. O universo e as linguagens que o representam são signos e signos de signos. São signos interpretantes que atribuem sentidos às relações do signo com seu objeto.

Por sua natureza representacional, o signo-gesto mantém com o objeto vários tipos de relação. Pode estabelecer uma relação direta e ser um "índice" do objeto; pode ainda haver entre o signo e o objeto uma analogia de formas e, em decorrência, surgir um "ícone"; e pode também não existir qualquer relação motivada entre o signo e o objeto, mas apenas uma relação arbitrária, estabelecida através de uma convenção criada pela coletividade ou grupo social, e teremos, então, um "símbolo".

Todavia, as relações entre signo-objeto são variáveis e, por exemplo, um signo-símbolo, de natureza fundamentalmente simbólica pode assumir com o objeto que representa relações de outra natureza a partir de um uso novo do signo, ao qual a mente do intérprete atribui novos interpretantes.

As relações entre signo-objeto-interpretante são os parâmetros norteadores da classificação dos signos estabelecida por Peirce. Assumimos tais parâmetros para classificarmos o signo-gesto e já nesta postulação discordamos de outras classificações dos gestos, como, por exemplo, a de R. Arnhein. Propõe este investigador, para a classificação dos gestos da mão o seguinte:

De maneira geral, distinguimos seis tipos de comportamento que as mãos podem representar:
1. expressivo, *e.g.*, o espasmódico espalhar dos dedos, quando, na mão, for cravado um prego (Fig. 23a), ou o friccionar das mãos em desespero (Fig. 23d);
2. comunicativo, *e.g.*, o apontar (Fig. 23b) ou o chamar com os dedos;
3. simbólico, *e.g.*, o enlaçar dos dedos das mãos que se juntam para orar (Fig. 23c), o abençoar no Cristianismo, ou a saudação com a mão entre os comunistas;
4. representacional, *e.g.*, o *mudra* de concentração do Budismo (Fig. 23e), que representa a lei divina e a humana em relação, através da união de dois anéis, cuja forma significa perfeição;
5. funcional, *e.g.*, como agarrar, empurrar, derramar lágrimas, puxar com objetivos práticos;
6. sinalizadores (linguagem dos sinais), *e.g.*, um número indicado por dedos levantados para indicar quantidade ou vitória[6].

---

6. R. Arnhein, *The Power of Center*. Los Angeles, University of California Press Berkley, Londonm, 1988, p. 167.

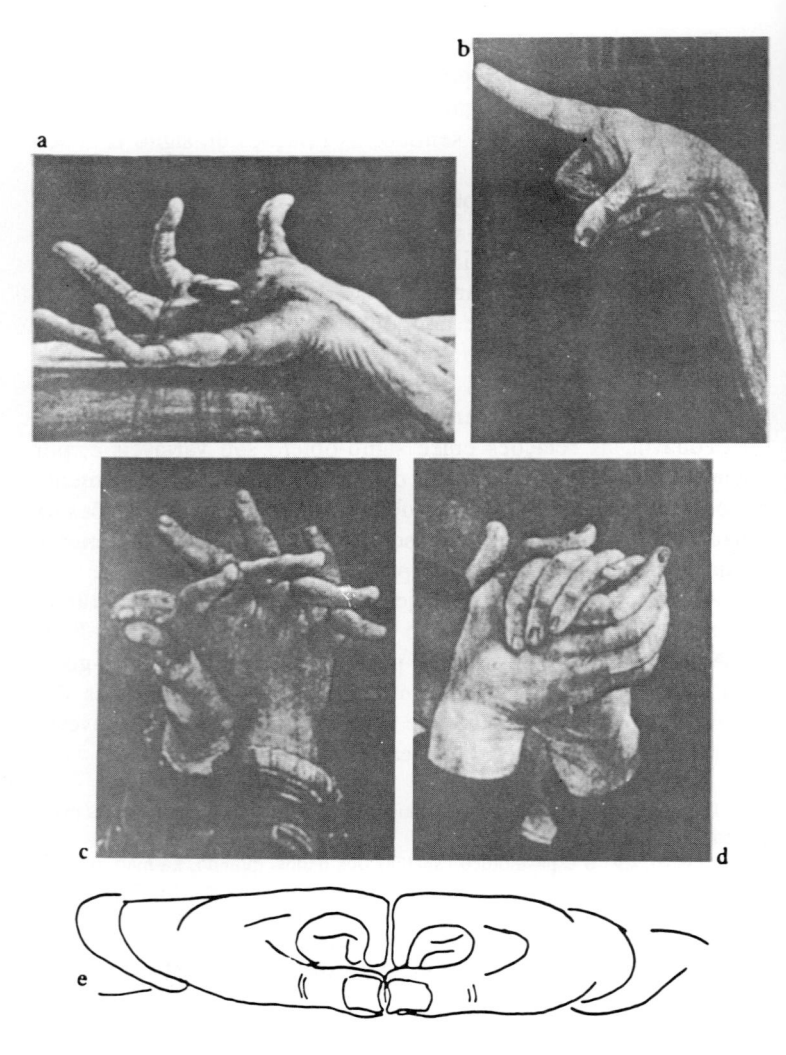

Fig. 23. Detalhe das mãos da *Crucificação*. Mathias Grünewald, altar de Isenheim, 1515. Museu Unterlinden, Colmar, França. Desenho da *Mudra* Budista (e).

A razão de as mãos representarem comportamentos, ações, pensamentos, idéias e sentimentos está no modo como tais signos se relacionam com o que representam. Assim, o classificar é inerente ao modo como se estabelece esse relacionar. Não há, portanto, como considerar a Fig. 23a, nem mais, nem menos expressiva do que a Fig. 23d. São ambas expressivas, embora distintas, porque a mão da Fig. 23a guarda, na sua reação ao prego, uma semelhança com a ação do cravar. Ela expõe, na força explosiva dos dedos, traços da ação de penetrar o prego, ao buscar um lugar em que os dedos, estirados em dor, se abrem. São um ícone, devido à conexão analógica entre signo-objeto. Não deixam de comunicar dor, da mesma forma que o signo da Fig. 23b comunica a referência ou o apontar algo. No entanto, o signo da Fig. 23b, na medida em que indica algo, é um índice, dada a relação direta que se estabelece entre signo e objeto. Quanto às Figs. 23c e 23e são símbolos, pois entre o signo e o objeto nada existe além de uma convenção que institui o interpretante.

Em face, portanto, das relações de semelhança, contigüidade, ou ainda convencionais entre o signo-gestual e seu objeto, estabelecemos que o signo só pode ser decodificado a partir da natureza de seu vínculo triádico: objeto-signo-interpretante.

Por outro lado, marcado pelo movimento que também o define, o signo-gesto se organiza por simultaneidade intra e extracódigo, como ilustram os estudos para a *Santa Cèia* de Leonardo Da Vinci.

Fig. 24. Esboço 1 da *Última Ceia*: Leonardo Da Vinci (Manuscrito Vol. II Pl, XLVI).

Fig. 25. Esboço 2 da *Última Ceia*: Leonardo Da Vinci (Manuscrito Vol. II Pl, XLVI).

Fig. 26. Esboço 3 da *Última Ceia*: Leonardo Da Vinci (Manuscrito Vol. II Pl, XLVI).

Nas duas extremidades, à direita do esboço, temos, pelo direcionar das cabeças dos últimos apóstolos, marcas de atenção, de ouvir o outro e de pensar a respeito da fala do outro. Comparando com o esboço inferior, notamos, pelo mesmo nível da cabeça dos apóstolos em diálogo, um grau maior de participação das figuras na interação. No interagir anterior, o desnível das cabeças, aliado ao mover das mãos – a da direita em direção ao interlocutor e a da esquerda prestes a tocar o ombro do terceiro apóstolo – dividem a atenção do ouvinte que ouve e pensa com a face, enquanto fala com a mão. Expressões semelhantes de estarem atentos e pensando sobre algo revelam os dois apóstolos, à esquerda do esboço inferior, através do corpo levemente inclinado para trás para poder melhor ver, da cabeça voltada para o falante, dos braços estendidos junto ao corpo e dos traços faciais.

Noutro esboço do artista, são ainda mais evidentes as marcas de atenção e reflexão dos participantes do diálogo.

Fig. 27. Esboço de Leonardo Da Vinci (Vol. II, p. 297).

A atenção reflexiva está tanto nos ouvintes como no falante. Nos ouvintes, as cabeças estão voltadas para o interlocutor, os olhos acompanham o agir do outro. Os corpos, na posição sentada, inclinam-se para o orador e as marcas de postura indicam descontração, relaxamento, o que informa ser a interação entre pessoas de níveis iguais e com relações de amizade. Na postura observamos dois movimentos do braço servindo de suporte à cabeça. São dois signos gestuais para representar o mesmo objeto. Tanto a posição do cotovelo apoiado na mesa em sustentação à palma da mão, que ampara a cabeça inclinada, quanto a posição de um braço vertido sobre o outro, que se ergue para apoiar a cabeça tombada, com a palma da mão postada na lateral da face, significam modos de atenção. No silêncio dos ouvintes, presentificam-se variantes gestuais com a mesma carga informacional.

As marcas de atenção codificadas por todo o corpo constroem tanto a caracterização do ouvinte, ao mostrarem a maneira como ele se faz presente, quanto o seu agir. Informam tais marcas que, ao ouvir, o homem se manifesta como sujeito da ação. Ouvir é uma ação e a atenção reflexiva, uma ação especificada.

Mas, se de um lado, um mesmo interpretante é representado por variantes gestuais, por outro, evidencia-se que gestos semelhantes podem ter interpretantes distintos. É o que encontramos na Fig. 26. O mesmo movimento dos braços de Jesus e os do terceiro apóstolo, à sua esquerda, codificam interpretantes diferentes. Enquanto os braços do apóstolo, em consonância com sua expressão facial, olhos semicerrados, posição da cabeça, representam resignação, desconsolo, os de Jesus, conjugados à sua posição ereta, cabeça inclinada e olhos semicerrados, dirigidos não para um referente exterior, mas para ele mesmo, representam despojamento, abnegação, aceitação.

A descrição desses gestos nos remete a duas de nossas hipóteses, que, então, são eliminadas nessa caracterização do signo gestual. Evidencia-se que o interpretante do signo gestual é formado a partir da articulação dos movimentos produzidos simultaneamente por todo o corpo. Um signo gestual: o movimento e a posição das partes constituintes do corpo, a postura, a distância que os envolvidos mantêm uns dos outros, são fragmentos que, ao serem entrelaçados, codificam sua mensagem. A sintaxe da codificação gestual é, portanto, espacial a nível da própria codificação sígnica.

Mas, a espacialidade da semiose gestual não se restringe a uma articulação de signos intracódigo. Ela, simultaneamente, está imbricada com signos outros, e a Mente Interpretante, além de inter-relacionar as partes componentes do signo gestual, necessita ainda relacioná-las com os signos extracódigo, como, por exemplo, os traços da face, as vestimentas do corpo e as marcas do contexto em que a mensagem se processa; e com a fala verbal, só para citarmos alguns dos signos que se presentificam, simultânea e fragmentariamente, na fala gestual.

Graças ao caráter articulatório do gesto: "signo em relação a", podemos decompor o todo em partes que, conhecidas via descrição e análise, permitem recompor a mensagem gestual. A estruturação do código gestual é, portanto, passível de um tratamento científico, desde que delimitemos um *corpus* – neste nosso estudo, a *Última Ceia*, em obras pictóricas e/ou cinematográficas – que, devidamente descrito e analisado, nos possibilite chegar à ação interpretante, etapa fundamental do processo semiótico.

A questão da interpretação foi desenvolvida por Peirce na sua correspondência com Lady Victoria Welby, a qual está reunida no volume VII – *Ciência e Filosofia*, da série dos *Collected Papers* de Charles Sanders Peirce. A interpretação define-se, justamente, pela correlação que se estabelece entre o que o signo e seu objeto criam na mente do intérprete como interpretante deste mesmo signo.

Ao construírem suas mensagens, tanto o emissor, como codificador, quanto o receptor, como decodificador e recodificador, operam relacionalmente o signo. O mediador desta tríade, sempre contextual, é o Interpretante. Interligando os modos de representação do objeto no signo, Peirce estabeleceu uma tríade de possíveis Interpretantes:

- *Interpretante Imediato*: a mente interpretante apreende a qualidade sensível do signo em seu modo de representação do objeto;
- *Interpretante Dinâmico*: a mente interpretante põe-se em relação com o objeto tomado como signo com o qual interage e reage, criando e recriando relações de significado. "É o efeito real que tem sobre mim... seu intérprete,... é a minha resposta".

    (PEIRCE, *S*, § 314);

- *Interpretante Final*: a mente interpretante, a partir dos usos do signo, estabelece generalizações, conceituações gerais.

Encerra-se, no interpretante final, a arena criativa dos interpretantes para abrir-se a das lei normatizantes das relações signo-objeto-interpretante. O intérprete encontra-se, a nível do interpretante final, no domínio das relações fechadas ou da verdadeira interpretação, se é que se consegue chegar a termo na análise do assunto.

(PEIRCE, *EC*, § 184)

Lady Welby destinou toda sua vida ao estudo do *significar*, que Peirce definiu como *estudo da relação dos signos com seus interpretantes*. Como Peirce, ela distingue três ordens no processo de interpretação: Sentido, Significado e Significância. Esclarece-nos Peirce:

> *Significância* é o mais profundo e elevado deles, e assim concorda com o meu *Interpretante Final*... (*EC*, § 184)... aquele que se decidiria a constituir finalmente a verdadeira interpretação, se se conseguisse chegar a um termo na análise do assunto... (*EC*, § 184). *Sentido* parece ser a análise lógica ou definição... Por *Significado*, ela entende a intenção de quem fala (*EC*, § 184)... quando (Lady Welby) diz que o *Significado* se acha ligado a Volição, noto imediatamente que o elemento volitivo da Interpretação é o Interpretante Dinâmico (...).

(PEIRCE, *EC*, § 185)

Nosso atuar como leitor de uma leitura de outro leitor (pintor, cineasta), em busca de apreender a gestualidade em suas representações, leva-nos a vivenciar os signos em processo de linguagem, ou seja, na atividade dos interpretantes. Nosso ler é o interagir de nosso repertório com o repertório dos criadores ou com seus interpretantes. O que se lê são signos em processo de linguagem. O produto de nosso ler não se postula como verdade, mas está sujeito a novas leituras e a outras mais novas ainda, sucessivamente, sem um ponto final.

Ora, de um lado, a opção teórica pela abordagem Semiótica do gesto nasceu da própria natureza intersemiótica do objeto-gesto a ser interpretado. Por outro lado, como o objeto recebeu um largo tratamento interdisciplinar, e também porque sua interpretação se marca pela interdisciplinaridade de conhecimentos, vamos coletar dos estudos já desenvolvidos as informações que nos parecerem mais relevantes para a nossa abordagem.

No interessante *Handbook of Gestures: Colombia and The United States*, de R. L. Saitz e E. J. Cervenka[7], é elencada uma série de gestos codificadores da atividade de pensar, coletados em falantes dos dois países. Desse elenco, apresentamos, a seguir, alguns exemplos de gestos de atividade reflexiva para testarmos a viabilidade da apropriação de conhecimentos outros para a análise do código gestual nas manifestações artísticas.

---

7. R. L. Saitz e E. J. Cervenka, *Handbook of Gestures: Colombia and the United States*. Ilustrado por Mel Perkarsky. Mouton, The Hague Paris, 1972, pp. 139 a 142.

OBJETO-GESTO: PROCEDIMENTOS... 71

Fig. 28 Série gestos de reflexão. Esboço de Mel Perkarsky.	
A	**B**
A mão segura o cotovelo ou repousa nas axilas do outro braço enquanto a outra mão apóia-se num lado do queixo.	Palmas das mãos são esfregadas juntas, repetidamente, enquanto as mãos estão firmemente juntas. Dedos podem estar entrelaçados indicando extremo interesse ou preocupação.
C	**D**
Polegar e dedo indicador segurando queixo.	Polegar está embaixo do queixo e dedo indicador está esticado ao lado do maxilar.
E	**F**
Dedo indicador, ou indicador mais dedo médio, tocam lábio superior. Às vezes todos os dedos tocam lábio superior.	Pontas dos dedos tocam frontalmente os lábios e queixo. Gestos de reflexão podem também indicar incerteza e preocupação.
As reflexões C e D são freqüentemente acompanhadas por franzir das sobrancelhas e estreitamento dos olhos. Têm ambas muitas variações em que as várias partes da mão tocam face e cabeça.	

É possível estabelecer uma comparação entre a série de reflexão, desenhados por Mel Perkarsky e a que apontamos nas Figs. 26 e 27, do esboço de Leonardo Da Vinci. Os interpretantes possíveis: meditação, reflexão, atenção reflexiva, detectados nos falantes norte-americanos e colombianos, correlacionam-se com os representados por Da Vinci. Na busca de definição para o signo gestual, brotou esta aproximação entre os gestos do homem em seu cotidiano e aqueles representados pelo artista Leonardo para modelar as suas figuras imagéticas. Em conseqüência, as pesquisas desenvolvidas em diferentes áreas do saber como antropologia, etnologia, lingüística, psicologia, só para citar algumas, oferecem-nos procedimentos teórico-metodológicos possíveis para a leitura do gesto.

Com relação ao mesmo trabalho de Saitz e Cervenka, é importante ressaltar que, ao colherem exemplos para o seu estudo, observaram que muitos gestos obedeciam aos mesmos movimentos e tinham a mesma significação quer para colombianos, quer para norte-americanos, enquanto outros, embora constituídos por movimentos corporais semelhantes, apresentavam significações diversas. Notaram também os pesquisadores que o mesmo interpretante podia ser configurado por gestos diferentes, além de terem verificado a existência de gestos e interpretantes específicos para cada cultura.

Tais constatações nos remetem a duas de nossas hipóteses (4 e 5) e reforçam a validade do caminho por nós escolhido, levando-nos a buscar modelos de estudo do gestual fora dos limites das teorias destinadas a fornecer instrumental analítico para a decodificação da obra de arte. Importa ainda destacar que a constatação de que movimentos corporais distintos podem ter interpretantes semelhantes confirma perfeitamente uma das regras estabelecidas por Da Vinci para a formação da figura-imagem na representação-pictórica:

> Não repita os mesmos gestos a não ser que as pessoas executem a mesma ação. A multiplicidade da dinâmica gestual deve ser buscada pelo artista[8].

A multiplicidade dos movimentos corporais das personagens, quer na tela, quer na vida, fala em sua complexidade de ações.

Saitz e Cervenka analisaram o conjunto de movimentos corporais como unidade de pensamento e outro grande teórico,

---

8. Leonardo Da Vinci, *The Notebooks of Leonardo Da Vinci*. Nova York, Ed. Jean Paul Richter, Dover Publ., Inc., 1983, v. 2, § 597, p. 299.

R. Birdwhistell, chegou a uma segmentação dos gestos em suas unidades mínimas. Tais postulações, preocupadas centralmente com a descrição do código, bem como com a construção de um sistema, olvidaram um enfoque mais correlacional entre gesto, interpretante e contexto, o que é de fundamental relevância para a atividade interpretativa.

O corpo é em si mesmo um conjunto de articulações com três eixos centrais: cabeça, tronco e membros. A matriz da linguagem gestual está no interagir simultâneo das partes constitutivas de cada eixo. Não foi por acaso, portanto, que Leonardo estudou acuradamente anatomia, além de defender a necessidade desse conhecimento para o pintor compor as figuras-imagens. Na obra compiladora dos seus manuscritos, editada por Jean Paul Richter: *The Notebook of Leonardo Da Vinci*, há todo um capítulo (VII) "Da Proporção e do Movimento da Figura Humana" (1498), em que Leonardo desenvolve a conformação das partes do corpo e mostra como podem essas representar, na pintura, os desejos, as ações, as idéias planejadas. Num recorte deste pensar, apresentamos tal posicionamento de Leonardo:

> A pintura ou representação da figura humana deve ser feita de tal maneira que o espectador facilmente reconheça, pelo significado de suas atitudes, o que lhe vai na mente. Assim, se você tem que representar um homem de caráter nobre num ato de fala, deixe seus gestos saírem tão naturalmente, como se fossem acompanhados por boas palavras; da mesma forma, se desejar pintar um homem de natureza selvagem, dê-lhe movimentos violentos, como seus braços rapidamente movendo-se em direção ao ouvinte e sua cabeça e peito estendidos para frente, adiante de seus pés, como se fossem de encontro às mãos do falante. Desta forma, é como um surdo e mudo observando uma conversa. Mesmo sendo ele desprovido da audição, pode, todavia, compreender, a partir das atitudes e gestos dos falantes, a natureza de sua discussão. Uma vez, vi em Florença um homem que ficara surdo e, quando alguém lhe falava gritando, ele nada entendia, mas se lhe falasse calmamente, sem fazer muitos sons, ele compreendia os movimentos dos lábios. Você talvez dirá que os lábios do homem que grita não se movem como o que fala baixo, pois caso se movessem igualmente, o surdo a ambos compreenderia. Lanço-lhes o argumento cuja conclusão está aberta à experimentação. Faça um homem falar deste modo com você e anote o movimento de seus lábios[9].

Em outro apontamento, reafirma Leonardo:

> Faça seu trabalho explicitar proposta e significado. Assim, ao desenhar uma figura, considere bem quem ela é e o que você quer que ela faça... Considere a ação a ser retratada, se ela será executada por um velho ou por um moço. Você deverá carregar de energia os movimentos do jovem, na proporção em que ele é

---

9. *Idem*, § 593, p. 296.

mais forte que o velho; parâmetro proporcional se estabelece também entre o jovem e a criança...

Os ombros que estão acostumados ao trabalho devem ser musculosos, e aqueles não muito usados, você deve fazê-los sem músculos e levemente arredondados.

Represente suas figuras em seu atuar tal como devem ser postadas, ou então, sua arte não será admirada[10].

Do anotar cuidadoso do fazer/gesto na pintura, Leonardo, em seus inúmeros esboços ilustrativos, nos propõe exemplarmente o trabalho compilador e recriador do artista no seu pensar e repensar o corpo moldado e a ser re-moldado pelo pincel-vida.

Fig. 29. Estudo de expressões faciais: Leonardo Da Vinci (Coleção Real de Windsor).

---

10. *Idem*, § 599, pp. 299-300; § 600, p. 300.

Fig. 30a. Estudos de movimentos: Leonardo Da Vinci (Coleção Real de Windsor).

Fig. 30b.

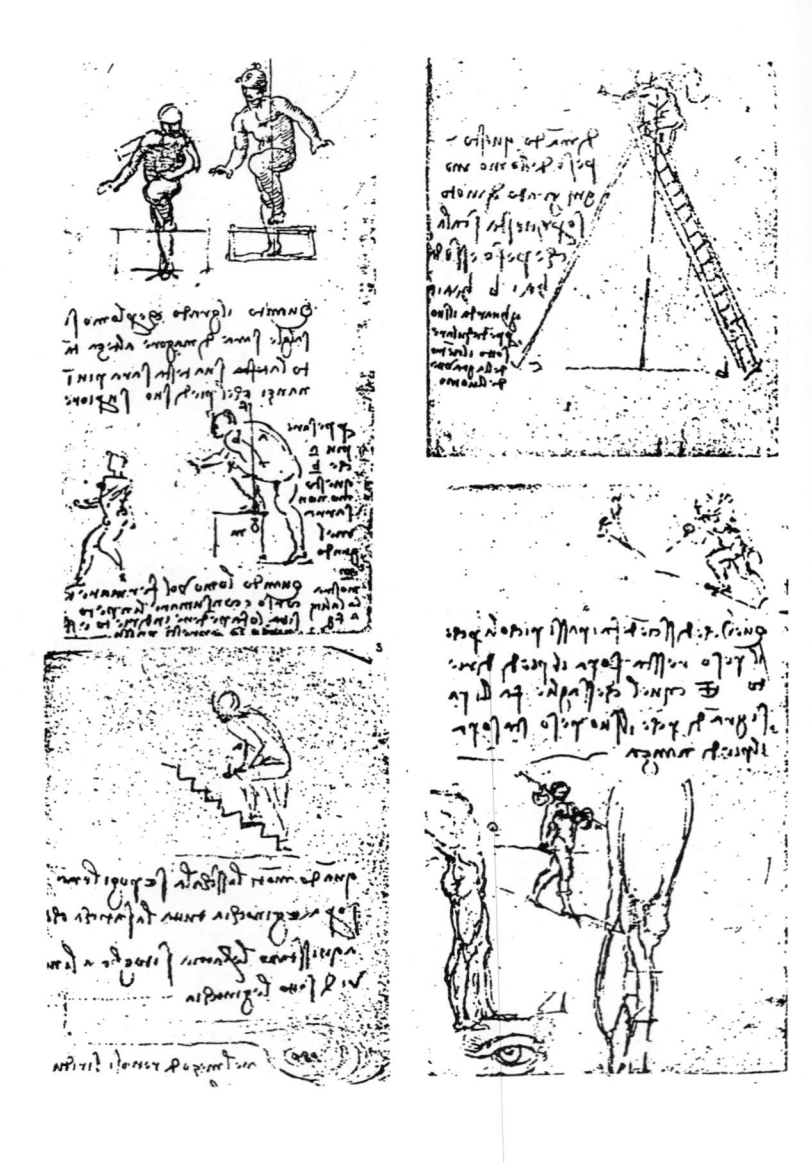

Fig. 30c.

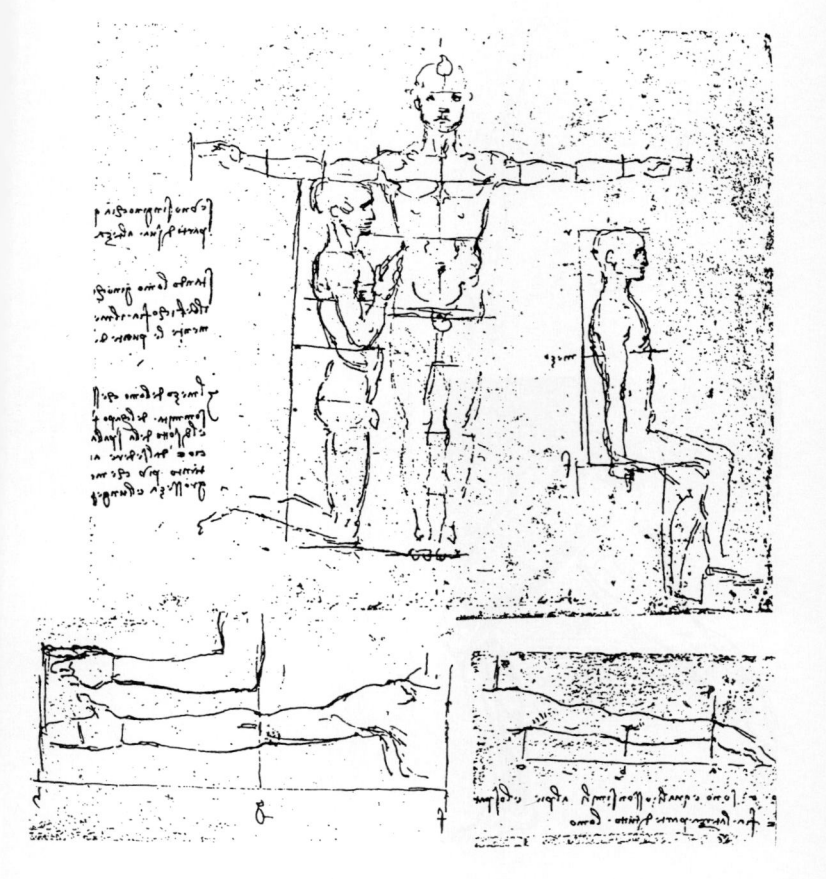

Fig. 30d.
Fig. 30e.

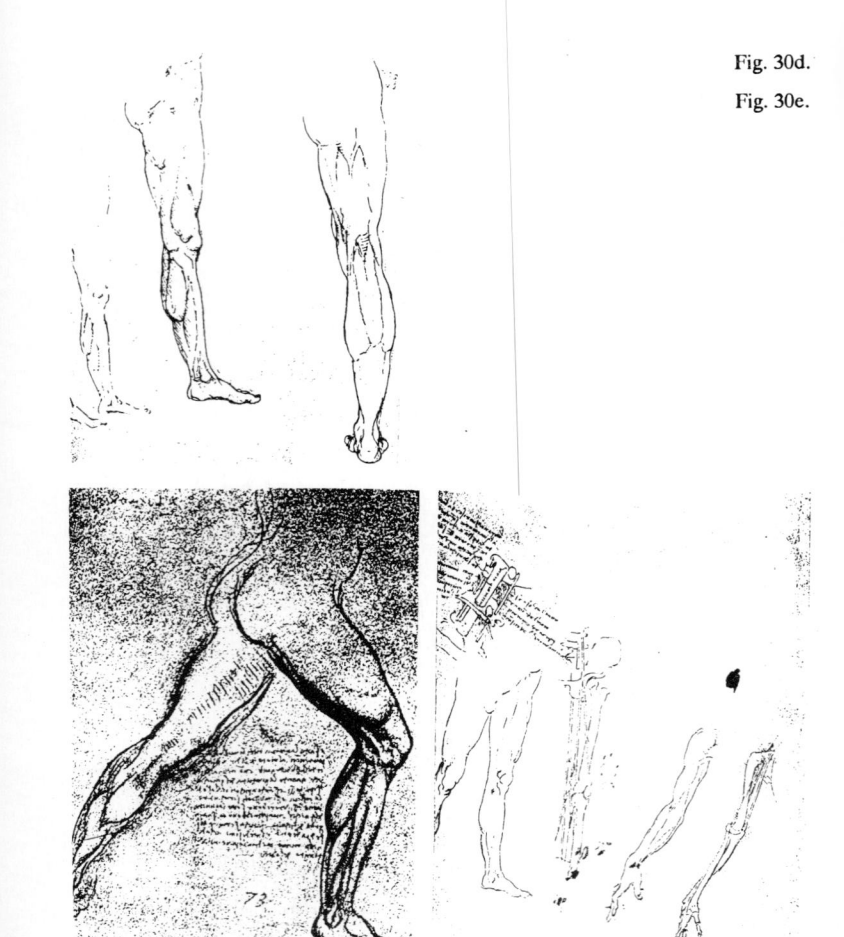

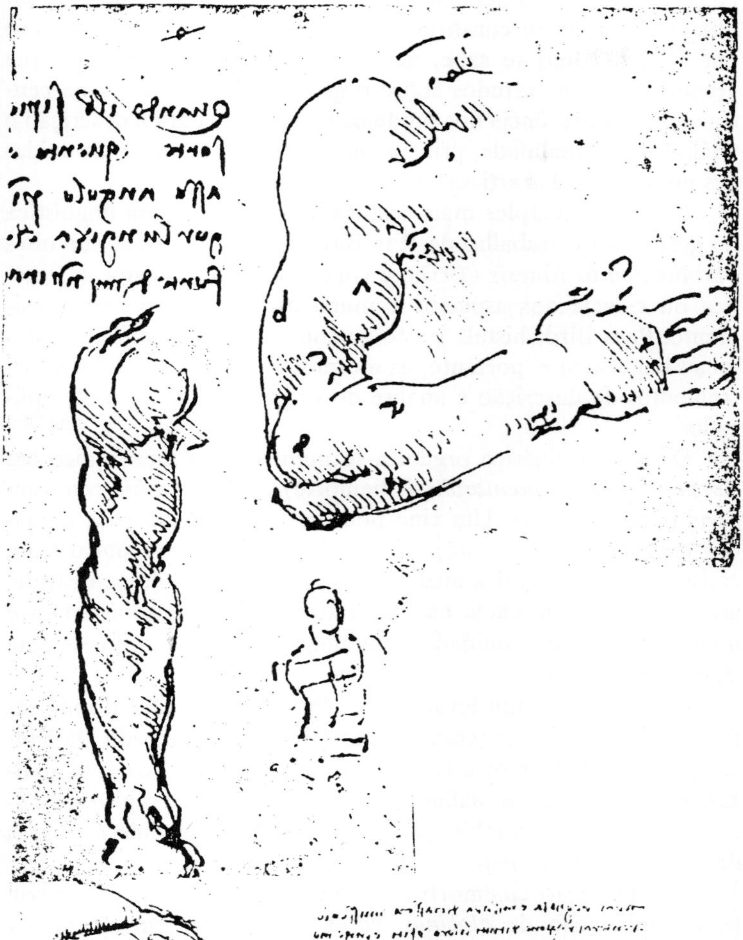

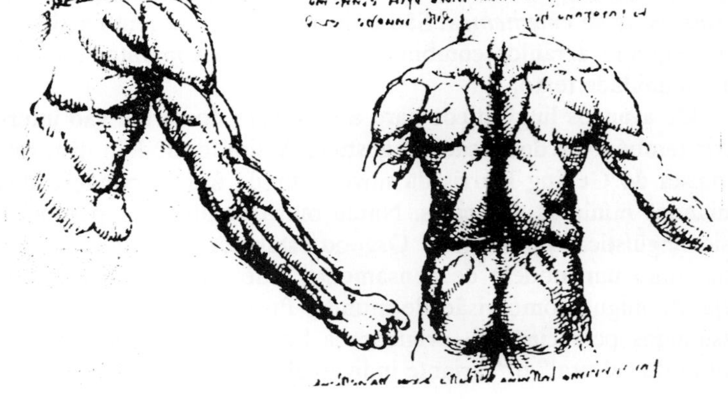

A seqüência de esboços evidencia que o signo gestual pictórico pode ser visto na perspectiva dos signos verbais, na medida em que também ele se constitui por unidades mínimas distintivas, o que não é, como se sabe, uma postulação nova, uma vez que grande parte dos estudos sobre o gesto realizados até hoje centra-se na transferência dos modelos lingüísticos para a descrição e análise da gestualidade, principalmente no concernente às unidades mínimas e suas articulações.

Entre os exemplos mais destacados da abordagem lingüística do gesto está o trabalho de Ray Birdwhistell, que, com sua obra *Introduction to Kinesis* (1952), é considerado o fundador da cinética ou ciência dos aspectos comunicativos do corpo em movimento. Para Birdwhistell, o código comunicativo gestual é análogo ao lingüístico e, portanto, os mesmos conceitos, métodos e instrumentos de descrição e análise do verbal podem ser a ele aplicados.

O sistema cinético organiza-se num sistema hierárquico em *Kinemes* (cine), *Kinemorphs* (cinemorfe) e *Kinemorphic constructions* (cinemorfema). Um cine pode ser descrito em suas unidades mínimas, o que é próprio da microcinésica. Por outro lado, considera ele possível a análise de gestos isolados do contexto e, através de experimentos em laboratório, chega a isolar trinta e quatro cines como unidades mínimas componentes do sistema cinético americano.

Um cine seria um levantar de olhos ou o apontar do indicador em direção a algo (como encontramos em Leonardo Da Vinci) (Fig. 27). Este movimento, combinado com outros (um abaixar/levantar de olhos, balancear da cabeça, por exemplo) formaria um cinemorfe: combinação de vários cines, segundo as regras de ordenação do código.

A construção cinemórfica é constituída, tal como a verbal, pela combinação de *alocines, cines, cinemorfes*, em *cinemema* e *sintagmas de cinememas*. São unidades de pensamento articuladas segundo arranjos combinatórios, que, no conjunto, estruturam a unidade texto.

Os avanços lingüísticos para a descrição do verbal vão interferir também na descrição do gestual. Assim, o modelo distribucionista de Gelling Harris dá novo enfoque à determinação das unidades mínimas dos cines. Numa outra vertente, as pesquisas psicolingüísticas de Whorf e Osgood estabelecem a idéia de língua como um modelo de pensamento e de ação do homem, ou seja, de língua como visão de mundo. Postulações que, uma vez assumidas pela cinésica, originam a busca da determinação de "variante cultural" e "variante individual".

Muito antes destes, porém, outro lingüista, Edward Sapir, aborda amplamente os pontos de vista individual e social da linguagem, considerando-os passíveis de descrição. Na sua obra, *Language* (1921), Sapir aborda os movimentos corporais como um código aprendido pelos falantes para um uso comunicativamente adequado. Para ele, a comunicação não se limita só ao verbal. Por esse motivo relaciona a linguagem verbal à gestual para estudar seus imbricamentos. Língua e gesto são enfocados como códigos de grupos sociais, códigos estes que devem ser considerados em qualquer análise como fator determinante da própria criação.

Na esteira de Sapir, outros lingüistas, como Leonard Bloomfield, Trager e Smith, em sua procura de modelos para o estudo do código verbal enquanto sistema, contribuem para a edificação do estudo do gesto como um código específico.

Se, por um lado, se deve aos avanços da lingüística, como ciência do código verbal, a postulação do estudo do gesto como ciência, por outro, tal preocupação se dá também por outras fontes de pesquisas desenvolvidas em diferentes áreas como: Etnologia, Antropologia, Sociologia, Psicanálise, Psicologia, o que fica claramente explícito nas palavras de Birdwhistell, no verbete *Kinesis*, para a *International Encyclopedia of The Social Sciences*:

> Uma das fontes estimuladoras para a investigação da variabilidade significativa do comportamento corpóreo humano adveio do choque cultural que me proporcionou a diferença entre as expressões gestuais de um falante de *Kutenai* e de um falante norte-americano de inglês. O fato de o falante *Kutenai* bilíngüe desempenhar-se gestualmente de maneiras diferentes ao falar cada uma das línguas só me foi possível compreender após uma análise sistemática da estrutura cinética do inglês.

Estudando os aspectos comunicativos dos movimentos corporais em comunidades norte-americanas, Birdwhistell detectou variantes gestuais regionais, concluindo que os gestos nem sempre têm um significado universal e que o movimento corporal é, antes, produto da cultura e não inato.

No entanto, o estudo dos gestos no contexto foi um problema não resolvido pela Cinésica, que se limita a isolar os gestos para melhor descrevê-los, fugindo assim da análise pragmática do gestual.

Outro campo do estudo do gesto que, como a Cinética, foi influenciado pelo behaviorismo, é a Proxêmica, ou seja, o estudo da organização do espaço de gesticulação no processo comunicacional, como um sistema codificado.

Edward T. Hall (1959) é o iniciador dessa linha de estudo, fruto de uma orientação lingüística de linha não-sociológica. Mesmo assim, em sua obra *The Silent Language*, Hall afirma que as codificações proxêmicas variam de cultura para cultura e que o uso do espaço é social. Em seu livro, Proxêmica é definida como:

> o estudo dos modos pelos quais o homem adquire conhecimento de outros homens, através de julgamentos do padrão de seu comportamento associado às várias marcas de proximidade entre eles[11].

O espaço e, nesse, a alocação dos interlocutores, a distância entre eles e seu posicionar do corpo, do olhar, das mãos constituem a área de concentração da Proxêmica, cujo instrumental de atuação é a atividade cinética, ou seja, o movimento ou o repouso no espaço. A organização do espaço pelo homem, segundo Hall, é um comportamento aprendido e não geneticamente determinado, portanto variável intra e interculturas. O aprendizado é mais inconsciente que consciente e permite ao indivíduo julgar aquilo que o rodeia em dado momento pelo movimento/repouso, pela orientação do seu corpo, do seu olhar para o interlocutor e vice-versa, pela distância/aproximação do outro e por componentes sensitivos, tais como: o tato, o odor, a respiração, o volume, o tom e ritmo da voz.

Hall, através de técnicas de observação, entrevistas fechadas e abertas, conclui que são quatro as possibilidades de o indivíduo se situar no espaço da interlocução, a saber: distância íntima, pessoal, social e pública, as quais são demarcadas pelo espaço dos interlocutores na interação.

- *Íntima*, a distância varia de 0 a 0,50m e marca alto grau de intimidade entre os corpos em contato táctil, tão próximos que a percepção do outro pode se dar pelo tato, odores, respiração do outro; a voz é sussurrada e o campo de visão obliquado, devido à aproximação.
- *Pessoal*, a distância tem duas variantes: a próxima é em torno de 0,50 a 0,80m e a afastada entre 0,80 a 1,20m. A distância pessoal é muito encontrada nos relacionamentos sociais. Os corpos mais afastados perdem o contato íntimo, a voz eleva-se a um tom baixo e a visão ganha horizonte.
- *Social*, a distância também apresenta-se em duas variáveis, a próxima, ao redor de 1,20 a 2,10m e a afastada, de 2,10 a 3,60m.

---

11. E. Hall, "Silent Assumptions in Social Communication". In: *Culture as Communication*, p. 492, texto mimeografado.

É mais usada no mundo dos negócios. Nela, o contato físico desaparece, persistindo o contato visual entre os interlocutores e o tom de voz é normal.

- *Pública*, a distância, quando próxima, varia de 3,60 a 7,50m e, quando afastada, de 7,50 a 30m. É a distância na qual o interlocutor se volta para a coletividade. O tom de voz é alto e o ritmo mais lento para maior audibilidade. Nesta distância, a orientação do olhar é para o todo e não para um interlocutor específico.

Ainda em outro artigo, "A System for the Notation of Proxemic Behavior", Hall propõe que sejam observados, no comportamento proxêmico dos interlocutores, os seguintes pontos:

- identificadores de postura sexual;
- orientação sociológica;
- fatores cinéticos;
- código táctil;
- combinações da retina;
- código térmico;
- código olfativo;
- escala de altura de voz.

Hall, assim como Birdwhistell, deixou-nos uma grande contribuição metodológica para o estudo dos gestos, enriquecendo, assim, as possibilidades de análise, do mesmo modo que contribuiu para a estruturação de outros modelos de abordagem da gestualidade. São ambos os estudos relevantes para a análise da representação gestual das figuras-imagens, das criações artísticas do nosso *corpus*. Quer a Cinética, quer a Proxêmica, oferecem instrumentos para o nosso modo de ver as peças personagens em sua atuação no palco da cena-ceia pascal. Mas, para nós, os parâmetros de análise dos elementos proxêmicos e cinéticos estão sempre inseridos num espaço/tempo que é inerente à produção sígnica que geram. Elementos cinéticos e proxêmicos têm, portanto, um uso contextual, que traduz não só seu âmbito de ocorrência, mas também, o próprio corpo como veículo e produto das mensagens.

Se para o código cinematográfico tais parâmetros são perfeitamente adequados, o mesmo não se dá para o código pictórico. O quadro, fragmento do todo, configura, na parte, a representação total dos corpos. Trabalha com uma aproximação que, todavia, é análoga à que encontramos no ato concreto de comunicação gestual. São figurações cujos parâmetros de concepção estão tanto em relação com o objeto representado, como com os limites espaciais da tela.

Na pintura, entre os aspectos do corpo que merecem destaque, além dos movimentos corpóreos e a distância, está a postura. Concebida como o estar de um corpo em determinada situação, ela está sempre em relação com a distribuição e posição dos vários elementos, configurados no espaço-tela. No conjunto dos traços posturais, há um nódulo ordenador que Merleau Ponty assim caracteriza:

> Quando estou de pé em frente a minha escrivaninha e nela me apóio com ambas as mãos, a concentração está toda em minhas mãos, enquanto meu corpo inteiro segue atrás delas como a cauda de um cometa. Não que eu não tenha consciência da localização de meus ombros e meus quadris, mas eles estão implicados apenas na localização de minhas mãos, e toda a minha postura por assim dizer pode ser lida pelo fato de as minhas mãos se apoiarem na escrivaninha[12].

A representação da postura, assim como do movimento gestual na pintura, é diversa da cinematográfica. Todos os recursos da câmera, principalmente os do primeiro plano, impõem a moderação das expressões. Elas estão próximas às do real, mas sua representação, em fragmentos do corpo, enfatiza os pontos em que elas são mais marcadas. Na seqüência fílmica, predomina o específico que é transladado para o todo. Na pintura, a fragmentação da expressão é temporal, o que torna ainda mais complexa a representação imagética da postura e do movimento corporal, dado que é no estático que se insere o dinâmico. Estamos diante da codificação de movimentos carregados de possibilidades: algo que é por tudo o mais que pode ser. Há na estaticidade pictórica um contido fluxo de forças que vive prenhe de ações possíveis.

Postura e movimentos corporais, assim como a distância entre os figurantes na tela, marcam, ainda, uma intencionalidade comunicativa e também um posicionamento frente à situação em que estão inseridos. A reflexão de Gombrich, especialmente, as de sua conferência "Moment and Movement in Art" (Warburg Institute: 1964), considera o problema da representação do movimento gestual em relação ao parâmetro temporal que contextualiza o referente imagético. Suas considerações ressaltam que o tratamento dado a esta questão, ao longo dos séculos, impediu a sua elucidação.

---

12. M. Merleau-Ponty, *Fenomenologia da Percepção*. Trad. Reginaldo di Piero. Freitas Bastos, 1971.

No início do século XVIII, Lord Shaftesbury, no capítulo I de sua obra *A Notion of the Historical Draught, or Tablature of the Judgement of Hercules*, formula o seguinte princípio: A Fábula ou História pode ser representada diversamente, segundo a ordem do tempo. Assim, o pintor representa a história seguindo o princípio aristotélico de tempo, marcado por um ponto crítico. Contudo, Shaftesbury recomenda mais: o pintor, além de precisar "data ou período", deve considerar ainda as possibilidades circunstanciais do evento. Ao enfocar determinado momento da ação, o pintor deve sugerir tanto o seu futuro ou o tempo subseqüente à ação, como reavivar na mente o seu passado, ou o tempo antecedente à ação. Representa-se, então, em uma pintura o momento preciso do evento, assim como o seu transcorrer no tempo anterior e posterior à ação. O evento, enfocado no seu aqui e agora, nos seus antecedentes e conseqüentes, pode, inicialmente, sugerir uma enigmatização do fazer nas circunstâncias contextuais que o geraram. Mas o mover do corpo é muito mais lento do que o da mente, e esta preenche a rede incompleta de conexões temporais indiciadas na representação imagética por duas operações: antecipação e anulação. Tais operações têm a função de correlacionar e corrigir a cadeia de interpretantes da mente.

James Harris, influenciado pelas formulações de Shaftesbury, distinguiu, pioneiramente, em seu *Discourse on Music, Painting and Poetry* (1744), os campos de vários códigos artísticos: a música, por exemplo, ocupa-se com movimento e som; a pintura, por sua vez, com formas e cores. Para Harris, a pintura é um *punctum temporis* ou *instante*, e é o conhecimento dos fatos arquivados na memória do espectador que torna possível a recomposição seqüencial do evento histórico representado. Essas idéias estão concretizadas no *Laocoon* de Lessing, no qual se distingue a arte do tempo da arte do espaço. Tal como afirma Lessing:

a pintura pode... somente representar um único momento de uma ação e por esta razão o momento selecionado deve ser o mais prenhe de movimento, permitindo-nos melhor inferir o que lhe antecedeu e lhe sucedeu. O clímax de um movimento é aquele que mais estimula a imaginação[13].

Como o evento é representado por um ponto, um único momento, que é enfocado em um dos seus ângulos, as artes visuais, segundo Harris, deveriam se concentrar num momento de repou-

---

13. Cf. E. H. Gombrich, *Op. cit.*, p. 43.

so. Tais observações, explica-nos Gombrich, foram duradouras e as distinções entre a arte do tempo e a do espaço, assim como a questão da sucessão e da simultaneidade dos atos representados, permanecem inquestionadas até que o revolucionário experimento fotográfico de E. Muybrigde, em 1877, evidencie o movimento imperceptível ao olho do pintor.

Os movimentos de vanguarda questionam a teoria da pintura como *punctum temporis*: "Só podemos ver em movimento, não no repouso". Um momento constitui-se em um décimo ou um quinze avo de segundo e, para nosso olho, vinte e quatro quadros por segundo criam a idéia de movimento. Se isolarmos um dos quadros, veremos que o movimento congelado é descontínuo e desconexo. É um fragmento que não consegue condensar o "momento prenhe de movimento" defendido pelas teorias de Shaftesbury e Lessing. Clarificando tal refutação, Gombrich coloca que as fotos que se estampam nos cartazes às portas dos cinemas, na sua maioria, não são fotografadas da película cinematográfica, mas são uma montagem especial, caso contrário teríamos "pernas voando pelo ar, dedos espalhados deselegantemente e na face do herói, olhos vesgos"[14].

O instantâneo fotográfico também registra traços de movimentos, mas nossos olhos, afirma Gombrich, não podem ver a sucessão de movimentos que a fotografia revela. Nosso campo perceptivo, segundo Quastler, restringe-se a um por cento da área total da visão. E é porque armazenamos dados passados e antecipamos impressões futuras que podemos completar nossa percepção ou então revê-la.

Em conclusão, Gombrich postula que a impressão de movimento, assim como a ilusão do espaço, é o resultado de um complexo processo de leitura da imagem. Ler as relações espaciais na tela plana é similar a ler as relações temporais. Ambas são regidas pelo princípio da primazia do significado, o que pressupõe que, para ler o objeto no espaço, deve-se primeiro identificá-lo em tamanho, distância, localização, assim como, para ler a passagem do tempo, é necessário interpretar o evento representado na sua seqüência de ocorrência.

Os vetores do tempo e espaço, uma vez estabelecidos como parâmetros ordenadores das representações humanas, acompanham o homem em seu percurso acumulativo, edificador de seu ser/estar no mundo, e cravado em sua memória e nos objetos por

---

14. *Idem*, p. 45.

ele criados. A memória humana e também os objetos que a mente forma situam-se num tempo-espaço, que interfere tanto naquela quanto nestes, determinando-os.

Desde o homem primitivo, que, na escuridão das cavernas, olhava o dinâmico mover dos animais através do mover dinâmico das labaredas, que, ao mesmo tempo que o libertavam da escuridão, lhe permitia ver em *flashes* o evento representado, os marcadores de tempo/espaço passaram para sempre a narrar os fatos da humanidade. O homem concretiza sua necessidade distintiva de inscrever distintivamente os momentos nos movimentos que marcam o seu viver. O signo-gesto, já nesses inícios, é um dos elementos estruturantes da mensagem codificada, assim como uma das chaves da decodificação do representado através da percepção de seus traços constitutivos.

Na questão dos universais, além das categorias tempo e espaço, insere-se, portanto, a questão do movimento como expressão de algo, assim como a da percepção daquilo que o movimento comunica.

A representação pictórica de uma narrativa faz-se por intermédio de gestos padronizados e, como os estudos de Charles Darwin pioneiramente mostram, mesmo os receptores não familiarizados com o fato em si podem, por relações analógicas, decodificá-lo pelas marcas universais, chegando assim a uma interpretação geral. Todavia, a interpretação específica depende do conhecimento do fato representado. Por isso, afirma Gombrich que a interpretação do movimento depende do conhecimento do fato em si. O homem busca dar significação às coisas e, movido por tal impulso, completa o fluxo do tempo e da forma.

Numa postura diametralmente oposta, Picasso, com o cubismo, reabriu outro caminho na pintura (caminho que já tinha sido aberto nas artes "primitivas"), principalmente na sua tela *Girl Reading*, do início da década de 50. Nessa obra, ele consegue superar a máxima pictórica do *punctum temporis*, na medida em que a própria tela, e não a mente interpretante, preenche o passar do tempo. O antes e o depois marcam-se simultaneamente no mover da cabeça da leitora. Estampa-se, assim, na tela narrativa, o preenchimento das lacunas que, até então, era realizado pelo próprio leitor da imagem.

Quanto às obras que impõem ao receptor, como tarefa interpretante, o preenchimento de suas lacunas espacio-temporis, as pesquisas de Rudolf Laban (1941) podem nos oferecer um instrumental de análise relevante. Trabalhando com categorias qualitativas, Laban propõe a análise do movimento/impulso em relação a três parâmetros: o espaço em que se considera percurso do movimento em razão de sua direção, plano, extensão e caminho; a força ou peso, em que se mensura a energia do impulso, variando entre graus de tensão fortes, normais ou fracos; o tempo ou fluência, em que se mensura a duração do movimento e sua velocidade, segundo os ritmos: rápido, normal, lento.

A fim de observar estas categorias, Laban subdivide o corpo em partes. No entanto, ressalta sempre que o movimento é mais do que a somatória das categorias. O movimento é uma totalidade. E, em Laban, é considerado tendo em vista a seguinte subdivisão básica das ações corporais[15]:

CORPO

ARTICULAÇÕES DO LADO ESQUERDO		ARTICULAÇÕES DO LADO DIREITO
	CABEÇA	
	OMBRO OMBRO	
	COTOVELO COTOVELO	
	PULSO PULSO	
MÃO (DEDOS)		MÃO (DEDOS)
	TRONCO PARTE SUPERIOR (CENTRO DE LEVEZA)	

TRONCO
PARTE INFERIOR
(CENTRO DE GRAVIDADE)

	QUADRIL QUADRIL	
	JOELHO JOELHO	
	TORNOZELO TORNOZELO	
PÉ (ARTELHOS)		PÉ (ARTELHOS)

---

15. R. Laban in: Lisa Ulmann (org.) *Domínio do Movimento*. Trad. Anna Maria Barros de Vecchi e Maria Sílvia Mourão Netto, São Paulo, Summus, 1978, p. 57.

O bailarino, o ator, assim como a imagem pictórica ou cinematográfica visam, no seu gesticular, à criação de um conjunto de forças visuais cujo impacto seja capaz de atingir o receptor com uma mensagem.

Nota-se que, no cinema, por sua vez, o gesto recebeu tratamento especial, sobretudo de cineastas como Kulechov, Pudovkin, Eisenstein, só para citar alguns. No que respeita, porém, ao *corpus* de nossa pesquisa, as inovações introduzidas no cinema com relação à gestualidade não têm maior significado, uma vez que Buñuel e Pasolini conferem à expressão gestual marcas que a aproximam o máximo possível do real, o que nos obriga a vincular nossa leitura às abordagens mais acentuadamente antropológicas do gesto.

No bojo dos estudos antropológicos, descortina-se, na vasta tradição de estudos, o debate acerca ou do inatismo dos gestos ou de seu aprendizado a partir da experiência, de um lado, e sobre o universalismo ou o relativismo das expressões gestuais, de outro. Ambas as vertentes são de nosso particular interesse, uma vez que as pinturas e os filmes são codificados segundo universais expressivos por se destinarem a um receptor genérico e não específico.

A pedra fundante dessas questões foi o trabalho pioneiro de Charles Darwin. Há mais de um século, afirmou Darwin a importância da investigação dos meios comunicacionais com os quais o homem transmite e recebe informações, para, através destes, conhecê-lo. Trabalhando contrastivamente, comparou expressões humanas e de animais. Em sua obra *The Descent of Man*, investigou os mecanismos de seleção natural incorporados hereditariamente nos atos comportamentais dos homens e dos animais. Alicerçado na tese de que a hereditariedade determinou e determina as relações comportamentais, escreveu, em 1872, *The Expression of the Emotions in Man and Animals*, obra que se tornou um esteio das pesquisas de comunicação gestual em todo o mundo.

Nessa obra, informa-nos Darwin que a maioria de nossas expressões não são apreendidas, mas sim, inatas ou instintivas. Ressalta, porém, que algumas expressões como o riso e o choro, embora inatas, requerem um aprendizado individual para sua atualização adequada.

Outro forte argumento a favor do inatismo é o fato de mesmo as crianças cegas expressarem-se fisionomicamente. Poucos, conclui Darwin, são os movimentos expressivos aprendidos individualmente e, exemplificando, cita: juntar as mãos, abaixar os olhos nas preces, beijar como expressão de afeto, acenar com a cabeça e mãos. São gestos dependentes do estado emocional do emissor e, apenas aparentemente, podem ser considerados inatos, já que são aprendidos como as palavras da língua o são.

É importante notar que as idéias de Darwin, concebidas no século XIX, devem ser focadas como predecessoras das concepções da natureza social do comportamento, quer humano, quer animal. Destaca-se, em seu estudo, a especial atenção dedicada ao modo como homens e animais modificam seus comportamentos em resposta ao comportamento de outros. Assim, sua concepção de seleção natural restringe-se ao comportamento individual em relação ao de outro indivíduo, desvinculando-a, portanto, da ação de grupo ou sociedade. Mesmo reconhecendo que as informações são armazenadas e transmitidas entre e para gerações, segundo as concepções de sua época, coerentemente, Darwin, todavia, não pôde conceber que as mesmas pudessem ser organizadas socialmente.

Se, de um lado, a questão central da obra *The Expression of the Emotions in Man and Animals* refere-se à questão de ser a expressão gestual geneticamente herdada ou aprendida, de outro lado explora amplamente ser esta universal ou específica de cada sociedade, havendo todo um comprovar detalhado que aponta para o fato de tais formas de expressão serem comuns a toda a humanidade.

Ressalta, deste estudo, o rigor darwiniano no levantamento dos dados de pesquisa comparada, o que torna ainda atual tanto a sua metodologia, quanto as críticas a esta. Darwin instrumentou sua investigação com um questionário distribuído a pessoas de nacionalidade britânica, missionários ou outras pessoas que conviviam com povos primitivos diversos, nas mais distintas localidades e com mínimo contato com os europeus. Dos questionários enviados, trinta e seis foram respondidos pelos observadores. Ao explorar as respostas às dezesseis perguntas formuladas, trabalhou com as descrições minuciosas dos informantes, que relatavam o que subsidiava as expressões (*emotion of frame of mind* em suas palavras) e ainda informavam o contexto em que se inseriam. Constatou que o mesmo *state of mind* era expresso similarmente nas diferentes partes do mundo, assim como o era entre os europeus, o que o levou a evidenciar uma universalidade na relação estrutura corporal e estado de espírito (*mental disposition*) da espécie humana.

Muitas controvérsias pairam sobre o problema da interpretação dos dados coletados por Darwin junto a seus informantes. O alvo da polêmica incide sobre a adequação ou não da interpretação, feita por leitores não nativos, das expressões corporais dos nativos; da adequação entre os significados atribuídos a elas por tais leitores e os significados que efetivamente possuem nas comunidades de origem. Tais críticas são, ainda hoje, pertinentes e as ciências sociais defrontam-se ainda com o problema da observação e análise de dados e continuam à procura de uma metodologia mais eficaz.

Darwin explora também as similaridades e as relações entre o que, posteriormente, se chamou de meios de comunicação verbais e não-verbais (icônicos). Afirmou que os primeiros contactos comunicacionais, entre mãe e filho, são em linguagem não-verbal – um sorriso, um olhar, um toque – e que, seja qual for a origem (inata ou aprendida) desses movimentos expressivos da face e do corpo, uma vez adquiridos pelo homem, quer sejam empregados voluntária ou inconscientemente, são sempre meios comunicacionais que podem exprimir uma ampla gama de sentidos. Indo além, verificou que os movimentos expressivos não-verbais podem revelar melhor os pensamentos e as intenções do emissor, uma vez que são mais espontâneos e não podem ser tão facilmente falseados como as palavras. De suas considerações, podemos inferir que o gestual é suporte do verbal e encontra-se a este submetido:

O poder de comunicação entre os membros da mesma tribo através da linguagem tem sido de grande importância para o desenvolvimento do homem e a força da língua é suportada pelos movimentos expressivos da face e do corpo[16].

Notamos que, para Darwin, o comportamento gestual subordina-se ao comportamento lingüístico do falante. Essa visão de subordinação deve-se à concepção de comunicação como fundada na língua e não num sistema de signos específicos, tal como passaria a ser vista nos fins do século XIX.

As idéias de Darwin geraram profundo impacto e reacenderam antigas discussões sobre a origem da linguagem. Passaremos a analisar algumas das teorias sobre a linguagem que levaram também em conta a gestualidade, pinçando nelas os procedimentos teórico-metodológicos que objetivamos coletar para a nossa trajetória rumo à interpretação.

Nascidas de pesquisas com surdos, vamos encontrar duas valiosas contribuições para o estudo dos gestos em geral: a de E. B. Tylor (1878), o fundador da antropologia moderna e a de Wi-

---

16. Charles Darwin, *The Expression of the Emotions in Man and Animals*. Chicago, Ed. Francis Darwin, University of Chicago Press, London, Phoenix Books, 1965, p. 354.

lhelm Wundt (1921), considerado o primeiro psicólogo experimental. Em ambos encontramos, como postulado, a existência de uma transição entre a expressão gestual natural e a expressão simbólica, transição esta pela qual intentam explicar o surgimento da linguagem. Colocava-se, então, a linguagem gestual como anterior à linguagem falada.

Outro nome a ser mencionado é o de Mallery (1888) que, entre os amplos tópicos de seu interesse, como o fenômeno da representação, da expressão do pensamento por outros sistemas sígnicos que não a palavra, investigou o sistema gestual dos índios norte-americanos.

As questões advindas da investigação de Darwin, sobre se a expressão gestual é um fenômeno inato ou aprendido pela experiência, ou se ela é universal ou própria de cada sociedade, também continuaram a nutrir o interesse dos estudiosos do nosso século. Sob novos prismas elas voltaram a ser recolocadas por seguidores das idéias de Durkheim. Na França, Robert Hertz e Marcel Mauss, em suas pesquisas, relacionaram o aspecto fisiológico ao aspecto social, advogando que o comportamento e a expressividade do homem e do animal deveriam ser estudados em seus contextos sociais.

Na obra *Death and the Right Hand*, escrita em 1909, por Robert Hertz, encontramos a consideração de que os aspectos físicos e sociais determinam o destaque da mão direita. A tendência à assimetria, própria do cosmo, é transferida para o corpo humano, fato que o leva a formular as seguintes considerações:

> Como poderá o corpo do homem, o microcosmo, escapar da lei da polaridade que tudo governa? A sociedade e todo o universo têm um lado que está saciado, é nobre e precioso, e um outro que é profano e comum; um lado masculino, forte e ativo, e um outro feminino, fraco e passivo, ou em duas palavras: um lado direito e um lado esquerdo. Poderia o organismo humano sozinho ser simétrico? Um momento de reflexão mostra-nos que isto é impossível[17].

Essa assimetria também é verificada nas vantagens fisiológicas da mão direita. Uma diferenciação qualitativa que, segundo Hertz, se alicerça no próprio indivíduo, impondo-se como uma marca inscrita na constituição de sua consciência coletiva. Para Hertz, esta diferenciação assimétrica mínima é suficiente para adquirir valor social e ser determinante de qualificações, como,

---

17. Robert Hertz, *Death and the Right Hand*. Arans, Rodney and Claudia Needhan, Cohen & West, 1960, p. 91.

por exemplo, destreza/falta de jeito, força/fraqueza que, no adulto, parecem ser marcas naturais inatas.

Face a estas constatações, Hertz não vê sentido na dicotomia inato/aprendido. Mostra-nos o autor que a estruturação dicotômica das categorias esquerdo/direito são anteriores às experiências individuais, uma vez que incorporam a estrutura do próprio pensamento coletivo. Hertz defende a tese da capacidade inata proposta por Darwin; no entanto, igualmente considera o aprendizado pela experiência também influente, desde que não se postule o comportamento instintivo como imutável. Essas características transcendem o individual e são constitutivas da consciência coletiva.

As considerações de Hertz, segundo as quais tanto a capacidade inata quanto a aprendida pela experiência são essenciais para as investigações da expressão corporal, distinguem-no de seu predecessor, Darwin, e de outro estudioso, Marcel Mauss, que também estudou esse tópico, mas sob outra ótica: atividades físicas como técnicas corporais. Nas palavras de Mauss, técnicas corporais são

as maneiras como os homens, sociedade por sociedade, de maneira tradicional, sabem servir-se de seus corpos[18].

As atividades como sentar, caminhar, correr, marchar, nadar, por exemplo, são específicas de sociedades determinadas e são ensinadas enquanto técnicas. Falando de sua geração, Mauss narra as transformações das técnicas de natação a que pôde assistir e ainda elenca outros exemplos que experienciou em seu amplo observar o mundo. Considera possível estudar as técnicas corporais através do inter-relacionar dos níveis físico-psico-sociológico, apesar de ser o sociológico o maior espaço de influência. À guisa de ilustração, dá-nos o seguinte exemplo:

Reconhecemos à primeira vista um muçulmano piedoso: mesmo que ele tenha um garfo e faca nas mãos (o que é raro), fará o possível e o impossível para servir-se apenas com a mão direita. Ele não deve tocar jamais na comida com a mão esquerda, nem em certas partes do corpo com a direita. Para saber por que ele faz este gesto, e não aquele outro, não basta nem a fisiologia nem a psicologia da dissimetria no homem, é preciso conhecer as tradições que lhe impuseram... Esses "hábitos" variam não simplesmente com os indivíduos e suas imitações, mas, sobretudo, com as sociedades, a educação, as conveniências e as modas, os

---

18. Marcel Mauss, *Sociologia e Antropologia*. Trad. Mauro W. B. de Almeida. São Paulo, EPU-Edusp, 1974, v. II, pp. 221-214.

valores. É preciso ver técnicas e a obra da razão prática, coletiva e individual, ali onde de ordinário vêem-se apenas a alma e suas faculdades de repetição[19].

Técnica, para Mauss, é um "ato tradicional eficaz" que é transmitido de geração a geração e que é parte integrante da tradição.

Para comprovar sua afirmação, Mauss nos mostra que a transmissão de uma técnica só depende da existência de uma tradição comportamental ou gestual, tal como o demonstra o exemplo que cita, do livro de Elsdon Best, acerca da maneira de andar da mulher maori (Nova Zelândia):

> As mulheres indígenas adotam um certo *gait* (a palavra inglesa é deliciosa): ou seja, um balanceamento destacado e, não obstante, articulado das ancas, que nos parece desgracioso, mas que é extremamente admirado pelos maori. As mães adestravam (o autor diz *drill*) as filhas nesta maneira de fazer o que se chama de *onioi*. Ouvi mães dizerem às filhas (traduzo): "tu não fazes a *onioi*", quando uma menina esquecia de fazer esse balanceamento[20].

Em outro momento, relata como o andar das enfermeiras, que observou quando enfermo num hospital em Nova York, era igual ao das mocinhas francesas devido à moda lançada pelos filmes hollywoodianos. Demonstra também como, em qualquer contexto, sentia-se capacitado a reconhecer uma moça educada em um convento, pelo seu andar com punhos fechados.

Para Mauss, a expressão corporal, ou as técnicas corporais, para sermos fiéis à sua nomenclatura, são, portanto, aprendidas. O corpo é considerado como o mais natural arsenal técnico do homem. Em função disto conclui:

> Antes das técnicas como instrumentos, há o conjunto de técnicas corporais[21].

E cada ato humano é reflexo da educação, da posição social e do próprio contexto sócio-ideológico em que o indivíduo se insere.

Em paralelo, podemos encontrar, em Leonardo Da Vinci, um exemplo evidenciador da existência na arte dessa concepção do corpo como rede de mensagens que reflete o social. O exemplo foi extraído do depoimento que J. B. Giraldi publicou em 1554:

---

19. *Idem*, pp. 221-214-217.
20. *Idem*, p. 216.
21. *Idem*, p. 218.

O grande pintor, quando tinha de introduzir qualquer personagem num dos seus quadros, interrogava primeiro a si mesmo sobre a qualidade de tal personagem: se devia ser do gênero nobre ou vulgar, de um humor alegre ou severo, se se encontrava num momento de inquietação ou de serenidade; se era um jovem, um velho ou um patife. Depois de ter respondido a estas perguntas, após demoradas meditações, ia aos lugares onde habitualmente se reuniam as pessoas de caráter semelhante. Observava-lhes atentamente os movimentos habituais, a fisionomia, a totalidade das maneiras, e sempre que encontrava o mais pequeno traço que pudesse servir ao seu objetivo, desenhava-o a lápis num pequeno livro que sempre trazia consigo. Quando, após muitas voltas, supunha ter recolhido o material suficiente, pegava enfim nos pincéis.

Ainda com relação a esta questão, conta-nos Giraldi a seguinte anedota, acerca dos esforços de Da Vinci para dar às personagens da *Santa Ceia* marcas corporais que melhor as definissem:

Leonardo Da Vinci terminara o Cristo e os onze apóstolos, mas fizera apenas o corpo de Judas. Faltava a cabeça e não havia maneira de avançar a obra. O prior, impaciente por ver o seu refeitório atulhado com os apetrechos da pintura, foi queixar-se ao duque Ludovico, que pagava galhardamente a Leonardo por este trabalho. O duque mandou-o chamar e disse-lhe estar admirado com tanto atraso. Respondeu-lhe Da Vinci que era a vez de ele se admirar com as palavras de Sua Excelência, pois a verdade era que não passava um só dia sem que trabalhasse duas horas inteiras no quadro. Voltaram os frades à carga e Ludovico deu-lhes a resposta de Leonardo:

– Senhor – diz-lhe o abade –, só falta fazer uma cabeça, a de Judas, mas há mais de um ano que ele não só não toca no quadro, como ainda o veio ver apenas uma vez! O duque, irritado, chama de novo Leonardo.
– Será que os padres sabem o que é pintar? – responde este. Tem razão. Há muito tempo que não ponho os pés no convento, mas não a têm quando dizem que eu não gasto todos os dias ao menos duas horas com a obra.
– Mas como, se nunca lá vais?
– Saberá Vossa Excelência que só me falta fazer a cabeça de Judas, que foi esse insigne velhaco que toda a gente sabe. Convém, pois, dar-lhe uma fisionomia que corresponda a tanta velhacaria. Por isso, há um ano ou talvez mais, todos os dias, de tarde e de manhã, vou ao Borghetto, onde Vossa Excelência sabe bem que vive toda a malandragem da sua capital, mas não consegui ainda encontrar uma cara de celerado que traduza o que trago na idéia. Logo que encontre tal cara, num dia acabo o quadro. Se, no entanto, as minhas buscas forem inúteis, tomarei os traços deste padre prior que vem queixar-se de mim a Vossa Excelência e que, aliás, serve perfeitamente ao meu objetivo. Mas há muito que hesito em ridicularizá-lo no seu próprio convento.

O duque desatou a rir, e vendo com que profundidade de julgamento Da Vinci compunha as suas obras, compreendeu porque é que o quadro suscitava uma tão geral admiração. Algum tempo depois, tendo Leonardo descoberto uma figura como a que procurava, desenhou-lhe logo os traços mais importantes que, juntos aos que reunira durante o ano, lhe fizeram concluir rapidamente o afresco[22].

A consideração sobre o trabalho consciente de Da Vinci, no sentido de pintar o corpo humano, como se este estivesse num palco, remete-nos, uma vez mais, a Mauss, que, relacionando suas idéias com as dos psicólogos Rivers & Head, integra as técnicas corporais no sistema de montagens simbólicas que comanda as semioses humanas. Os corpos das figuras representadas agem segundo técnicas expressivas que lhes são impostas pela tradição.

Essas técnicas são transmitidas pela sociedade, e o código pictórico as segue de tal forma, que Goethe, no seu famoso escrito sobre a *Santa Ceia*, intitulado *Joseph Bossi über Leonardo Da Vinci Abendmahl* (1817), adverte seus leitores alemães para os gestos hipercarregados de emoções, os quais considera como demasiado enfáticos, até teatrais, e retratadores da cultura latina.

A idéia de que as expressões ou movimentos gestuais são determinados pela cultura acaba encontrando solo fértil para seu desenvolvimento e, sob a influência das teorias sociológicas ou sócio-antropológico-culturais, e das pesquisas etnográficas, vão assumir o seguinte postulado: a expressão gestual é aprendida pela experiência e não fruto de uma herança biológica do homem.

Os primeiros estudos com essa tendência, e que derivam de pesquisas etnográficas em sociedades isoladas, são os de Kroeber (1925), que pesquisou as expressões e posturas das tribos indígenas da Califórnia, chegando a realizar um estudo comparado intertribal; o de Hocart (1927), que abordou os diferentes modos de sentar entre os mongóis; os de Jane Belo (1935), e seu estudo sobre os balineses; os de Flora Bailey (1942), sobre os índios Navahos; os de Margot Astrov (1950), que relacionou os comportamentos gestuais dos Navahos a outros aspectos de sua cultura como, por exemplo, sua língua e mitologia; os de G. Devereux (1951), que, pesquisando os Mahave, relacionou a expressão gestual destes com a verbal; e os de W. La Barre (1947), que, numa panorâmica abrangente, pesquisou, em sua obra *The Cultural Basis of Emotions and Gestures*, as variações gestuais e seus significados em várias partes do mundo, ilustrando mais especificamente o conceito de comunicação fática de Malinowski. La Barre colheu também farta documentação sobre a chamada *pseudo-language*, ou seja, aquela que precede o discurso verbal, muito em-

---

22. Cf. Fred Bérence, *Leonardo Da Vinci*. Trad. Fernaldo Melro. Verbo, 1984, pp. 126-128.

bora sua pesquisa, apesar da quantidade e da qualidade de exemplos coletados, padeça de maior rigor na comprovação da hipótese central: a gestualidade é aprendida culturalmente.

Esta preocupação, ausente em La Barre, encontramo-la, porém, na tese de doutoramento de David Efron, *Gesture and Environment* (1941)[23]. Na área da gestualidade, o trabalho de Efron é um marco de cientificidade pelo rigor de seu método. Aluno de Franz Boas, o que vai determinar a visão antropológica de seu estudo, Efron observou e analisou dois grupos de imigrantes europeus alocados em Nova York: os de judeus do leste da Europa e os de italianos do sul, bem como os grupos de descendentes dessas duas etnias.

Um dos pontos de interesse de Boas, ao investigar as tribos da costa noroeste dos Estados Unidos, centrava-se no comportamento corporal e na influência do meio sócio-geográfico sobre o mesmo. Tal preocupação encontramos também na obra de Efron:

> A presente obra aborda o problema dos hábitos gestuais do ponto de vista de suas condicionantes culturais ou biológicas. A tendência desta investigação, como também de outros assuntos investigados, indica que, no que concerne às funções fisiológicas e psicológicas do corpo, o ambiente tem uma influência fundamental. Este, em grupos majoritários e, particularmente nas subdivisões da raça branca, é tão expressivo, que o elemento genético pode ser controlado inteiramente, ou quase inteiramente, como um fator determinado. Isto não elimina previamente que, individualmente, um elemento biológico possa ter importância para muitos aspectos da forma anatômica e também sobre o comportamento, mas as grandes variações das características genéticas em membros de cada grupo as tornam, apesar destas considerações, um fator insignificante. O comportamento do indivíduo depende de sua constituição anatômica e fisiológica, mas ambas estão sob a importante influência do contexto social e geográfico em que o indivíduo se insere[24].

Portanto, no trabalho de Efron há uma linha mestra de contraste, e suas conclusões apontam para o fato de que cada grupo de imigrantes tem um código gestual específico, e que os grupos de descendentes denotam diferenças marcantes em relação aos respectivos grupos de imigrantes (ou grupo tradicional). A assimilação da cultura norte-americana pelos descendentes torna a sua expressão gestual mais similar a essa dominante cultural, evidenciando, assim, que os gestos variam individualmente em diferen-

---

23. Cabe destacar que a reedição deste estudo só se deu em 1972, com o título de *Gesture, Race and Culture*, o que aponta o ritmo lento com que se firmou este enfoque de pesquisa.

24. Franz Boas in: D. Efron, *Gesture, Race and Culture*. Mouton, The Hague, 1972, p. 20.

tes contextos culturais. À guisa de exemplo, Efron lembra que uma pessoa, falando *yiddish* ou hebreu, gesticula de acordo com o padrão tradicional, mas, passando para o inglês, imediatamente seus gestos adquirem a gestualidade típica dos norte-americanos.

É notável a esmerada observação dos gestos feita por Efron, que distingue um número significativo de tipos de gestos, classificando-os em duas modalidades: os gestos que independem do verbal e os que são dele dependentes. Como gestos que ocorrem com a fala, ele elenca:

a. *Gestos Ideográficos*: aqueles que diagramam a estrutura lógica do pensamento.

b. *Gestos Dêiticos*: aqueles que apontam algo mencionado no verbal.

c. *Gestos Pictográficos*: aqueles que projetam ou esboçam gestualmente o que está sendo dito ou que fazem referência a uma ação por uma seqüência gestual.

d. *Gestos Comandos*: aqueles em que os movimentos são realizados no ritmo da fala, acentuando ou enfatizando segmentos desta.

e. *Gestos Espaciais*: aqueles que determinam um espaço.

E há ainda os que podem ocorrer isolados, sendo em si comunicativos, a saber, os emblemas.

Retomando as idéias de Efron, Paul Ekman e Wallace V. Friesen (1969) revêem sua anterior classificação dos gestos, e chegam a distinguir um grande número de diferentes tipos de gestos, mas mantêm, no entanto, a distinção entre os gestos que atuam independentemente da fala, ou seja, os emblemas, e os que ocorrem integrados à fala, os ilustrativos, que englobam os ideográficos, os indicativos, os gestos pictográficos e os de comando. Para essa classificação dos movimentos corporais e da face, os pesquisadores estabeleceram como parâmetro:

- uso (o contexto social em que a ação ocorre);
- origem (o modo como uma ação integra o repertório);
- código (o princípio subjacente na relação entre ação e significante).

O uso refere-se às circunstâncias em que ocorre o ato não-verbal, que se define por movimentos das mãos e braços, pernas e pés, ombros e postura global, movimentos estes analisados quanto:

- às condições externas que o envolvem;
- às relações entre ato não-verbal e ato verbal;
- à consciência da pessoa do ato que emite;
- às intenções da pessoa de se comunicar;
- às respostas do interlocutor ao ato não-verbal;
- ao tipo de informação transmitida por um ato que pode ser Idiossincrático (quando é próprio de um indivíduo) ou Partilhado (quando comum a um grupo de pessoas). Há casos em que o ato idiossincrático é também partilhado, por exemplo, entre pais e filhos, marido e mulher, analista e analisando – receptores privilegiados que, pela íntima convivência, partilham do significado do ato específico do outro, podendo assim decodificá-lo.

Os signos que representam os atos comportamentais, além de Idiossincráticos e/ou Partilhados, podem ser também do tipo Informativo, Comunicativo e/ou Interativo.

O ato não-verbal Informativo engloba a recepção partilhada de um significado, mas sem delimitar se a intencionalidade do ato era transmitir aquela ou outra mensagem. Assim, o significado de um ato informativo pode ou não ser adequado à intencionalidade do emissor.

Por outro lado, no comportamento não-verbal comunicativo, o emissor organiza sua mensagem com a intenção de transmitir um significado específico ao receptor. Ekman & Friesen excluem, desta forma, o comportamento informativo, que, mesmo transmitindo uma mensagem cuja decodificação é partilhada por um grupo, não foi organizado, no processo de codificação, por uma intenção consciente do emissor. Atos comunicativos, afirmam eles, não são necessariamente transmissores de informação. E, referindo-se à decodificação da mensagem, concebe que esta pode ou não ser partilhada, o que resulta num ato não-informativo comunicativo. Nesse, o emissor visa transmitir uma mensagem que, no entanto, não é captada. Vale notar que não se inserem nesta categoria as mensagens que não são codificadas a partir de uma intenção consciente.

Os atos interativos, por sua vez, englobam os que modificam ou influenciam o atuar do outro ou de um grupo na interação. Subdividem-se estes em: idiossincrático-interativos e informativo-interativos.

Afirmam os autores que nem todo comportamento informativo é interativo, e que este pode ou não ser comunicativo, enquanto muitos atos informativos podem ou não modificar a interação. O comportamento interativo não é necessariamente comunicativo e o informativo pode influir na expressão, sem que haja intenção de comunicar.

Em síntese, os significados dependem do modo como se processa a transmissão, que é determinante do tipo de comportamento, podendo este ser:

I. *Comportamento Interativo*
   - Informativo (b)
   - Informativo-Comunicativo (f)
   - Idiossincrático (c)

II. *Comportamento Comunicativo*
   - Interativo-Informativo (f)
   - Informativo-Não-Interativo (d)
   - Nem Interativo-Nem Informativo (e)

III. *Comportamento Informativo*
   - Nem Interativo-Nem Comunicativo (a)

Ekman e Friesen diagramaram o entrecruzar desses comportamentos em gráfico[25] que nos permite uma visualização do imbricar de comportamentos em uma transmissão:

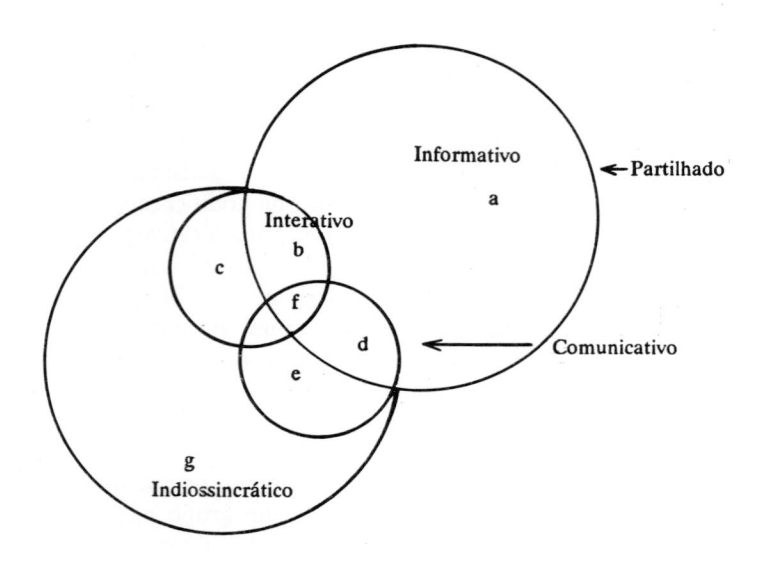

---

25. Paul Ekman & Wallace Friesen, "The Repertoire of Non-verbal Behavior". In: *Nonverbal Communication, Interation and Gesture*. Org. por Adam Kendon, Paris/Nova York, Mouton Publishers, The Hague, 1981, p. 65.

Ekman & Friesen estabeleceram como segunda categoria de sua classificação a "Origem", ou seja, a fonte originária de um ato que se incorporou no repertório de uma pessoa. Estamos no domínio das determinantes da aquisição de um comportamento não-verbal, as quais podem ser as seguintes:

- relação entre estímulo e atividade não-verbal, que se organiza no sistema nervoso do indivíduo. Por exemplo: os reflexos condicionados.
- aquisição dos atos não-verbais através da experiência e sob a influência do contexto em que a pessoa se insere.
- aquisição dos atos não-verbais através da experiência em contextos variáveis, em decorrência da cultura, classe social, família, ou indivíduo. São os comportamentos aprendidos pela sua inerência a certas atividades como dirigir, nadar, comer, ou segundo determinadas regras, defecar etc. Estes comportamentos estão em estreito vínculo com o estabelecimento ou continuidade da interação social. A aquisição dos mesmos pode ser explícita, ou seja, ensinada e conscientemente aprendida, como também implícita, quando não há a centralização no processo de aquisição. Como exemplo, temos o imitar a postura ou a expressão facial de uma artista favorita, ocasião em que se destaca mais a presença do aprender consciente, do que no imitar pelo filho da postura ou outros movimentos do pai. No Brasil, desde 1986, até hoje, a imitação da modelo e animadora Xuxa pelas meninas ilustra bem este ponto.

Como terceira categoria, estabelecem o "Código", que se estrutura na relação entre o ato e seus possíveis interpretantes. Tal relação pode ser extrínseca ou intrínseca. O código *extrínseco* é aquele em que o ato significa ou está para outra coisa numa relação *arbitrária* (na qual signo e objeto mantêm uma relação convencional) ou *icônica* (na concepção de Morris: qualquer signo similar em algum aspecto ao que denota). O código *intrínseco* é aquele em que o interpretante de um ato é inerente ao próprio ato (como no icônico, há uma relação estreita entre o signo e o seu interpretante, mas, diferindo do ícone, o signo, no caso, não está relacionado a seu objeto, ou seja, à forma do que representa).

A relação de um ato com a forma de seu objeto ou de seu interpretante, no código icônico e no intrínseco, pode ser, segundo Ekman & Friesen:

- *Pictorial*: quando o movimento delineia visualmente a imagem do evento, objeto, ou pessoa de que se fala. É uma relação icônica.
- *Espacial*: quando o movimento indica a distância entre pessoas, objetos, idéias. É uma relação icônica.
- *Cinética*: quando o movimento representa parte ou a totalidade de uma ação, que é, ao menos parcialmente, tanto seu objeto como seu interpretante. Pode ser uma relação icônica ou intrínseca.
- *Rítmica*: quando o movimento representa o ritmo das idéias, ou acentua determinados aspectos, ou descreve a velocidade de alguma atividade, caso em que é denominada Indicadora – quando o movimento, em geral das mãos, dedos, apontam para alguma pessoa, para parte do corpo, objeto, lugar, ou mesmo, para referentes mais abstratos como atitudes, atributos, sentimentos, direção ou locação. É sempre uma relação intrínseca, como evidencia o fazer das mãos na ceia de Castagno (Fig. 32).

Cabe notar que as relações podem estar combinadas. Assim, uma relação cinética pode ser tanto icônica quanto intrínseca, porque o comportamento não-verbal não é um fenômeno unívoco, mas um tipo de uso, de origem e uma forma de código, tal como enfatizam Ekman & Friesen. O conhecimento desses parâmetros nos permite, portanto, observar as transformações que os referidos autores introduziram no estudo de Efron.

São cinco as categorias de comportamento não-verbal: emblemas, expressões afetivas, reguladores, ilustradores e adaptadores. Tais categorias não são exclusivas, e um ato não-verbal pode estar em várias categorias simultaneamente.

Como emblemas, são considerados os atos que:

1. têm tradução direta no código verbal, podendo ser uma ou duas palavras, ou mesmo uma frase;
2. têm significado determinado, partilhado por um grupo, classe social, uma região, ou mesmo, por uma cultura;
3. são usados intencionalmente com o propósito de codificar uma mensagem específica para o(s) receptor(es);
4. marcam, ao serem percebidos pelo(s) receptor(es), não só um tipo de uso, mas uma codificação orientada para aquele(s) receptor(es) específico(s);
5. são assumidos deliberadamente pelo emissor, que os escolhe para signos de sua mensagem devido à consciência do que esses atos transmitem.

Discordando de Efron, para quem os emblemas são codificações arbitrárias, Ekman & Friesen consideram que sua codificação pode ser tanto arbitrária – quando a ação não tem relação direta com o que significa – quanto icônica – quando a ação, por exemplo, o delinear com as mãos as formas atrativas de uma mulher, guarda uma relação direta com o que significa.

Como as palavras, os emblemas são aprendidos e podem ser manifestos por qualquer parte do corpo. As pesquisas de Ekman & Friesen evidenciam que, nos Estados Unidos, os emblemas são, em geral, expressos por movimentos da face e das mãos.

Outro tipo de comportamento não-verbal, os Ilustradores, como os emblemas, têm um uso consciente e intencional e são aprendidos por imitação pela criança. Os estudos de Efron, nas comunidades judias e italianas de Nova York, apontaram seis tipos de ilustradores gestuais: de comando, ideográficos, dêiticos, espaciais, cinematográficos e pictográficos. Os dois primeiros dependem do contexto verbal para serem entendidos, enquanto os demais podem significar independentemente das palavras, apesar de todos os ilustradores estarem fortemente relacionados simultaneamente com o código verbal, o conteúdo da mensagem, a inflexão e altura da voz. Atuam determinantemente na codificação dos ilustradores as diferenças étnicas, culturais e sociais. Funcionalmente, os ilustradores podem repetir, substituir, contradizer ou aumentar a informação verbal.

São, por sua vez, reguladores, as expressões faciais de emoção, ou seja, os movimentos dos músculos da face que manisfetam o estado emocional da pessoa. Ekman & Friesen concordam com Tomkins (1962, 1963, 1964), que considera a face como o suporte das expressões emocionais e que, como Darwin, afirma que há um certo número de possibilidades expressivas para cada sentimento, como: felicidade, surpresa, medo, tristeza, raiva, desgosto, interesse etc. São as chamadas variantes expressivas.

As várias investigações de Woodworth (1938), Schlosberg (1941), Plutchik (1962), Frijda (1963), Nummenmaa, Tomkins (1964), Osgood (1966), e as de Ekman com Boucher (1965) e depois com Friesen (1967), confirmam que há distintos movimentos faciais para cada sentir, mas que também há universais entre essas expressões. Assim é que, mesmo sem falar uma língua, podemos, pela expressão facial, distinguir as variantes expressivas adequadamente, em consonância com as similaridades ou diferenças culturais. As expressões faciais são, desde a infância, aprendidas socialmente, através de uma rede associativa entre o meio ambiente, o evento, fatos passados, previsões e antecipações dos resultados, a expectativa e o indivíduo, assim como entre este e as leis que regem os padrões sociais. Desde cedo, a pessoa aprende a controlar suas expressões emocionais, e alguns desses mecanismos de controle são citados pelos autores. O primeiro seria a diminuição da intensidade do sentir (o pavor do indivíduo em uma situação é traduzido por expressões moderadas de medo); o segundo, a intensificação do sentir (a alegria de reencontrar um colega é exagerada a ponto de representar a felicidade de reencontrar um amigo); o terceiro seria a neutralização do sentir (mesmo afetado por uma situação, o indivíduo facialmente mostra indiferença, insensibilidade); o quarto mecanismo é o mascarar o sentir pelo seu oposto (é um inverter das emoções: um indivíduo triste estampa uma face feliz).

São esses mecanismos que favorecem uma recepção inadequada dos movimentos faciais em contextos sociais e culturais distintos. Ilustrando, Ekman & Friesen citam o exemplo do funeral em duas culturas, nas quais o evento é caracterizado pela tristeza. Embora pertencendo ao mesmo paradigma, as manifestações de tristeza podem ser representadas em uma cultura com mais ou menos intensidade do que em outra.

A face, as pesquisas o comprovam, é, portanto, um campo múltiplo de expressões até simultâneas de emoções, o que torna seu mapeamento muito complexo. Ela pode repetir, qualificar ou contradizer o verbal, e também atuar separada deste como um canal próprio de comunicação.

As expressões faciais de emoção e os adaptadores podem atuar como reguladores, mas, como distingue Mahl (1961), não é o fato de um comportamento não-verbal controlar a conversação que o torna um regulador. Essa categoria agrupa somente os atos que não se enquadram em nenhuma outra categoria e são, exclusivamente, reguladores. Os reguladores não são intencionais como os emblemas e ilustradores, e as pessoas não têm consciência do seu uso. São atos involuntários.

Scheflen (1963, 1964, 1965) foi o primeiro a estudar os reguladores, agrupando-os em três tipos: sinalizadores, posicionadores e apresentadores.

Os reguladores compõem a categoria dos comportamentos não-verbais formada pelos movimentos que mantêm e regulam a conversação entre os interlocutores, informando o emissor sobre se deve continuar, repetir, reelaborar a informação, dar maior ou menor velocidade à fala, ou se deve torná-la mais atrativa, menos obscena ou mesmo se é hora de deixar o outro falar, dar uma pausa etc. O menear a cabeça, o direcionar do olhar, o movimento de afastamento por desinteresse e de aproximação por interesse, o levantar das sobrancelhas são alguns exemplos de reguladores.

Os sinalizadores englobam as marcas da cabeça, pescoço e/ou olhos que ocorrem numa unidade de pensamento, controlando a comunicação entre os interlocutores. Várias são as suas possibilidades de representação, conforme tenham a função de acompanhar uma explanação, interpretar, interromper ou manter a atenção à conversação. Os sinalizadores, no final de uma fala, podem fornecer pistas para a decodificação da mensagem pelo receptor.

Estabelece Scheflen, como segundo tipo de reguladores, os posicionadores. A posição dos interlocutores na situação comunicativa, assinala o ponto de vista. O alvo de Scheflen, neste caso, é a postura, mas esclarece que a distância entre os interlocutores também determina o posicionamento.

Os apresentadores, por fim, abrangem todas as posições em uma interação: movimentos do corpo, postura, distância. Posturas semelhantes em uma conversação mostram similaridade de ponto de vista, ou de nível social. Pelo movimento do corpo, podemos intuir se a conversação é uma troca de informações ou de sentimentos. A postura e a distância explicitam ainda o grau de intimidade entre os falantes.

Ekman & Friesen, por sua vez, sustentam que os três tipos de reguladores são próprios de cada cultura e variam no interior de cada uma. Estes estudos ampliam as postulações da Proxêmica de Hall, assim como da Cinésica de Birdwhistell.

Os adaptadores, a última categoria da classificação, filiam-se à idéia de Darwin de que o organismo, para sobreviver, desenvolveu, através de pressões de seleção, movimentos corporais e faciais que foram preservados e mantidos no curso da evolução, apesar de, no homem, ter deixado de existir correlação entre tais movimentos e a luta pela sobrevivência. Enquanto para Darwin esse desenvolvimento é filogenético, para Ekman & Friesen é ontogenético. Aprendidos pelo indivíduo desde tenra idade, modificam-se e são reduzidos ao longo de seu desenvolvimento, sendo mantidos por hábito e sem vínculo necessário com sua função original, a saber: esforço adaptativo para satisfazer necessidades da personalidade ou do corpo; realização de atos corporais; manipulação de emoções; desenvolvimento ou manutenção de protótipos de contatos interpessoais ou aprendizado de atividades instrumentais. Toda essa categoria de comportamentos não-verbais envolve muita especulação, sendo de difícil apreensão e descrição.

As contribuições de Ekman & Friesen, ampliam, em muito, as sistematizações de Efron e são válidas para o ato de codificar o gestual nas representações artísticas. O pintor e o cineasta, ao recriarem o gesto humano em seu signo artístico, orientam sua observação e representação do gestual segundo os parâmetros do uso, da origem e do código.

Em termos das categorias do pensamento e da experiência de C. S. Peirce, os três parâmetros da expressão gestual inserem-se nas três matrizes da linguagem-pensamento. O uso diz respeito à ênfase no interpretante do signo-gesto. Na atualização do signo, o próprio signo, por si mesmo, diz como é usado e o que está apto a determinar. A origem diz respeito tanto à ênfase na relação signo-objeto, quanto na relação signo-interpretante. Vincula-se ao estudo da aquisição do signo de conformidade com sua função de representante do objeto; as marcas do contexto que veicula; seu aprendizado e seu uso pela coletividade de intérpretes. Portanto, pode-se dizer que, no caso da origem, o foco é a vida evolutiva do signo. O código, por fim, diz respeito à ênfase no signo enquanto "representante" do objeto. Como o objeto só se faz presente pela constante mediação dos signos, reside no estudo do código a possibilidade de focar o caráter representacional do signo e suas potencialidades representativas.

As classificações de Ekman & Friesen teriam, pois, a nosso ver, sua abrangência e suas possibilidades analíticas ampliadas se incorporadas às categorias classificatórias dos modos de representação e dos modos de organização do signo, do objeto e do interpretante, tais como concebidas pelo arcabouço teórico da semiótica peirceana.

Dando continuidade a nossa trajetória histórica, destacamos outro estudioso do gesto: Charles Morris (1946). Apesar de trabalhar com uma seleção restrita de gestos simbólicos, em sua obra *Signs, Language and Behavior*, Morris postula que o signo pode ser estudado como um fenômeno social. Para isso, examinou sistematicamente os gestos simbólicos em diferentes partes da Europa Ocidental, relacionando os usos e significados dos gestos às variações geográficas. Tornou-se, assim como Efron, um pioneiro dos estudos comparados da gestualidade e, através das conclusões a que chegou, estabeleceu concretamente que a variante cultural interfere no uso e no significado do gesto.

Margaret Mead e Gregory Bateson desenvolveram pesquisas em Bali, e uma de suas publicações, *Balinese Character: a Photographic Analysis* (1942), foi o esteio de posterior reestudo feito por Mead. As fotografias das crianças balinesas coletadas por Bateson formam um rico acervo sobre o desenvolvimento do comportamento gestual e de postura infantil. Mead e Frances C. MacGregor, anos depois, compararam o desenvolvimento das crianças de Bali com o de crianças de New Haven, no estado de Connecticut, nos Estados Unidos, que fora pesquisado por Arnold Gessel e Frances Ilg. As conclusões a que chegaram são relevantes, resultando dentre elas aquela que afirma ser o comportamento gestual do homem, parte adquirido, parte inato. Os estudos de Mead e MacGregor mostram também que há um processo gradativo de adequação do comportamento gestual, no caso dos indivíduos que mudam de uma cultura para outra. Tais postulações, como vimos, estão também presentes nos trabalhos de Efron.

O estudo de I. Eibl-Eibesfeldt, iniciado em 1967, juntamente com Hass, marca o término de nossa abordagem dos desdobramentos das idéias de Darwin e de seu significativo desenvolvimento em nosso século, no que respeita ao estudo da gestualidade como um código passível de descrição científica.

Organizaram os referidos pesquisadores um programa de documentação transcultural do comportamento expressivo do homem através de filmagens que englobavam pessoas de origem européia, balinesa, papua, samoa, tribos indígenas da América do Sul (Waika e Quechua), e japoneses, dentre outras. Com base no referido programa, I. Eibl-Eibesfeldt escreveu: *Similarities and Differences Between Cultures in Expressive Movements*, obra na qual aponta a existência de variáveis universais para as expressões corporais. Movimentos expressivos do homem, como sorriso, risada, choro e expressão facial de raiva, têm manifestações similares em várias culturas. Um exemplo que comprova a asserção nos é dado pelos distintos modos de expressar raiva – pela abertura do canto da boca em determinado sentido (carranca), ou pelo fechar dos punhos e socar o ar e até objetos – que podem ser observados em várias culturas, e inclusive entre cegos, surdos e mudos.

Para Eibl-Eibesfeldt, há similaridades tanto a nível de significado, quanto a nível de comportamento expressivo. A manutenção das expressões é atribuída à tradição, mas ainda em concordância com Darwin, afirma o pesquisador, a presença de gestos inatos, tais como os que verificou no seu célebre estudo de três crianças vítimas da talidomida: o riso, o choro, o mau humor, a surpresa, a raiva, o prazer, eram expressões faciais correntes e, contudo, sem as mínimas condições de terem sido aprendidas socialmente. Concluindo seu estudo, Eibl-Eibesfeldt reafirma ser grande parte da comunicação não-verbal do homem aprendida, como o provam as pesquisas ontogênicas e os estudos comparativos transculturais, baseados na coleta de dados filmados, que constituem, por sua vez, o ponto fulcral da grande contribuição desse estudioso para as pesquisas sobre comunicação gestual.

Da mesma forma que o estudo do gesto aponta para uma estreita correlação entre o corpo como signo e o objeto que ele representa bem como entre o signo e seu interpretante; na arte, o fazer dos criadores denuncia uma contínua busca relacional entre o veículo, corpo humano, e aquilo a que ele dá forma em dada representação. No estruturar das mensagens emitidas pelo corpo, entram em ação os recursos materiais utilizados por cada código para representar as suas intenções enquanto signos.

Os recursos materiais de cada sistema de signo conferem possibilidades próprias a cada linguagem, tal como exemplifica Gombrich:

...a câmera cinematográfica mais do que o buril, o pincel, ou ainda a fotografia, é o primeiro gravador de fisionomias humanas. O problema, aquele que a língua em sua sapiência denomina "captar uma semelhança", nunca foi, todavia, resolvido enquanto tal, nem em nossa consciência. O instantâneo fílmico não falha jamais como sinalizador, como o faz o instantâneo fotográfico. Mesmo ao captar uma pessoa piscando ou espirrando, a seqüência fílmica explicará a careta resultante, o que na fotografia permanece inexplicado. Entretanto, a câmera fotográfica e o pincel podem prescindir dos movimentos e, na estaticidade, produzir, além de uma convincente semelhança expressiva para a face, uma expressão viva... Nas faces imóveis apresenta-se um nódulo de muitos e possíveis momentos[26].

É esta possibilidade que, segundo Gombrich, explica a diversidade interpretativa de alguns trabalhos sobre arte, como certo livro do século XIX que cita, todo ele escrito a partir da reunião e análise de leituras do retrato romano de Antinous. Cada retrato, ao ser visto, pode ter um de seus possíveis movimentos atualizado, o que gera interpretantes múltiplos.

Também acerca da multiplicidade significativa do rosto, afirma Malraux:

O cinema permitiu que se descobrisse a infinita diversidade do rosto humano... o ator é um grande rosto numa pequena sala[27].

Rosto que a câmera invade para captar, segundo Jean Epstein:

...todas as intimidades. Um rosto sob a lupa exibe-se, ostenta sua geografia fer-

---

26. E. H. Gombrich, *The Image and the Eye*. Oxford, Phaidon Press, 1982, pp. 116-117.
27. *Idem, ibidem*.

vente... É o milagre da presença real, a vida manifesta, aberta como uma bela romã sem casca, assimilável, bárbara[28].

Para Lichtenberg, o rosto humano é:

a superfície mais apaixonante da terra[29].

O que Ingmar Bergman confirma:

...o "rosto humano" é o ponto de partida de nosso trabalho. Certamente, podemos nos dedicar à estética da montagem, podemos imprimir ritmos admiráveis a objetos ou naturezas mortas, mas a proximidade do rosto é, seguramente, a nobreza e a característica do filme... O mais belo meio de expressão do ator é seu "olhar". O "primeiro plano" composto com objetividade, conduzido e representado com perfeição, é o meio mais poderoso de que o diretor dispõe para influenciar seu público, sendo também o critério mais seguro para avaliar sua competência ou sua insuficiência. A ausência ou abundância de primeiros planos caracteriza infalivelmente o temperamento do realizador e o seu grau de interesse pelos homens[30].

Gérard Bétton, ao pensar o cinema, tangencia a linha do pensar darwiniano e seus desenvolvimentos em nosso século, quando questiona:

Não são a fisionomia e o olhar uma linguagem universal? Não é maravilhoso que num rosto, num olhar, em todos os países, possamos instantaneamente ler todos os graus de amor, ternura, alegria, tristeza, indiferença, desprezo, súplica, ciúmes, furor, ódio? Quem de nós nunca se sentiu perturbado ou seduzido por um primeiro plano do olhar de Gerard Philippe, James Dean, Tony Curtis, Paul Newman, Yul Brynner, Steve MacQueen... ou de uma personagem dos filmes de Alexandre Dovjenko? E o olhar de Michèle Morgan, Marie Laforêt, Romy Schneider, Marina Vlady, Maria Schel, Françoise Fabian, Sophia Loren, Marie Dubois[31].

O poderio deste captador fisionômico, sem dúvida, ampliou as condições das pesquisas científicas. O cientista com uma câmera amplia seu olho e pode ver muito mais, porque vê e revê com um datalhamento que escapa ao olho nu. O registro fílmico flagra e aprisiona um comportamento que não deixa fósseis.

Para a arte, tanto quanto para a ciência, o novo ver redimensiona as possibilidades de estudo, redimensionamento este clara-

---

28. Cf. Gérard Bétton, *Estética do Cinema*. Trad. Marina Appenzeller. Martins Fontes, 1987, pp. 31 a 33.

29. *Idem, ibidem*.

30. *Idem, ibidem*.

31. *Idem*, p. 34.

mente testemunhado pela repercussão do intento-descoberta de Muybridge. A captação do movimento das passadas do cavalo em seu experimento fílmico não só transformou os modos de representação do movimento na arte, mas também apresentou provas comprobatórias à ciência acerca do que efetivamente ocorria. A figuração do movimento do corpo, em virtude sobretudo do novo olho criado pelo cinema, passa por uma série de modificações, embora ainda deixe em aberto a questão que, desde os inícios da expressão artística, preocupa os criadores: A arte imita ou não a vida, ou é ela em si mesma uma vida?

Gombrich, em sua conferência: "Ritualized Gesture and Expression in Art" (1966), hipotetiza que o pintor, para moldar as expressões gestuais, apóia-se em gestos pré-estabelecidos por ritos e convenções, impondo o padrão comportamental como parâmetro para as figurações artísticas da gestualidade.

O criador, segundo Arnhein (*Arte e Percepção Visual*: 1954-1974), segue um esquema estrutural e o que constrói é um conjunto de forças interagentes. O corpo humano é, com freqüência, uma das partes constitutivas deste conjunto sígnico. É construção como as demais partes e a elas está interligado. É um organismo vivo, gerador e gerado pelo tema e contexto que figura e configura. O corpo, como também os demais elementos da obra, é mais do que a soma dos recursos formais que o estruturam, é uma totalidade, que só pode ser apreendida enquanto tal pela co-operação dialógico-relacional do criador (pintor, cineasta) e do recriador (receptor). Mesmo na tela pictórica, onde, segundo vários estudiosos, nos deparamos com o instante congelado, há o que Gombrich nomeia de seqüência de ocorrências, seqüência esta que a mente interpretante relacionalmente reopera a partir dos marcadores sígnicos que a forma veicula. São formas-signos que geram e são geradoras de signos interpretantes. Nos signos, há por conseguinte, vida e não só um jogo de formas. Fazendo nossas as palavras de Arnhein afirmamos:

> As grandes obras de arte e a ciência sempre abarcaram a série toda da experiência humana, aplicando formas ou princípios mais gerais para as maiores variedades de fenômenos. Consideraremos apenas a abundante variedade de criaturas que um Giotto, um Rembrandt ou um Picasso subordinam aos princípios gerais que determinam sua visão da vida e, portanto, seu estudo. Quando se perde o contacto com uma série ampla de experiências humanas não resulta arte, mas jogo formalístico com formas ou conceitos vazios[32].

---

32. R. Arnhein, *Arte e Percepção Visual*. Trad. Yvone Terezinha de Faria. Pioneira-Edusp, 1980, p. 137.

Tal afirmação coincide com as de Lotman, que advoga tese semelhante. Para o teórico russo:

o signo situa-se no cruzar de informações de uma sociedade. É ele o equivalente material dos objetos, dos fenômenos e dos conceitos, e, na tarefa de representá-los, arquiva-os na memória humana, formando o repertório ou a história da sociedade. Esta história é informação não-hereditária, que as sociedades humanas recolhem, conservam, e transmitem[33].

Encontramos também em Whorf pontos de contato com essas concepções. Para ele:

o sistema lingüístico não é somente um instrumento de reprodução para expressar idéias. Mas ele mesmo dá forma às idéias[34].

No mesmo viés, está a posição de Sapir, que considera a linguagem como determinante da organização sócio-cultural e da visão de mundo de um grupo social, posição esta com a qual coincide Hjemslev ao afirmar que:

a existência mesma do homem está estruturada pela língua (...) A língua é a forma do pensamento, possibilidade única que o homem forma tem de representar o mundo. Não se concebe nenhuma outra forma de existência a não ser a que nos é dada pela língua[35].

Toda essa forma de existência que a língua(gem) presentifica é um interminável processar de "signos de", resultantes da relação signo-objeto; o signo é o mediador da relação do objeto com seu interpretante que, por sua vez, também é signo. Estamos diante de uma operação contínua de signos desencadeados e desencadeadores de signos. Estamos no reinado da representação.

No entanto, a representação da realidade não é a realidade, mas certo sistema simbólico criado para apreendê-la. Cada sistema figurativo interpõe, entre as várias codificações grupais da realidade e a própria realidade, uma versão possível desta, versão marcada necessariamente pela interpretação que lhe confere o contexto histórico-ideológico-cultural em que se insere o criador do referido sistema.

O modo de estruturação de uma sociedade está vinculado aos meios e modos de produção desse agrupamento. Modos e meios

---

33. Cf. Jorge Lozano in: "Introdução" do livro *Semiótica de la Cultura*. Madrid, Cátedra, pp. 21-22.

34. Whorf, cf. Jorge Lozano, *op. cit.*, p. 24.

35. L. Hjemslev, cit. por Niels Gebak, "Le concept du travail en général chez Marx vers unes anthropologie matérialiste" in: *Matières*, 4, 1977.

de produção que determinam as relações sociais e os sistemas simbólicos que representam o grupo. Portanto, são esses sistemas, assim como os meios e modos de produção, produtos históricos e transitórios.

Os sistemas sígnicos de representação são, por natureza, ideológicos, postulação que reverbera a voz de Bakhtin (V. N. Volochinov):

> Todo signo é ideológico.
> Todo signo *reflete* e *refrata* outra realidade que lhe é exterior. Tudo que é ideológico possui um significado e remete a algo situado fora de si mesmo. Em outros termos, tudo que é ideológico é um signo. Sem signos não existe ideologia[36].

O signo reflete a realidade e refrata-a, no sentido que opera uma modificação da realidade em virtude do "caráter transfigurador dos signos". Tal concepção é claramente explicitada por Arlindo Machado que, ao interpretar Bakhtin (Volochinov), indaga e responde:

> Mas por que o signo modifica? Exatamente porque ele não é uma entidade autônoma, que "aponta para", ou "representa" os fenômenos do mundo com inocência, sem quaisquer mediações. Os signos são materialidades viabilizadas por instrumentos e enunciadas por sujeitos. Esses instrumentos, esses sujeitos, juntamente com os signos materiais que eles constróem, se interpõem na produção de signos, como elementos de refração da realidade, elementos que interpretam, reformulam, transmutam os sentidos segundo a especificidade de sua realidade material, sua história e seu lugar na hierarquia social[37].

O signo gestual tem sua ocorrência num espaço plurissígnico. É produzido pelo corpo que está situado num contexto sócio-econômico-cultural, e a tela para representar esse palco de ações cobre-o não só com vestimentas ambientais e paisagísticas, mas também com vestes propriamente corporais (maquiagem, vestuário). Na composição da personagem, são utilizados dados relativos à posição social, idade, habitat, atividade profissional etc., no esforço de configurar tanto sua fisionomia humana quanto sua face social.

Na década de 70, a pesquisa de Mary Douglas insere o estudo da comunicação gestual no contexto social. Continuando a linha sociológica dos trabalhos de Hertz e Mauss, Douglas (*Purity and Danger: An Analyses of The Concept of Pollution and Taboo*,

---

36. M. Bakhtin (V. N. Volochinov, V.). *Marxismo e Filosofia da Linguagem*. Trad. Michel Lahud e Yara Fratesche Vieira. São Paulo, Hucitec, 1981, p. 31.

37. Arlindo Machado, *Op. cit.*, p. 13.

1970) estuda o corpo segundo o modelo durkheiniano de sociedade. Cabe observar que, para Durkheim, a existência da sociedade principia na atividade do homem que cria, mantém e reformula a sociedade. Por outro lado, é o aprendizado individual acentado em idéias e valores aceitos pela própria sociedade que garante a sobrevivência e a continuidade desta.

Todo e qualquer movimento é veiculado pelo corpo e este mover obedece a um processo de aprendizagem, desde o nascimento até a morte do indivíduo, calcado na gestualidade dos demais membros da comunidade de que faz parte. O corpo físico do homem, segundo Mary Douglas[38], é a imagem da sociedade. Esta imagem ou corpo social, em sua terminologia determina os modos de percepção do corpo físico. Como resultante, o corpo social não só controla, dirige e normatiza o agir do corpo físico, mas também rege as próprias percepções corporais. Assim, os gestos, as ações, as percepções dos indivíduos são regrados pela concepção de sociedade compartilhada pelos membros de um dado grupo.

Encontramos nestas idéias tanto um eco das postulações de Bakhtin, quanto uma sintonia com as de Roland Barthes:

A língua, como desempenho de toda linguagem não é nem reacionária nem progressista, ela é simplesmente fascista; pois o fascismo não é impedir de dizer é obrigar a dizer...[39].

As posições de Douglas ampliam a análise da sociedade feita por Durkeim, na medida em que não ignoram as experiências corporais de nível individual em sua relação com o contexto social. Para Douglas, o corpo físico e o corpo social relacionam-se e interinfluenciam-se reciprocamente. Estabelecem-se, assim, pontos de correspondência para uma melhor compreensão da correlação indivíduo/sociedade.

Em síntese, para Douglas, o corpo é veículo de comunicação e o argumento matriz de seus estudos sustenta que:

o corpo comunica informação para e do sistema social do qual é parte[40].

Em sua abordagem, o corpo é um código, assim como o verbal. Ao falarmos, não usamos só o código verbal, que é, apenas,

---

38. M. Douglas, *Natural Simbols: Explorations in Cosmology*. Harmondsworth, Penguin Books, 1973, pp. 93-112.

39. R. Barthes, *A Aula*. Trad. Leyla Perrone Moisés. São Paulo, Cultrix, p. 14.

40. M. Douglas, *op. cit.*, p. 295.

parte integrante de um vasto campo interacional de canais: postura, voz, ritmo, articulação, tonalidade, gestualidade, canais estes que têm no corpo seu único suporte. As palavras sozinhas significam pouco, e o falante deve manipular vários códigos ao emitir sua mensagem. Reside nestas considerações a novidade da proposta de Douglas:

> o verbal tem dominado hegemonicamente todos os estudos da comunicação humana e já é hora de enfocar o corpo como O CANAL FÍSICO DA MENSAGEM[41].

Douglas desenvolveu seus estudos testando as seguintes hipóteses:

- O corpo suporta e concorda com o verbal. Nos casos em que há contradição, ocorrem efeitos especiais, como a ironia, o gracejo, a desconfiança.
- A expressão corporal não necessita diferenciar-se da verbal, uma vez que, quer a nível consciente, quer a nível inconsciente, impera a tendência de reforço do verbal.
- O corpo nem sempre está sob perfeito controle: pigarrear, soluçar, espirrar, uma respiração forte, interferem na comunicação, e, mesmo não sendo estes aspectos próprios ao código corporal, podem interromper ou encerrar a interação.
- Há universalmente uma linguagem corporal de interrupção da comunicação, determinada por gestos relacionados com os identificadores de postura sexual. Considera Douglas que o desenvolvimento do simbolismo freudiano para a análise comportamental de dimensão social tem contribuído para esse estudo.
- Afora todas as outras expressões do corpo, o riso é a única que sempre é considerada comunicativa, e Douglas propõe como explicação para isso o fato de ser a risada o ápice de uma comunicação corporal, que se interpreta como parte do verbal e capaz até de modificar a postura, tom de voz etc.

Em síntese, firma-se com Mary Douglas uma teoria de base sociológica para o estudo da comunicação corporal e seu simbolismo. O que o corpo físico veicula, no intercâmbio comunicacional, é o próprio sistema social que, em situações comunicativas, reflete o corpo físico. Tanto o corpo físico quanto o corpo social exprimem duplamente o social e o individual.

A sociedade e o indivíduo são expressão de um sistema mais abrangente. São expressões da cultura, que Lotman descreve co-

---

41. *Idem*, p. 296.

mo sistema de regras e restrições impostas ao indivíduo pelo social, o que coincide com as idéias de Lévi-Strauss, segundo as quais a cultura, opondo-se à natureza, só nasce onde existem regras. A cultura define-se, então, como um sistema de linguagens, que se manifesta concretamente nos textos de suas codificações culturais. Para Lotman:

compreender o mundo significa "estudar sua língua obscura": a atividade cultural cotidiana não consiste em outra coisa senão "traduzir um certo setor da realidade em uma das línguas da cultura", ver um filme equivale a aprender uma língua etc.[42]

Postulando ser a língua o cerne da teoria semiótica, Lotman organiza um programa de estudo de textos das "línguas da cultura", programa esse que conheceu grande desenvolvimento nas pesquisas da Escola de Tartu e que comprova em definitivo a natureza social dos signos.

Em tais estudos encontramos, dentre outras, a seguinte postulação de J. V. Civ'Jan, que nos parece oportuno ressaltar:

a sociedade nunca permite que o indivíduo se esqueça nem de sua existência, nem de suas leis[43]

As várias representações da "Santa Ceia", embora mantenham o palco mesa, cenário da atuação de Jesus e seus doze apóstolos na sua última refeição no mundo terreno, transformam continuamente, em razão das novas concepções de mundo que as afetam, as feições dos participantes e seu modo de atuar. Se as palavras são perpetuadas pelas vozes dos quatro Evangelhos, as interpretações não. Modalizam-se essas a cada nova codificação do espaço-tempo da ceia, decorrendo daí a diversidade na figuração das personagens, na expressividade da face e do corpo, na distância entre os comensais, na distribuição, posicionamento e postura dos apóstolos no espaço-tela continuamente re-construído.

Partindo do objeto-palavra para o objeto-imagem, estamos uma vez mais postulando com Civ'Jan que:

---

42. J. Lozano (org.), *Semiótica de La Cultura – Yury M. Lotman y Escuela de Tartu*, Cátedra, Madrid, p. 25.

43. T. V. Civ'Jan, "La Semiótica del comportamiento en situaciones dadas (princípio y fin de la ceremonia, fórmulas de cortesia)", in: *Semiótica de La Cultura – Yury M. Lotman y Escuela Tartu*, Jorge Lozano (org.), Cátedra, Madrid, pp. 173 a 194.

a função estética dos comportamentos Kinemáticos é, talvez, mais essencial que o das formas verbais. Os gestos são mais evidentes, são mais chamativos, e, portanto, são caracterizadores preliminares do indivíduo (ainda mais por estarem os gestos submetidos a limitações mais rígidas e mais numerosas que as palavras...)[44].

Pretendemos ao longo deste trabalho comprovar a pertinência desta postulação. De qualquer forma, permanece ainda para nós a questão: o que expressam os atos-gestos? Afirmamos, desde o início, que os atos-gestos são signos que representam idéias e emoções. Se idéia é um conceito geral e abstrato, um terceiro, o que são as emoções?

As emoções são impressões codificadas em signos. São, pois, qualidades, ou ainda, segundo Peirce:

> Emoções são impressões que não funcionam como predicados. Toda emoção tem um sujeito. Se um homem está zangado, diz para si mesmo que tal coisa é vil e ultrajante. Alegre, diz que "é deliciosa". Admirado, que é "estranha". Em suma, *sempre que alguém sente, pensa em algo*. Mesmo as paixões que não possuem objeto definido – como a melancolia – só chegam à consciência fazendo tinir os objetos do pensamento. (...) O que nos faz olhar as emoções mais como afecções do eu do que outras cognições é acharmos que estão mais dependentes da nossa situação acidental (...). *As emoções surgem quando a atenção é atraída por circunstâncias complexas e inconcebíveis*. O temor aparece quando ignoramos qual será o destino; a alegria no caso de sensações indescritíveis e peculiarmente complexas. Se aquilo que tanto desejava acaba não acontecendo, e depois de ter pesado probabilidades e inventado salvaguardas, buscando maior informação, sinto-me incapaz de chegar a uma conclusão quanto ao futuro, em lugar da inferência hipotética que desejava, surge a *ansiedade*. Quando ocorre algo que me ultrapassa, *espanto-me*. Quando almejo pelo que não tenho, um prazer mais para o futuro, *espero*. "Não entendo você" é a frase de um homem irritado (*e quais são os gestos desta fala?*). O indescritível, o infalível, o incompreensível provocam emoção... Assim, uma emoção é sempre um predicado simples substituído por outro complicado através de uma operação mental.
>
> (PEIRCE, *E. C.*, § 292)

No universo das sensações e emoções experienciadas, estamos a nível da primeiridade, da qualidade reduzida a si mesma: a talidade da "simples possibilidade positiva da aparência". O corpo é o *locus* contextual dessas qualidades que o sistema sígnico e a sociedade ordenam e controlam. O corpo, suporte físico das emoções é, como vimos em Douglas, o canal físico da mensagem. O processar dessa semiose em que se relacionam um signo, seu objeto (ou conteúdo) e um interpretante é assim descrito por Peirce:

---

44. T. V. Civ'Jan, *op. cit.*, p. 191.

Há razão para pensar que cada sensação em nós corresponde a um movimento corporal. Esta propriedade do signo-pensamento, que não depende do significado do signo, pode ser comparada com aquilo que chamei qualidade material do signo; mas não é necessário senti-la para que exista um pensamento-signo. No caso de uma sensação, a multiplicidade de impressões que a precedem e determinam não provoca grande emoção corporal, pois o movimento corporal que lhe corresponde é originado num extenso "centro" cerebral; e a própria sensação não tem forte influência na corrente do pensamento, a não ser pela informação que possa proporcionar. A *emoção*, por seu lado, intervém muito depois no desenvolvimento do pensamento – quero dizer, depois do começo da cognição de seu objeto – e os pensamentos que a determinam já possuem movimentos correspondentes no cérebro, ou "centro" principal, conseqüentemente, *produz amplo movimento corporal e, independentemente do seu valor representativo, afeta poderosamente a corrente do pensamento*. Os movimentos animais a que aludo são, em primeiro lugar e obviamente, enrubescer, empalidecer, pasmar, sorrir, franzir o sobrolho, amuar, rir, chorar, soluçar, esquivar-se, ter um baque no coração etc. A estas podem ser acrescentadas, em segundo lugar, outras ações mais complicadas que não obstante brotam de um impulso direto e não de deliberação.

(PEIRCE, *E. C*., § 293)

Portanto, os movimentos corporais expressam emoções, que são uma das partes constitutivas do pensamento que se representa por signos. As emoções e suas expressões foram e são objetos de estudo de várias áreas do conhecimento. Izard (1969) empreendeu uma revisão da literatura sobre as emoções e acabou por concluir que o estudo da emoção era um campo ainda pouco definido. Para muitos autores, as emoções são desencadeadas a partir de um estímulo, no entanto, pouco se conhece sobre a natureza de tal estímulo. Izard (1971), Ekman & Friesen (1975) buscam conhecer melhor as emoções e afirmam serem elas resultantes tanto de fatores inatos, quanto de fatores apreendidos. São desencadeadas quer por fatores individuais de ordem psicológica, quer por estímulos contextuais.

A face é um dos suportes expressivos das emoções as quais, na maioria das vezes, não ocorrem isoladas, mas concomitantemente. As mãos são também um canal expressivo das mesmas. Mãos e face articulam-se em sintonia com os movimentos do corpo, com a postura do indivíduo no contexto, com a distância mantida entre os membros da interação. Trata-se de um conjunto de peças articulando-se e desempenhando funções na mensagem/comunicação.

No entanto, os estudos desenvolvidos não apresentam uma metodologia de observação das expressões gestuais. Na grande maioria, trata-se de descrições dos movimentos da face e das mãos categorizados segundo o arranjo determinado a que são submetidos. Ekman, Friesen & Ellsworth sumarizam assim as categorias de emoções propostas por cinco investigadores:

CATEGORIAS DE EMOÇÕES PROPOSTAS POR CINCO INVESTIGADORES

WOODWORTH (1938)	PLUTCHIC (1962)	TOMKINS & MACCARTER (1964)	OSGOOD (1966)a	FRIJDA (1968)b	EMOÇÕES PROPOSTAS
Amor Alegria/Hilaridade Felicidade	Acanhamento Felicidade Alegria	Contentamento Alegria	Complacência Prazer quieto Alegria Divertimento Riso/Preocupação	Feliz	Felicidade
Surpresa	Supresa Perplexidade Assombro	Surpresa Espanto	Surpresa Perplexidade Confusão/Espanto Grande Medo	Surpresa	Surpresa
Medo	Apreensão Medo Terror	Medo Terror	Medo Terror	Medo	Medo
Sofrimento	Melancolia Pesar Aflição	Aflição Agonia	Aflição Aborrecimento Devaneio triste Acentuado pesar Desespero	Triste	Tristeza
Raiva Determinação	Irritação Raiva Ira/Fúria	Raiva Fúria	Zangado Raiva Teimosia Determinação	Raiva	Raiva
Desgosto Desprezo	Tédio Desgosto Aversão	Desgosto Desprezo	Tristeza Desgosto Desprezo Escárnio Aversão	Desgosto	Desgosto
	Atenção Expectativa Antecipação	Interesse Excitação	Expectativa Interesse	Atenção	Interesse
	Aceitação Incorporação Associação	Vergonha Humilhação	Piedade Desconfiança Ansiedade	Calma Amargura Orgulho Ironia Incerteza Descrença	

a. Todas categorias encontradas nos últimos dois dos três tipos de dados de análise de Osgood foram listadas.
b. Todas categorias que emergem nas análises dos julgamentos de ambos estímulos pessoais foram listadas.

A análise do material de estudo levantado: o conjunto de abordagens dos signos gestuais, as regras de combinação destes pelos códigos em estudo, e a postulação de que o uso do corpo submete-se ao social, aos dogmas cristãos e às normas do código, possibilita-nos enfrentar nossa tarefa de leitura do gesto, na sua especificidade de linguagem não-verbal, representada por outras linguagens não-verbais.

Os gestos das ceias encontram-se contaminados por outros códigos e, assim, como primeira operação, impõe-se o seu destaque, a sua individualização em seu contexto específico, onde atuam múltiplos sistemas sígnicos para a elaboração da obra. Faz-se necessário, antes de mais nada, perceber o ato-gesto no objeto ceia pascal.

Nas colocações de Peirce, *felling* é uma sensação, é um fenômeno cognitivo (PEIRCE, *CP*, § 586). O homem tem sua rede sensória estimulada pelos objetos que ouve, vê... Através do aguçar dos sentidos é que o homem percebe os objetos. A percepção, para Peirce, é

possibilidade de adquirir informação de significar mais.

(PEIRCE, *CP*, § 587)

O código gestual (híbrido, heterogêneo, fragmentário), para ser observado, requer primeiro o destaque do que ele informa. Informação que se veicula a partir da captação do estímulo pelo intérprete. A estimulação e a percepção do ato-gesto, segundo Kuhn, põem em sintonia o repertório perceptivo do intérprete:

...Alguma coisa semelhante a um paradigma é um pré-requisito para a própria percepção. O que um homem vê depende tanto daquilo que ele olha como daquilo que sua experiência visual-conceitual prévia o ensinou a ver...[45]

Para Borges:

O fato mesmo de perceber, de atentar, é de ordem seletiva: toda atenção, toda fixação de nossa consciência, comporta uma deliberada omissão do não interessante. Vemos e ouvimos através de recordações, de temores, de previsões. No corporal, a inconsciência é uma necessidade dos atos físicos. Nosso corpo sabe articular este parágrafo difícil, sabe lidar com as escadas, com os nós, com as passagens de nível, com as cidades, com os rios caudalosos, com os cães, sabe atravessar uma rua sem que o trânsito nos aniquile, sabe engendrar, sabe respirar, sabe dormir, sabe talvez matar: nosso corpo, não nossa inteligência. Nosso viver é uma série de adaptações, vale dizer, uma educação do esquecimento[46].

45. T. S. Kuhn, *A Estrutura das Revoluções Científicas*. Trad. Beatriz Vianna Boeira e Nelson Boeira. São Paulo, Perspectiva, 1975, p. 145.

46. Jorge Luis Borges, *Discusión*. Buenos Aires, Emeú, 1964, p. 61.

Ao perceber e observar, entram, no circuito de identificação, forças ativadoras do repertório que possibilitam ao indivíduo processar o estímulo captado no rol dos paradigmas de seu mundo experiencial. Entra em operação o processo de associação de informações que resulta na categorização do observado.

Ao nos defrontarmos com o *corpus* desta pesquisa, nossos sentidos, em estado de alerta, percebem as informações gestuais para observá-las e assim chegar à identificação da estrutura gestual das representações. O ato-gesto representado pelos artistas é a baliza de nossa abordagem do objeto-imagem: ceia pascal. É ele o eleito para guiar nossa entrada nas representações.

A análise das representações é relacional, centrada no método comparativo, através do qual estabeleceremos analogias e/ou contrastes entre os atos-gestos. O olhar comparativo é fundamental, uma vez que o objeto-ceia é "único" em cada uma de suas versões. O similar e o diverso dirigem-nos ao confronto sígnico, fazendo-nos atuar sempre numa vertente relacional intra e extratextos para atingirmos a interpretação. O ato-gesto nas ceias é a representação do movimento sígnico do corpo. O dinamismo do gesto requer igual dinamismo gestual do receptor, para, do sintagma-presente, ir e vir ao paradigma memória em seus sintagmas conhecidos ou de articulação possível a partir da sua experiência, a fim de captar os signos-gesto na sua ocorrência polifônica, identificá-los e chegar a uma ou às várias interpretações que sua codificação possibilita.

Toda essa estratégia de procedimentos torna-se operável a partir do contato do pesquisador e de seu mundo experiencial com o mundo das teorias e métodos de análise do gestual, que neste capítulo procuramos explicitar e demarcar.

A análise das representações será, pois, marcada pelos procedimentos teórico-metodológicos que assumimos. A interpretação é o ponto de chegada, mas também é a experiência dinamizadora de nosso pensar cada ceia em relação dinâmica com as demais do *corpus* e com as teorias e métodos de abordagem. Desse enredar de ângulos, flui nossa mirada semiótica para focar as ceias, cenas de gestos.

5. Ceias, Cenas de um Olhar

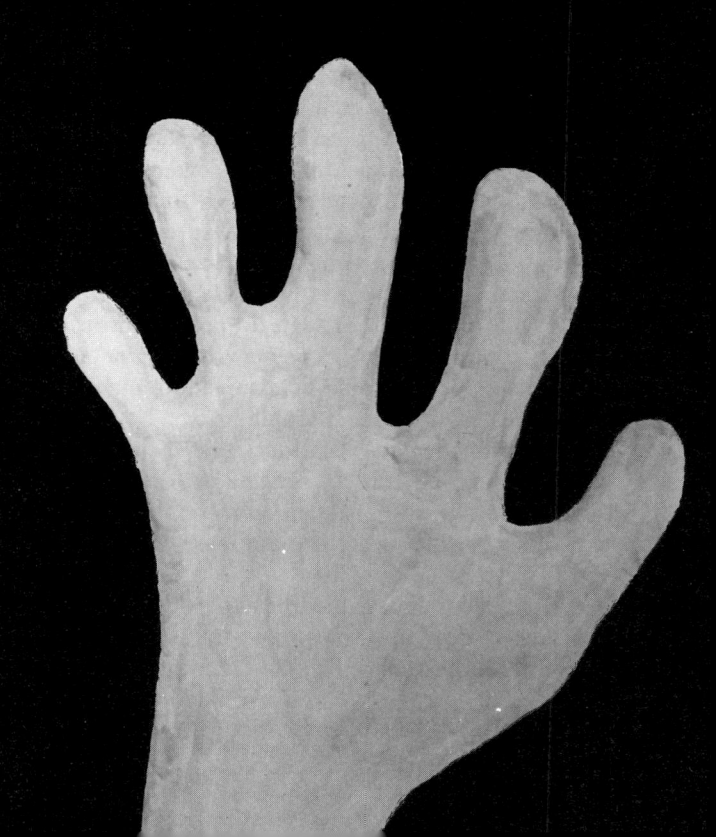

Nos objetos escolhidos, há similitudes. As ceias, palcos das representações, têm em comum as treze personagens que desempenham um papel definido na interpretação dos Evangelhos pelo artista. O palco dessa atuação dos treze é a mesa retangular. Corpos e mesas definem-se como objetos que estão no espaço, e mais, são um espaço do espaço que se situa num espaço-tela. Com um volume, uma superfície e uma dimensão, que se articula segundo verticalidade (alta/baixa) e horizontalidade (longo/curto; longo/estreito), corpo e mesa ocupam determinada superfície na qual se posicionam e distam, um do outro, segundo a ordenação do artista. O espaço plástico, concebido por uma mente Interpretadora, um ser histórico, é, conseqüentemente, um espaço histórico de relações hierárquicas.

O espaço vincula-se estreitamente ao tempo. Também esse articulado histórica e hierarquicamente. O corpo espacial, a mesa espacial, no espaço-tela, é um contruto sígnico que se processa no tempo, num tempo, e tem, no seu transcurso, uma duração, um ritmo, uma freqüência.

O espaço/tempo, em cada representação, ordena o construto sígnico segundo as concepções de tempo/espaço da época. O sistema sígnico, que tais concepções embasam, reflete, por sua vez, a imagem do espaço/tempo histórico do criador que marca, com seu olhar tempórico-espacial, a ceia pascal dos Evangelhos.

Cada ceia é um processo de transformação sígnica, portanto, cultural. Enquanto a Igreja encomendava obras para manter vivos os signos da tradição, ou o interpretante dinâmico que queria como interpretante final, os signos, como organismos vivos, apontavam aos criadores novos signos, a fim de adequar a representação da ceia pascal às necessidades espirituais de cada estágio cultural. Ou ainda, a transformação sígnica é o estágio cultural, signo também que se produz, independentemente das pessoas, como fruto da transformação do próprio processo sígnico. Cada ceia, portanto, é um organismo vivo, alimentado pelos modos e materiais de produção de determinado tempo/espaço, linguagem processada em linguagem visual.

Ler a linguagem visual das ceias é participar de sua organização sígnica, através da articulação de sua rede relacional. O gesto é uma dessas partes do todo homogêneo, que o olho relacional nos permite destacar para interpretar. Assim, os gestos das ceias são cenas de um olhar.

Nos palcos-cenas, olhamos o palco-mesa, no qual atuaram Jesus e seus doze apóstolos.

A mesa de Andrea Del Castagno é um palco vestido de linho branco adamascado, todo trabalhado em retângulos brancos:

branco sobre o branco, retângulo sobre retângulo. Cada retângulo guarda em si outros retângulos, o que instaura na toalha um minucioso jogo de reposições. Sobre este, botijas de vinho, copos de vidro verde, pratos com pães inteiros, metades de pães, troncos, braços e mãos das personagens que se sentam à mesa-palco, segundo os moldes da tradição iconográfica. Jesus posta-se na lateral da mesa e está quase ao centro do grupo dos onze apóstolos. Na outra lateral da mesa senta-se Judas. Pela tradicional distribuição à mesa, a idéia de encontro fica bem marca. Judas, em destaque, é a personagem principal da traição de Jesus, o opositor posicionado.

A mesa de Leonardo Da Vinci é coberta por uma toalha branca, simples e apagada. Sobre ela, uma variedade de pães, pratos e copos de vinho, tudo em desordem, indicando que os objetos já foram usados pelos apóstolos. A mesa também é palco dos braços e das mãos, e as personagens distribuem-se sentadas ou em pé, na lateral maior da mesa, de frente para os receptores. Quebrando com a distribuição clássica dos apóstolos, todos ladeiam Jesus, que ocupa a posição central.

A de Tintoretto, por sua vez, é um palco coberto por uma toalha rústica, desembainhada e até desfiada, tal como a lateral, em primeiro plano, nos mostra. Traçam-se no retângulo, em diagonal à tela, duas linhas distribucionais: a dos pães e a das botijas de vinho. São objetos para serem vistos e não para uso, e, despidos de seu utilitarismo convencional, servem como elemento de contraste entre os alimentos do mundo terreno e os do mundo espiritual, pois o que todos comem é o pão transformado no corpo do Senhor, que Jesus, inclinado, oferece ao discípulo à sua esquerda. A distribuição das personagens segue a tradicional, apresentada em Castagno, só que com diferenças na caracterização e no modo como se distribuem pelo espaço pictórico.

Em Dali, mesa e toalha se amalgam. As dobras da toalha desdobram-se em pedras retangulares, edificadoras do palco-cenário, para alocar, em triângulo, num vértice cujo traçado sai do corpo de Jesus, um copo de vinho e, nos vértices-base, duas metades de pão. Triângulo vida/morte/vida, que se repropõe geometricamente na montagem tela e que, neste palco, se atualiza. É a transubstanciação de Jesus aí que se apresenta. Dali entra em sintonia, assim, com Tintoretto. A distribuição das personagens rompe tanto com a tradição iconográfica, quanto com a prosposta de Da Vinci. Dali anula a individualidade dos apóstolos, são corpos sem face, que se ajoelham ao redor da mesa, em cujo centro está Jesus, formando desta forma, uma circularidade no retângulo. A mesma distribuição repete-se, ciclicamente, a cada reunião simbólica dos cristãos nas mesas-altares das igrejas.

A ressurreição e a ascensão são iconizadas, em Dali, pelas mãos de Cristo, que sugerem o movimento ascensional do corpo, que ultrapassa ambiguamente os limites de um dodecaedro incompleto abarcando de um lado o mundo terreno e abrindo-se, de outro, para uma nova dimensão. Desta forma Dali integra a vida e a morte, o terreno e o divino, expressando assim a dualidade do Deus feito homem. A mesma tentativa de integração aparece em Pasolini, Tintoretto e Da Vinci. No filme italiano, Jesus, após sua morte, ressurge vivo na sua comunidade de seguidores. A fé o vivifica. Em Tintoretto, a eternização do tempo está na hóstia-metáfora do corpo de Jesus, que a fé perpetua entre nós. Em Da Vinci, a simbolização é mais abstrata e está nos traços fisionômicos, na postura e posição de Jesus. O corpo fala na mais completa serenidade e, depois de suas revelações aos seguidores mais próximos, Deus já não está entre eles, mas além deles, ou como em Dali, acima deles, em todos os lugares.

Em Buñuel, a mesa é a clássica das salas de jantar e a das ceias. As personagens, apóstolos, são mendigos, homens e mulheres que invadem uma casa burguesa e apoderam-se dos utensílios da mesa, da toalha de puro linho branco, dos alimentos fartos, das travessas, dos cálices de cristal, das garrafas do mais nobre vinho tinto, dos pesados castiçais, para armarem o cenário da última ceia – um banquete. No filme, os que se sentam à mesa, parodiam Jesus e seus apóstolos. Um paralelo pode ser tecido com os que se ajoelham à mesa de Dali. Quem são? De rostos abaixados e cobertos, são rostos quaisquer, sem distinção de sexo, do apóstolo bom, do apóstolo traidor, do apóstolo mais querido. Dali nega o maniqueísmo que subjaz a certas leituras do cristianismo, questionando assim a rígida visão dicotômica do homem, do mundo e do além, que tais leituras nos impõem. Livres de marcas individualizadoras, os apóstolos podem ser tanto homens quanto mulheres. E também no sexo não marcado, Buñuel e Dali se encontram. Segundo o historiador medievalista Jacques Le Goff, foi na Idade Média que se sedimentara os temores à mulher, ao sexo, ao animal, à noite e ao diálogo, numa idealização extremada dos demônios da Antigüidade. São estes temores os que Buñuel, como oportunamente detalharemos, trabalha em seu filme. Nas mesas-palcos de Dali e Buñuel, só o retangular da mesa é tradicional; são ambas cenários de uma encenação totalmente nova, ao relerem, metaligüisticamente, as representações clássicas da Santa Ceia, lançando-se para a modernidade do século XX.

A mesa de Buñuel relaciona-se tanto com os palcos horizontalmente dispostos das pinturas de Castagno, Da Vinci e Dali, como com a de Tintoretto, colocada na diagonal da tela. Pelas tomadas panorâmicas do arranjar a mesa, temos a reproposição da alocação de Tintoretto, para, em seguida, a câmera fixar na tela a mesa padrão das representações da Santa Ceia que, por mais de quatro séculos, aprendemos a ver como a própria mesa pascal.

Em Pasolini, a mesa é pouco detalhada. A simplicidade da contextualização é a marca central da ambientação da pequena sala fechada. Os apóstolos sentam-se com Jesus no chão, ao redor de um retângulo, em cujo centro está a travessa com carne de cordeiro. Sobre a mesa, espalham-se pães ázimos, botijas de vinho e cálices.

As mesas, em qualquer uma das figurações da *Santa Ceia*, são o eixo da arquitetura espacial da tela sobre o qual as personagens se postam para desempenhar seu papel na atualização da cena pascal.

As salas que alocam as mesas são fechadas em Castagno, Tintoretto, Buñuel e Pasolini. Ao contrário em Da Vinci, há, na sala, janelas que se abrem, assim como o ambiente, à natureza-luz. Já em Castagno, a natureza presentifica-se, metaforicamente, no painel de fundo de mármore florentino, ao passo que, em Dali, é a própria sala. Através da transparência do material vidro, a janela-dodecaedro integra exterior-interior e, numa visão completamente nova, Jesus é transladado para as águas, terra, ar e, por que não, também para o fogo, pelas cores dos raios solares ao entardecer. Com esta incorporação de elementos, Jesus é a natureza, o universo, e vive não só nas mesas-altares das edificações cristãs, mas em todos os lugares. Em Dali, a janela-mundo permite ver o que antes maniqueisticamente se separava, omitia ou ocultava. O vidro agora permite integrar interior/exterior, universo divino/universo humano, céu/terra, rompendo assim o pensamento binário, de causa e conseqüência, para construir, no aqui-agora da tela, uma presentificação múltipla de Cristo/Homem/Natureza.

A cena-ceia de Castagno, em consonância com as do *Quattrocento*, tem como cenário uma grande sala, aparentemente fechada. Na parte interior da parede, edifica-se a cena como uma continuação do refeitório de Santa Apollonia, o que o aumenta em profundidade. Neste localizar, o espaço-cenário que aloca a mesa e, contido nesse, o espaço-mesa que aloca os apóstolos. Debaixo de uma viga de contrastiva oposição branco e preto, tem-se, no rebater das cores, a profundidade da ambientação da grande mesa. Em toda a frente superior, uma frisa de castanheiro amarelado monta a moldura do afresco. O contorno interior é desenhado por uma viga verde azulada que se repropõe em outra paralela. No interior dessas paralelas, sobre um fundo marrom, laçadas de fitas brancas se cruzam, guardando em seu núcleo pétalas de flor. Nas laterais, seis painéis retangulares repropõem-se em seis outros quadriláteros, formando o pano de fundo da cena. As cabeças dos apóstolos se posicionam entre a moldura desses painéis e uma linha contínua, que margeia todo o mural, formando o encosto do banco que aloca todas as personagens. No banco verde-azulado, há um desenho floral e, em cada uma de suas duas pontas, postam-se duas esfinges aladas cinza-claro.

Castagno construiu um espaço ceia que se propõe como extensão do real, a sala-refeitório. Ambas as salas-ceia se repropõem no diálogo espácio-tempórico que instauram. Ao estruturar o espaço mural, Castagno projetou-o dualmente: ao fundo, o espaço contexto da cena-ceia; à frente, o espaço das figuras sentadas à mesa, os atuantes da cena-ceia que, com suas auréolas transparentes, interpenetram figura/fundo. São espaços paralelos, traçados independentemente das pessoas e do seu configurar corporal e postural, o que resulta no confinamento dos apóstolos num espaço delimitador de seus atos, de forma que, numa tomada panorâmica do mural, a nossa impressão é de aprisionamento e de confinação dos apóstolos à mesa, devido ao marco da linha que moldura o banco e o nível das cabeças.

Fig. 32. *Última Ceia*, Andrea Del Castagno (1445-50) Afresco do refeitório do Convento de Santa Apollonia, Florença.

A espacialização assim construída interfere na configuração da situação interativa que tem seu tempo precisamente demarcado. Trata-se de inserir no espaço o tempo de duas revelações: a da traição e da morte próxima. Só que Castagno, ao demarcar o tempo da figuração como era corrente na sua época, identifica o apóstolo traidor. Condensa assim, na distribuição posicional dos apóstolos, duas revelações. Todavia, adentrando mais no espaço tramado por Castagno, tecemos com ele outras questões na temporalização da ceia.

Posicionando-nos no centro do refeitório, nossos olhos são como que conduzidos para o centro desta construção em perspectiva linear, onde identificam uma dualidade ternária, envolvendo quatro figurantes. A seqüência imagética (Figs. 32, 33 e 34) iconiza o movimento sob o domínio do quarteto central.

Judas senta-se no primeiro plano do afresco. Está só, isolado do grupo que confronta e o confronta do outro lado da mesa. Está de perfil, totalmente rígido, ereto. À sua frente, em diagonal, João, debruçado sobre o braço esquerdo e a mão direita, descansa sobre a esquerda. Além disto, adormecido, com seus olhos cerrados, João encosta o corpo na lateral esquerda do peito de Jesus.

Wölfflin, em sua obra *El Arte Clásico*, esclarece-nos ser esta posição do corpo de João um artifício da tradição, que figura o discípulo vencido pelo sono. Mas o que propõe essa sintaxe tradicional?

Se observarmos que Jesus se posta no vértice da relação posicional de Judas e João, podemos depreender semelhanças no reagir à revelação de Cristo. A similitude está marcada na posição dos corpos e na distância que guardam os interlocutores desta interação. As três personagens estão bem próximas, inclusive nos nomes aliterados: Jesus, Judas, João. Na representação, não há espaço entre eles. Um termina onde o outro inicia, caracterizando uma interação íntima, marcada pela proximidade dos corpos.

À revelação de Jesus, Judas quase não reage. Sua mão direita ergue-se e, numa semicurva, seus dedos parecem direcionar-se para a cabeça de João. Seus olhos atentos, voltados para o discípulo predileto, e a compreensão estampada em sua face, indicam que partilha a dor do companheiro. Judas não se opõe a Jesus ou ao grupo e, mesmo posicionado do outro lado da mesa, projeta-se, fisionomicamente, em Jesus. Sob este prisma, Judas está com o grupo e não contra o grupo.

A reação de João é de prostração. Não discute nem indaga sobre a identidade do traidor. Ao invés disso, em sua postura, busca a proteção de Jesus, e, no aconchego desta, desfalece. Na

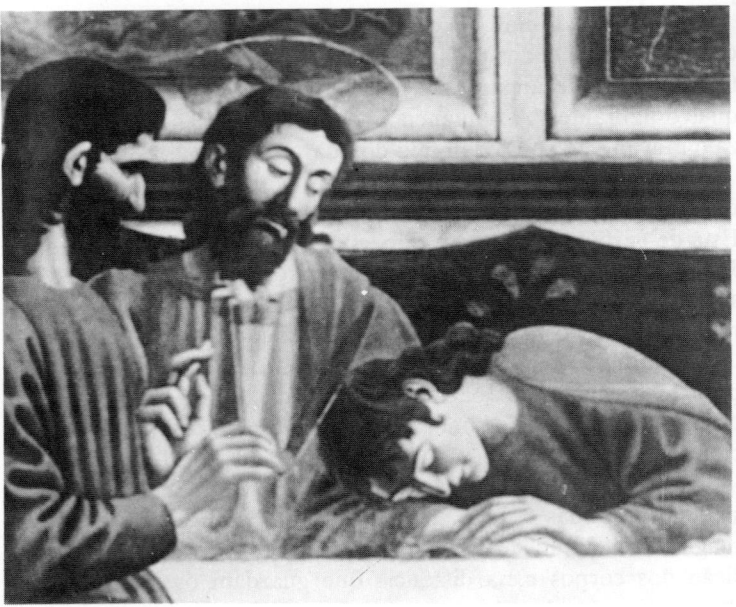

Fig. 33. Fragmento *Última Ceia*: Andrea Del Castagno.
Fig. 34. Fragmento *Última Ceia*: Andrea Del Castagno.

segurança dos braços de Jesus, o Mestre-Pai, que ama e por quem é amado, João, sem qualquer desconfiança, não se volta para os companheiros, mas aconchega-se ao Mestre, encontrando nele o lenitivo para sua dor.

Jesus tem a cabeça no mesmo nível da de Judas, inclinando-a para o lado de João. Seus olhos, como os de Judas, direcionam-se para João. Em seu rosto e nos ombros relaxados, há um confortar sereno e silencioso, confirmado pelo movimento da mão direita, simbolizador, no cristianismo, do gesto de abençoar.

Enquanto Jesus conforta João, Judas almeja fazê-lo. O que Judas ensaia, Jesus concretiza. Está inscrita nos corpos a diferença de seus gestos-fala: a tranqüilidade dos traços faciais, a soltura postural de Jesus *versus* a posição corporal e facial tesa-tensa de Judas.

As auréolas de Jesus e João afastam Judas da tríade, o que vai separá-lo também dos demais apóstolos, além de indiciarem seu papel, que aceita e desempenha com tensão e dor.

Se nos centrarmos nestes três personagens, podemos distinguir outras tríades que se montam a partir da determinação do vértice de cada triângulo. Se nos orientarmos pela figura, Judas posta-se no vértice, Pedro e Jesus nas bases. Se nos orientarmos pelo fundo, Pedro, o único apóstolo a olhar Jesus, com a cabeça para ele voltada e a mão erguida, está no vértice, e Jesus e Judas na base. Se formos, ainda, guiados pela posição dos corpos, o vértice é Jesus, e a base Pedro e Judas, que, com seus corpos em diagonal, observam a interação Jesus-João.

Esse intenso jogo figura/fundo, destacando o ponto central do palco-mesa, é também reforçado pelas peculiaridades cromáticas do painel de fundo, moldado em típico mármore florentino (*pietra serena*), que põe a sala na natureza. Os quadrados tingem-se de verde, vermelho-púrpura e amarelo-ouro, apresentando-se, no centro da mesa, na cor coralina. Na pedra, delineiam-se formas ovais nas cores salmão, branca e verde, terminando numa faixa vermelho-flamingo sobre a cabeça de Jesus e sobre as suas vestes de cor rósea. Neste espaço quadrangular, a maior intensidade cromática reverbera o maior nível acional das interações representadas no mural. Diferindo de outros conjuntos acionais que se restringem a duplas ou até a reações isoladas de apóstolos, o centro é palco do diálogo entre os quatro destaques desta ceia pascal: Jesus, Judas, João e Pedro.

Todo diálogo é um conjunto de ação-reação, um espaço de troca de falas e gestos. A distribuição dos apóstolos, a movimentação e posição de seus corpos exprimem a reação dos discípulos às revelações de Jesus.

As respostas são codificadas por uma multiplicidade de gestos que expressam as emoções e as idéias deste grupo. Na opinião de Marita Horster[1], Castagno contextualizou os membros do grupo como agricultores montanheses de Caseutino. São homens de pele bronzeada, cabelos e barbas revoltos e sem muito trato. Nas vestimentas, encontramos, nas cores das túnicas cobertas por mantos, tanto o paradigma da cor da terra da região – marrom-

---

1. Marita Horster, *Andrea del Castagno*. Oxford, Paidon Press Limited, 1980. As ilustrações da ceia de Castagno foram coletadas nesta obra.

acinzentado – quanto as cores que montam o paradigma dos produtos agrícolas locais: o verde da azeitona, o vermelho do tomate e o roxo da uva, cores estas que se manifestam, em seus tons puros nos apóstolos ao centro e, nas vestimentas de Mateus à esquerda; e em tons luminosos em dual combinação, azul-lavanda com rosa, carmim com roxo, vinho com azul nas vestes de Bartolomeu, Tomé e na túnica de Pedro. As cores vestem o grupo, inter-relacionando-o com o contexto regional.

A fala reativa é mais contundente no quarteto central. Os olhares, a movimentação das faces, das mãos e do corpo, indiciam uma ponderação em conjunto e até um compartilhar coletivo que se dilui na tela. Ao lado de Pedro está Tiago, o Maior, e Tomás. Entre eles, há o silêncio de seres mergulhados em pensamentos. Tal distanciamento reflexivo é um modo outro de enfrentar o desalento que a revelação lhes traz.

Tiago, o Maior, ergue um copo de vinho. Segura-o, com ambas as mãos, no alto do peito, e seus dedos circundam o copo até se encontrarem. Em sua face, há marcas da tristeza: lábios fechados que se tocam, olhos abaixados e fixos no vinho, tensão expressa nas rugas entre as sobrancelhas.

Fig. 35. Fragmento *Última Ceia*: Tiago, o Maior. Andrea Del Castagno.

Fig. 36. Fragmento *Última Ceia*: Tomé. Andrea Del Castagno.

Além da tristeza, a expressão facial, o posicionar dos braços, mãos e dedos de Tomás vão exprimir uma busca de explicação que o afasta dos demais. A cabeça, um pouco pendida para o lado, eleva-se; os olhos dirigem-se para o alto e os lábios permanecem fechados. O braço esquerdo, sobre a mesa, apóia, com a mão erguida, o braço direito, que segura a cabeça pelo queixo. Divaga, pensa sobre, fala com alguém fora da codificação pictórica e, como olha para o alto, que, simbolicamente, representa o reino de Deus, é como se buscasse, no espaço celestial, uma explicação.

No canto direito, Mateus e Felipe dialogam. Têm ambos suas faces voltadas uma para a outra, seus olhos se olham e, acompanhando suas expressões faciais, assistimos ao diálogo que suas mãos codificam. Uma fala de mãos: as de Mateus explicam e as de Felipe enfatizam um ponto ou uma posição.

Fig. 37. Fragmento *Última Ceia*: Mateus e Felipe. Andrea Del Castagno.

Fig. 38. Fragmento *Última Ceia*: mão esquerda de Felipe. Andrea Del Castagno.

Fig. 38a. Fragmento *Última Ceia*: mãos de Mateus e Felipe. Andrea Del Castagno.

Do outro lado, margeando João, André e Bartolomeu dialogam: uma fala de olhares.

Fig. 39. Fragmento *Última Ceia*: Bartolomeu e André. Andrea Del Castagno.

Fig. 39a. Fragmento *Última Ceia*: Bartolomeu. Andrea Del Castagno.

Em suas mãos, temos um receber passivo da mensagem. A mão direita de André segura o manto e a esquerda um pedaço de pão. As de Bartolomeu cruzam-se em oração. A mensagem está centrada nas faces e nos olhos que se olham, partilhando assim a revelação.

Com um movimento lateral do dorso, Tadeu isola-se afastando-se das duas duplas vizinhas. Em sua face, os mesmos traços entristecidos de Tiago, o Maior, os mesmos olhos fixos que, ao acompanharem o mover de suas mãos abertas, voltadas para baixo, estatizam um momento de seu ponderar monológico. Tal como nas mãos de Felipe, vemos nas de Tiago uma explicação processando-se. As mãos desenham o pensamento em processo, iconizam o seu desenrolar imageticamente.

Fig. 40. Fragmento *Última Ceia*: Tadeu. Andrea Del Castagno.

Simão e Tiago, o Menor, são os últimos apóstolos da mesa. Com os seguintes traços fisionômicos: boca fechada com os lábios voltados para frente, cabeça segura por uma das mãos, Castagno representou Simão, colocando-nos diante de alguém que se defronta com algo que aconteceu, mas que recusa aceitar. Há desalento na fisionomia de Simão. Sua reação tanto responde à revelação de Jesus, quanto à explicação de Tiago, o Menor. Em ambos os casos seus gestos reagem à revelação do Mestre.

Fig. 41. Fragmento *Última Ceia*: Simão. Andrea Del Castagno.

Fig. 42. Fragmento *Última Ceia*: Tiago, o Menor. Andrea Del Castagno.

Frente à postura dialogal de Tiago, o Menor, e Simão, encontramos, na distribuição posicional dos apóstolos de Castagno, uma simetria: intenso diálogo no centro, que passa a reflexões individuais ou em duplas nas laterais, para retornar ao diálogo dos apóstolos da cabeceira da mesa-palco. Tiago, o Menor, assim como Mateus, tenta, pela posição das mãos, explicar o que lhe é possível compreender das revelações. Mateus, entretanto, ao estender a mão direita à sua frente, apresenta o fato, enquanto Tiago, o Menor, ao abrir as mãos, acompanhando a semicircularidade de sua cintura, comenta o fato.

A proposta distribucional das personagens de Castagno encontra, nos marcos-limite de seu espaço interacional, o próprio limite expressivo. As personagens-apóstolos aprisionam o seu horror, desespero, tristeza e desalento. O estar prisioneiro, num espaço determinado, gera a modalização de suas expressões. Agem conforme os limites que o espaço social, criado no espaço pictórico, lhes impõe: comedidamente.

No estruturar das expressões dos que falam e da maneira como falam, notamos dois fulcros centrais: o olhar e sua direção, e as mãos e seus movimentos. Tais gestos desempenham papéis relevantes no processo comunicacional da mensagem pictórica a ser decodificada, pois veiculam informações e predicados fundamentais para a leitura decodificada das personagens. Na *Última Ceia* de Castagno, a análise da direção do olhar permite-nos identificar os seguintes interpretantes possíveis:

OLHAR E SEUS INTERPRETANTES EM CASTAGNO

olhar partilhador	de Jesus e Judas para João entre André e Bartolomeu
olhar observador	de Pedro para Jesus
olhar dialogal	entre André e Bartolomeu entre Mateus e Felipe
olhar divagador ou reflexivo ou dialogal entre o emissor e um receptor hipotético	de Tomás
olhar assertivo	de Mateus de Tiago, o Menor
olhar reativo	de Simão
olhar de afastamento da situação interativa	de João (olhos em repouso) e de Tadeu (olhos semicerrados)

As mãos e os movimentos são outra fonte informacional da mensagem e neles encontramos:

mão abençoadora	de Jesus, na posição da mão e dos dedos o gesto ritualístico do cristianismo para a benção dos fiéis.
mão partilhadora	de Judas
mão apresentadora	a direita de Mateus
mão em repouso	a esquerda de Mateus, a esquerda de André, e as de João
mãos meditativas	as de Tomás e de Bartolomeu
mãos explicativas	as de Tiago, o Menor
mãos enfatizadoras	as de Tadeu e as de Felipe

Os corpos sentados pouco se movimentam, há como que um mover moderado do tronco que os ombros enfatizam. Moderação também é informação. Os corpos, contidos no espaço em que se posicionam, têm refreada a expressão de suas emoções, pensamentos e idéias. A contenção inscrita nos corpos é a fala do sentir diante da revelação, cujo teor os apóstolos não podem reverter ou transformar, e diante da qual se sentem impotentes, como a configuração de seus corpos o demonstra.

O cenário em que Castagno contextualiza a sua ceia é arquitetural, como o de Ghirlandaio. Os painéis, as estátuas e colunas de mármore, assim como os arcos de volta inteira, são exemplos típicos da arquitetura romana, que exerceu influência no *Quattrocento* florentino. Só que Castagno avança na caracterização da figura representada. São os figurantes, tipos humanos, modelos de trabalhadores rurais dos campos agrícolas florentinos, e, inclusive, como já evidenciamos, os frutos de seu lavrar a terra, estão propostos nas cores de suas vestes. Castagno, desta forma, situa os figurantes de sua tela no tempo e local de existência que lhes é próprio, o que, até esta época, não havia sido realizado por nenhum pintor.

Em outro nível, a diferença da representação de Castagno está inscrita também na composição espacial do mural. Em muitos estudos clássicos de arte, a arquitetura do espaço do *Quattrocento* é apresentada sempre em relação à diferencial ceia de Leonardo Da Vinci. Wölfflin, ao comentar em sua obra *El Arte Clásico*, a estruturação espacial de Ghirlandaio, afirma:

> Em Ghirlandaio, falta ao conjunto coesão; as figuras alinhadas umas ao lado das outras não têm um centro e encerram-se entre as duas horizontais, que formam a mesa e a parede de fundo, cujo friso limita a altura de suas cabeças. Por um desgraçado azar, uma coluna ocupa a metade do mural. Como Ghirlandaio contorna este inconveniente? Desvia ligeiramente Cristo, sem o menor temor ante tal procedimento. Leonardo, que, antes de tudo, objetivava ressaltar a figura principal, jamais haveria realizado esta transgressão[2].

O que Wölfflin chama de transgressão é a não-atribuição a Jesus de uma posição central coerente com seu papel nuclear na fundação e pregação do cristianismo. Ghirlandaio, da mesma forma que Castagno, não individualiza o papel de Jesus, mas sim o do grupo. O enfoque do indivíduo como centro do mundo, que vai caracterizar o Renascimento, estava embrionariamente surgindo, a tal ponto que vamos encontrar o prenúncio desse surgimento em Castagno, apesar de sua ceia preceder em cinqüenta anos a de Leonardo e, em quinze, a de Ghirlandaio.

A tela de Castagno estrutura-se em torno de um núcleo partilhado pelas figuras centrais do cristianismo: Jesus, Judas, João e Pedro. A concentração num grupo responsável pela edificação do cristianismo encontra apoio nos dados evangélicos. Assim, a semelhança com a distribuição posicional de Ghirlandaio fica apenas na aparência. O posicionar de Judas, não confrontando Jesus, mas sim partilhando com ele o abatimento de João e a dolorosa traição, propõe um interpretante novo para o traidor, que, mesmo postando-se do outro lado da mesa, não é apresentado como um opositor de Jesus e seu grupo. Reforçando a individualização do quarteto, Castagno individualiza, também, o quadrado de fundo, ao repropor nele as marcas tensionais do núcleo temático da representação. Judas, uma vez mais, pelo raio que incide sobre sua cabeça, é uma das personagens centrais da narrativa/ceia pascal. Os raios cromáticos no conjunto de suas cores enfatizam o quarteto, na medida em que as figuras são postadas neste fundo singular. Desta maneira, as marcas tensionais integram figura/fundo, enfatizando no mural o núcleo temático da cena.

Da mesma forma que em Ghirlandaio, a visão de Castagno centra-se no binarismo céu/terra. No entanto, um céu não mais concebido como o alvo a ser alcançado na passagem da vida ter-

---

2. H. Wölfflin, *El Arte Clásico*. Trad. Amelia I. Vertanini. Buenos Aires, El Atenco, 1955.

restre para a vida eterna, tal como o rigor matemático do mural de Ghirlandaio propõe, ao dividir dualmente o mundo em:

ALTO	CÉU	DIVINO
BAIXO	TERRA	HUMANO

O céu, em Castagno, assemelha-se mais ao mundo terreno em Ghirlandaio, se considerarmos o fato de que o teto do primeiro e o piso do segundo são ambos construídos geometricamente. No teto de Castagno, porém, há um forte efeito ilusório, montado por um dinâmico jogo de oposições que, nos seus rebatimentos, dá profundidade ao espaço em que a mesa está colocada, criando, assim, estranho interpretante, ambíguo para o céu, mundo divino de certeza e perfeição.

Ao relacionar as unidades mínimas, Castagno determina não só os paradigmas acionais do tempo/espaço da obra, mas também os paradigmas de seu ser/estar num tempo/espaço. Desta confluência, brota o afirmar que o criador é sua criação. Ele vive nas marcas com que seu pincel e palheta configuram os movimentos gestuais da face, mãos e dedos, e o contido movimento do corpo, bem como constróem e usam interativamente o espaço do mural em que cada figurante é, intencionalmente, posicionado segundo determinada postura e a determinada distância das demais personagens. A *Última Ceia* de Castagno evidencia e define, na interação destes elementos, não só as ações dos apóstolos, suas emoções assim como os conseqüentes agir e sentir, mas também põem a nu o criador e seu próprio tempo-espaço.

O estudo do gesto em cada obra é, pois, fonte informacional do articular dos elementos imagéticos no tempo-espaço. Para conhecer tal fonte impõe-se um olhar relacional para focar os gestos intra e interobras. Isto posto, vejamos agora o que ocorre na ceia de Da Vinci.

O espaço do mural está dividido em cinco partes, matematicamente iguais, figurando Jesus na parte central. Entre este bloco e os quatro que o ladeiam, dois a dois, há um espaço que o individualiza, afastando-o do grupo e do diálogo com os apóstolos. Jesus, no centro, é o grande maestro, regedor de todas as expressões.

Fig. 43. *Última Ceia*. Leonardo Da Vinci (1495-1498). Convento de Santa Maria Delle Grazie. Milão.

Fig. 44. Fragmento *Última Ceia*: Jesus. Leonardo Da Vinci.

Que traços expressam o atuar desse maestro? A cabeça, coberta por uma escura cabeleira longa, está levemente pendida para a direita. Na face serena, os olhos fixos num ponto descendente, os lábios entreabertos, as mãos soltas com as palmas abertas, afirmam a entrega absoluta do humano ao espiritual, fora de qualquer tempo. Na fisionomia, de traços perfeitos, ecoam os paradigmas de beleza que, como veremos, compõem o rosto de Felipe e seu irmão Tiago, o Maior. A ênfase na perfeição das formas acentua ainda mais a espiritualidade de Cristo.

O destaque de Jesus, como agente principal do cristianismo, não está somente na sua alocação no centro da mesa-palco, nem na relativa distância em relação aos apóstolos, todos eles agrupados em tríades, enquanto o Mestre permanece isolado do grupo, mas também em toda arquitetura espacial do mural. Como a de Castagno, a obra de Da Vinci foi pintada na parede de um refeitório. Do alto, na parede de fundo do Convento de Santa Maria Delle Grazie (Milão), a representação visual foi projetada para falar diariamente aos apóstolos de sempre – fala persuasiva que presentifica as revelações finais de Jesus: anúncio da morte, traição e ressurreição.

No mural, há a representação em perspectiva de outras paredes. As laterais ornamentadas por tapeçarias formam diagonais que tangem a parede do fundo, de dimensão mais reduzida que a da frente. Três janelas na representação de Da Vinci abrem o recinto fechado do refeitório. A central, além de ser mais ampla que as outras duas, é também estilisticamente mais ornamentada: sobre o frontão da janela há um arco que é a auréola arquitetural de Jesus. As janelas laterais, juntamente com a central, compõem um fundo natureza para a ceia pascal, ao mesmo tempo que permitem a entrada de luz na sala, luz que incide sobre as personagens e sobre a parede direita. Com este recurso, Leonardo repropõe no mural a oposição natureza/homem, só que, na sua ceia, a natureza se submete ao divino, já que Cristo é o centro único do mural, o que é confirmado pelo ponto de fuga, alocado na cabeça de Jesus, núcleo de convergência e divergência das linhas e figuras.

Após a revelação de sua traição – tempo pictórico exatamente precisado em consonância com o Evangelho de João – Jesus, com as mãos simetricamente estendidas e abertas sobre a mesa, transubstancia-se. O trinarismo nascer/morrer/renascer ecoa e reverbera no humano reagir dos apóstolos, em seu simétrico distribuir triádico. Em paralelas, o fundo e a mesa criam um espaço de alocação inovador, não só quanto à distribuição das personagens, mas quanto ao trabalho geométrico do simbolismo dos números três, quatro e doze. Simbolismo que, como vimos, era um falar próprio das Sagradas Escrituras. O três, que simboliza a vida, está nos três apóstolos e nas três janelas-natureza. Ambos, o mundo humano e o natural, são finitos. Entretanto, têm a possibilidade de escapar desses limites através da infinitude do quatro. O quatro perpetua a alma, é o arquétipo que, como Jesus, simboliza a totalidade do cosmos. Totalidade revelada pelo número de triângulos em que são alocados os apóstolos, pelo número de lados da mesa que aloca a ceia, pelo número de lados do mural que aloca a representação, cuja somatória corresponde exatamente ao número de apóstolos. Num efeito mais abrangente, Leonardo Da Vinci, através da estruturação das paredes laterais e do teto, impulsiona Jesus para frente e para fora do mural. Desta forma, o Mestre, regente da ceia, é o regente do mundo.

Leonardo concebe, assim, um espaço pictórico inteiramente novo, e Jesus é o eixo, quer do mural, quer do olhar do observador. Explicitando seu procedimento, Leonardo coloca, em seus manuscritos, que tal perspectiva foi construída a partir da distância de duas pirâmides opostas, uma das quais tem seu ápice no olho e sua base no horizonte. A outra tem a base no olho e o ápice no horizonte. O ponto de fuga é o ápice da pirâmide. Ápice que, na *Última Ceia*, é Jesus, o poder central, regedor tanto do mundo mural, quanto do mundo dos homens. O poder de Jesus, refletido nos raios do mural e nos raios de visão do receptor, traduz um império governado por um único Deus-Homem, a que se pode ter acesso pela fé.

A perspectiva centrada no ponto de fuga e a profundidade reduzida reforçam, uma vez mais, Jesus no papel de regente do mural, do refeitório, do mundo.

A partir de um centro regedor cujos vetores tudo ordenam, a estruturação do mundo é codificada no mural. Tal organização é o próprio estar do homem renascentista em seu tempo, um estar preso às relações hierárquicas determinadas por um poder central. Ao homem, que já se assumira como indivíduo, faltava assumir-se como centro regedor do mundo, o que foi concretizado sessenta anos mais tarde no fazer de Tintoretto.

Em Da Vinci, as expressões dos apóstolos evidenciam a regência de Jesus, na medida em que suas reações são desencadeadas pelas revelações. As personagens erguem-se de seus lugares, semilevantam-se, agrupam-se, permanecem sentadas, mas, em quaisquer dessas posições, indagam a si mesmas, ao grupo em que se inserem e a Jesus, sobre o traidor e sua identidade, discutindo calorosamente. A resultante da ação de Jesus, ao longo da mesa, é um amplo diálogo nucleado em interações várias.

142 FALA GESTUAL

O trio mais enfático localiza-se à esquerda de Jesus, integrado por Tomé, Tiago, o Menor, e Felipe.

Fig. 45. Fragmento *Última Ceia*: Tomé, Tiago, o Menor, e Felipe. Leonardo Da Vinci.

Os três apóstolos viram-se para Jesus e a ele se dirigem diretamente. Tomé, o primeiro deles, com a mão esquerda erguida na altura da face entristecida, indicador levantado e demais dedos fechados, configurando o número 1, mantém os olhos fixos em Jesus. Assim como seu dedo, seus olhos indagam quem, dentre eles, é o traidor. Recordando a caracterização de Tomé como o apóstolo que precisou de provas para crer na ressurreição, lemos, nos seus gestos, a exigência de uma resposta convincente por parte do Mestre.

Tiago, o Menor, também tem uma reação impulsiva, que está fortemente marcada no brusco movimento do tronco para trás, cabeça inclinada para frente, olhos bem abertos, boca entreaberta e mãos espalmadas, tocando os dois companheiros, no seu abrir o peito. Seu mover o auto-exclui da traição e mostra-o seguro de si mesmo, pois, ao abrir seu peito sem proteger-se com os braços, evidencia não ter do que se defender. Ao olhar Jesus, toda a sua face reafirma sua inocência.

A seu lado, Felipe está em pé. A cabeça inclina-se para frente e os ombros estão curvados. Suas mãos e dedos voltam-se para seu peito e, acompanhando seu conjecturar sobre a possibilidade de ser ele o escolhido para trair Jesus, seu corpo curva-se sobre si mesmo, num autocontrair-se de dor. Sua cabeça direcionada para Jesus é o paradigma da beleza. Todas as feições são harmônicas e, proporcionalmente, traçadas. Esta face, a própria perfeição fisionômica, submete-se a Jesus e, ao olhá-lo indagante, expõe na máxima beleza, a máxima abnegação.

Lomazzo[3], um pintor que terminou seus dias cego, escreveu dois tratados sobre pintura. Entre os comentários correntes em sua época, relata o impasse vivido por Leonardo Da Vinci ao enfrentar o delineamento da figura de Jesus. Após ter conferido tanta beleza a Felipe e a seu irmão Tiago, o Maior, Leonardo não conseguia suplantá-las em sublimação e, aconselhando-se com o amigo Bernardo Genale, recebeu como resposta:

– Oh! Leonardo, é de tanta responsabilidade o erro que cometeste que só Deus pode dar-lhe remédio: porque já não está em seu poder, como no de nenhum mortal, dar a uma personagem mais beleza e um aspecto mais divino do que o dado por ti às cabeças de São Tiago, o Maior e de seu irmão (Felipe). Deixa, assim, o Cristo imperfeito, pois nunca o farás ser Cristo junto desses dois apóstolos.

---

3. Lomazzo, *Trattato dell'Arte della Pintura*. Milão, 1584. Livro I, cap. IX. Conforme citação de BÉRENICE, Fred. *Op. cit.*, pp. 130-131.

Em Windsor, encontram-se alguns desenhos de Leonardo Da Vinci da cabeça dos apóstolos, esboçados em vermelho, depois de ele ter terminado a pintura. Felipe é esboçado na perfeição sublime dos seus traços.

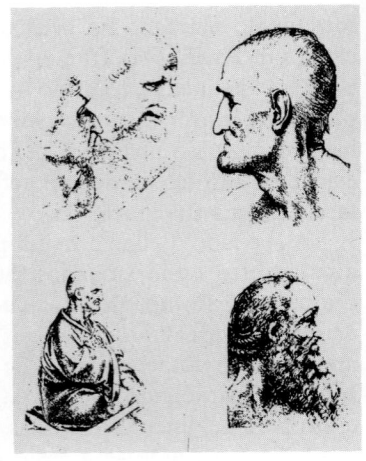

Fig. 46. Esboço da cabeça de Felipe. Leonardo Da Vinci. Biblioteca Real do Castelo de Windsor.

Fig. 47. Esboço de cabeça de outros Apóstolos. Leonardo Da Vinci. Biblioteca Real do Castelo de Windsor e Biblioteca Ambrosiana.

No primeiro trio, presentificam-se os efeitos de maior dramaticidade do mural. É a explosão das indagações a Jesus e a si mesmos. Leonardo, no configurar de Tomé, Tiago, o Menor, e Felipe, constrói um representar orientado pelo contraste, o que nos permite conhecer a reação de indagação em várias possibilidades de ocorrência, estruturadas no corpo dos figurantes.

A explosão de indagações passa a uma busca de entendimento e explicações no segundo trio, à esquerda de Jesus. Novamente, é o contraste das reações o objetivo de expressão de Da Vinci.

Fig. 48. Fragmento *Última Ceia*: Mateus, Tadeu e Simão. Leonardo Da Vinci.

Mateus e Judas Tadeu voltam suas cabeças não para Jesus, mas para Simão. Em detalhe, o esboço da cabeça de Mateus nos mostra o seu movimento de cabeça.

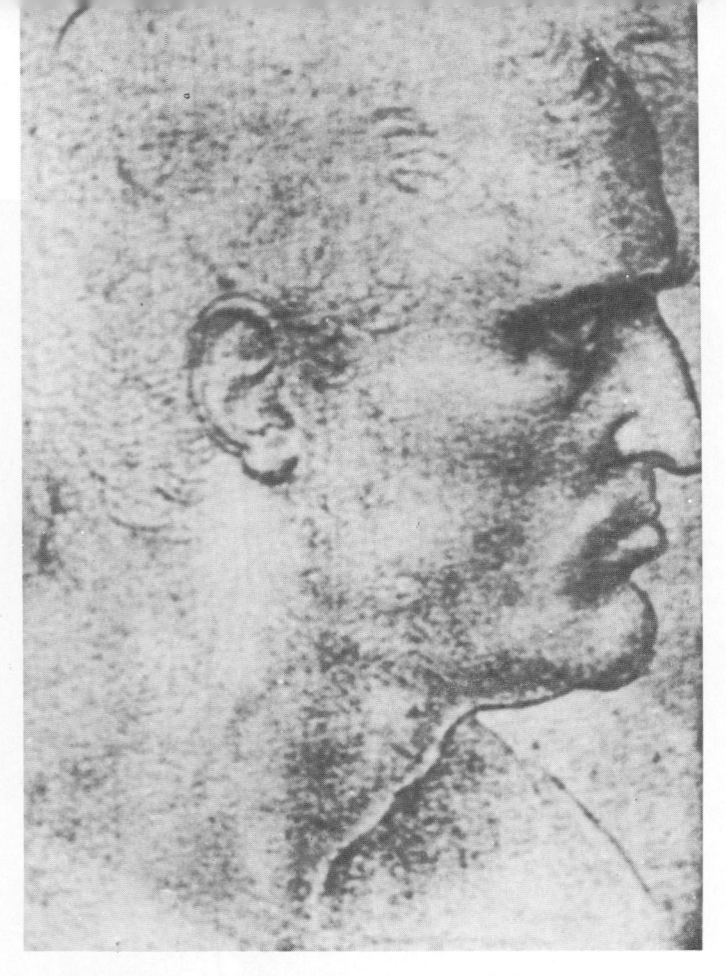

Fig. 49. Esboço da cabeça de Mateus. Leonardo Da Vinci. Biblioteca Real do Castelo de Windsor.

Os três apóstolos conversam. A movimentação das cabeças e das mãos, direcionadas para o primeiro agrupamento de apóstolos e para Jesus, traz para o trio a problemática da traição. As faces e troncos assinalam uma interação em busca de esclarecimentos, o que é delineado pelos movimentos das mãos, em consonância com os olhares e movimentos das cabeças.

O terceiro trio em análise é o que está à direita de Jesus, formado por João, Judas e Pedro. À direita de Jesus, Leonardo posiciona Pedro, o braço direito do Mestre, aquele que tem um papel determinante no cristianismo. Da Vinci comenta, em seus manuscritos, alguns gestos e, entre estes, o de Pedro:

Fig. 50. Fragmento *Última Ceia*: João, Judas e Pedro. Leonardo Da Vinci.

...fala ao ouvido de seu vizinho que o escuta e volta-se para ele para prestar atenção. Ao fazer isto, sustenta uma faca em uma das mãos e, em outra, o pão a ser cortado[4].

Observamos que, no arranjo final da Ceia, Leonardo elimina o pão e, livre, a mão esquerda de Pedro vai estar colocada no ombro de João, que nele se apóia. O detalhar cada parte para formar um todo coeso denota a precisão com que Da Vinci busca exprimir a gestualidade de suas personagens. É o que podemos observar no fragmento esboçado para o braço direito de Pedro.

---

4. Leonardo da Vinci, *op. cit.*, v. 2, § 665, p. 346.

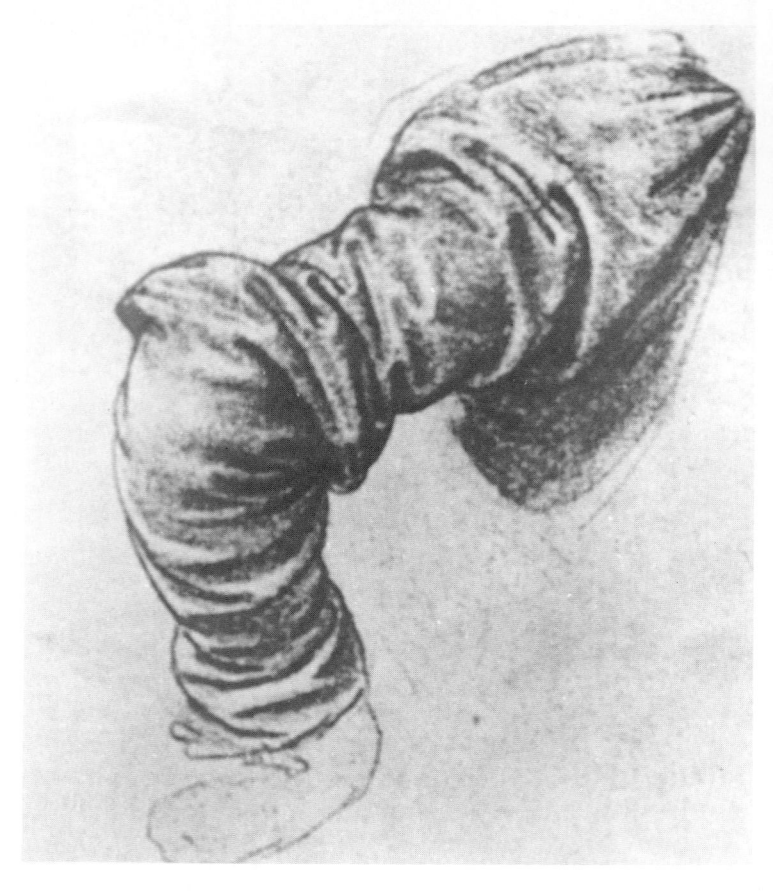

Fig. 51. Esboço do braço direito de Pedro. Leonardo Da Vinci. Biblioteca Real do Castelo de Windsor.

Pedro fala com João. Sua face revela excitação e, como é o Evangelho de João o guia de Leonardo, sabemos por este que Pedro instiga João para perguntar a Jesus sobre a identidade do traidor. Há uma configuração nova da postura corporal de João. Leonardo quebra com a tradicional disposição do apóstolo desfalecido sobre a mesa, o que está mais próximo das versões evangélicas. João, estimulado por Pedro, age e procura obter a resposta de Jesus. Na face de João concentram-se as marcas de tristeza. A distância entre os dois apóstolos é a íntima. Tocam-se e falam-se ao pé do ouvido, revelando, na proximidade física de ambos, a proximidade funcional no apostolado.

Junto a eles, Judas senta-se à mesa com o corpo virado para Jesus, mas sua cabeça está também com um vértice em Pedro e o outro em João. Na projeção dos vértices, distinguimos um triângulo que, uma vez mais, os enlaça e onde Leonardo posiciona os discípulos favoritos e mais próximos do Mestre. A postura de Judas, avançando seu corpo sobre a mesa, posiciciona-o na defensiva, assim como o exclui da linha das cabeças dos demais apóstolos. Com estes recursos, Leonardo o individualiza como traidor, todavia, afirmando a relevância de seu trair, aloca-o junto a Pedro e João. Judas segura, em sua mão direita, a bolsa de dinheiro que, tradicionalmente, indicia sua traição. Seu ser em conflito, ao avançar sobre a mesa, derruba um saleiro. O movimento de seus ombros para trás é refreado pelo apoiar de seu antebraço na mesa. Judas tem o tronco retraído, assim como estão contraídos os músculos de sua face, e sua atenção direciona-se toda ela para Jesus. A revelação da traição e do traidor, que a todos afeta, não preocupa Judas, que acompanha, como apóstolo que cumpriu sua missão, a transubstanciação de Jesus.

Já citamos aqui as observações de J. B. Giraldi sobre a lentidão dos trabalhos de Leonardo, sempre em busca de traços fisionômicos incomuns para o seu Jesus. Outro estudioso, Jean Paul Richter, apoiando-se em Amoretti, *Memorie Storiche*, nega ser o referente da cabeça de Judas a do Padre Bandelli, prior do Convento, e mostra similaridades entre os esboços do perfil de um prisioneiro e o de Judas, expostos na Biblioteca Real do Castelo de Windsor. Em cada esboço, encontramos traços comuns que sustentam tais conjecturas.

Fig. 52. Esboço da cabeça de Judas. Leonardo Da Vinci.

Fig. 53. Esboço da cabeça de um prisioneiro. Leonardo Da Vinci.

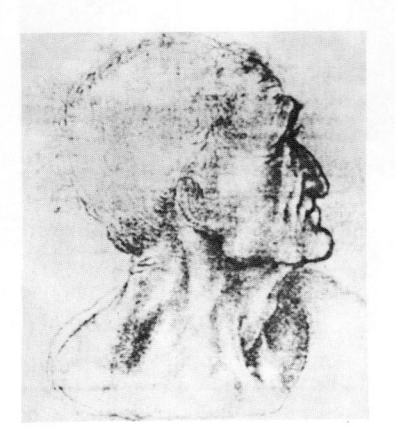

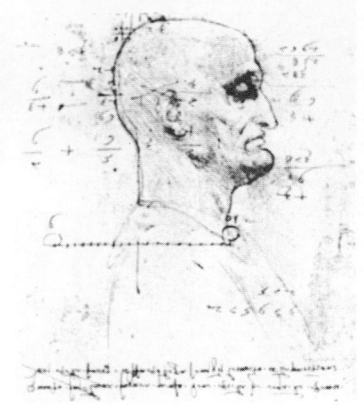

Na extrema direita, está o último dos grupos de três, composto por André, Tiago, o Maior, e Bartolomeu. Toda atenção desses apóstolos volta-se para o centro da mesa:

Fig. 54. Fragmento *Última Ceia*: André, Tiago, o Maior, e Bartolomeu. Leonardo Da Vinci.

André ergue as mãos à altura do peito. As mãos abertas, espalmadas, são uma imposição de pausa para o que se desenrola no grupo. Além disto, as mãos para o alto indiciam sua inocência em resposta ao agressivo questionamento de Pedro. No rosto de André, a posição dos lábios comprimidos e levemente distorcidos compõe um gesto de expressão do seu ponderar tanto sobre o que lhe podem ter causado as revelações do centro-Jesus, quanto sobre o que ouvem seus ouvidos sintonizados com os dois apóstolos de seu trio. Em todos os seus traços, André evidencia ter os sentidos em estado de alerta, mostrando a existência no próprio corpo de múltiplos pontos denotadores de atenção, observação, reflexão e ação.

Na extremidade do trio está Bartolomeu, o apóstolo fisicamente mais truculento. Suas dimensões obrigaram Leonardo, preocupado com a simetria distribucional, a diminuir sua altura dobrando seu dorso e projetando seu pescoço e cabeça para frente, em direção ao nível da cabeça de Tiago. O ponto de sustentação de Bartolomeu está nas mãos apoiadas à mesa. Todos os traços, conformação física e movimentos mostram Bartolomeu inclinando-se para melhor ver e ouvir.

No centro do trio está Tiago, o Maior, de perfil, tocando com sua mão esquerda o ombro de Pedro e assim abraçando André. Seus traços, em proporções simétricas, dão a seu rosto uma beleza ímpar. Comparando a sua fisionomia com a do seu irmão Felipe, evidencia-se que Leonardo identificou os irmãos pela marca comum de beleza. Dada a alocação deles no mural, só os vemos de perfil. Assim as duas faces se completam e a visão inteira da face dá-se pela junção de cada uma das laterais. Dos paradigmas de beleza, portanto, monta-se um sintagma, que é a própria irmandade, símbolo do ideal de relacionamento entre os homens, proposto por Jesus.

As mãos e as faces, como em Castagno, codificam grande parte da taxa informacional veiculada na ceia. As mãos, nos conjuntos ternários das extremidades do mural, desempenham a função de conectores das personagens que neles aparecem. Nos trios, à esquerda de Jesus, as mãos são o difusor das revelações anunciadas do centro para todos os pontos da tela. As mãos, portanto, são elos de ligação no configurar dos apóstolos, são como que elos da corrente informacional que o constróem pelo entrecruzamento dos movimentos da face, cabeça e tronco.

As faces representam o que sentem/pensam os apóstolos e, desta forma, codificam o clima de tensão geral. Da Vinci estrutura, na simetria especial, a assimetria expressiva, como que para inventariar a gama de emoções que a face pode veicular. Com esse objetivo, cria o pintor sintagmas gestuais para expressar atenção, inquietação, questionamento, aceitação, abnegação, compreensão, agressão, partilha, tristeza, desconsolo. Para isto, tanto especifica um sentir pela sua qualidade inerente, quanto o generaliza pela utilização da que há de comum nas suas várias atualizações sígnicas, pois Leonardo representa as qualidades dos sentimentos, contrastivamente, através de variantes sígnicas. O contraste ou a diferença é o guia do seu postular o como/o o quê/o para quê o homem se expressa. Da consonância entre qualidade do sentir, individualidade e gênero do sentir, monta-se a força persuasiva desta representação imagética, o que talvez explique porque ainda hoje a ceia de Da Vinci seja o interpretante mais difundido da ceia pascal.

Com um fazer planejado, entremeado de conjecturas e estudos para sua concreção, Leonardo define arte como uma atividade mental e científica. Nesta medida, ele nega as concepções, formuladas desde a Antigüidade Clássica, que postulam a arte como uma atividade mecânica. A arte é fruto da especulação abstrata (teoria) que só a experiência pode ou não confirmar. A experimentação é a única verdade para Da Vinci; é aquilo que pode corrigir o curso de uma teoria ou ideação:

> Sem dúvida, estas ciências são, em minha opinião, vãs e repousam no erro, pois não nasceram da experiência, mãe de toda certeza, nem são confirmadas pela experiência, podendo-se dizer que nem sua origem, nem seu fim passam através de um dos cinco sentidos. (E se nós duvidamos da certeza de algo que nos chega através dos sentidos, com maior razão duvidaremos das cores rebeldes a estes mesmos sentidos, tais como a essência de Deus, a alma e outras semelhantes, objeto constante de debate e discussão. Ocorre certamente que, quando a razão falta, tomam seu lugar os gritos, o que não ocorre com as coisas certas. Diremos, pois, que onde se grita não pode existir ciência verdadeira, posto que a verdade tem uma só meta que, proclamada, destrói para sempre a dúvida; e, se for o caso de ressuscitar essa mesma dúvida, será esta ciência enganosa, confusa e não renovadora de certezas.)
>
> Pelo contrário, as verdadeiras ciências são aquelas que a experiência faz penetrar através dos sentidos, silenciando as línguas dos debatedores, e que não adormecem os seus investigadores; que sempre procedem das verdades primeiras e princípios notórios, passo a passo, ininterruptamente, até o fim, tal como se comprova nos fundamentos das matemáticas, a saber: número e medida, ou também aritmética e geometria, que tratam como suma verdade a quantidade contínua e descontínua. Não argumentaríamos em matemática que três mais três somam aproximadamente seis, nem que a soma dos ângulos de um triângulo seja inferior a dois retos. Todo argumento é reduzido a eterno silêncio e estas ciências deixam em paz os seus seguidores, o que não ocorre com as falácias das ciências da mente.

Deixando em paz "as línguas debatedoras", a representação da ceia de Da Vinci criou interpretantes dinâmicos quase interpretantes finais, de tal modo que, após quatro séculos, a representação de Da Vinci continua a atualizar-se nas Mentes Interpretadoras do século XX como o diagrama da ceia pascal. No entanto, esta representação, tomada como o próprio objeto-ceia dos Evangelhos, não desencadeou só silêncios, mas também abriu diálogos fundamentais com postulações outras que as presentificadas em Leonardo. A voz de Tintoretto gera um desses diálogos.

A *Última Ceia* de Tintoretto fecha-se, como a de Andrea Del Castagno, entre quatro paredes. A sala, grande ambiente, tem em seu teto quadrados de madeira, moldurados em alto relevo por linhas horizontais e verticais, formadoras duma moldura retangular. Esta quadratura ecoa no piso, onde quadrados guardam losangos e triângulos, e são ambos emoldurados por retângulos que, no encontro dos ângulos retos, desenham novos quadrados. A geometrização do piso e teto propõe o número quatro e o três, mas, os triângulos são, continuamente, recompostos, formando quadrados. É o predomínio do quatro, portanto, do simbólico mundo infinito que, numa visão arquetípica, propõe um mundo sem limites, a eternidade.

Fig. 55. *Última Ceia*. Tintoretto (1592-94). São Giorgio Maggior, Veneza.

Na ambientação fechada, a luz irradia-se do lustre à esquerda, propagando seus raios luminosos pela tela. Luz, símbolo místico, cujos raios se transfiguram em contornos de anjos celestiais. O divino, descendo das alturas, adentra transformadoramente o contexto trivial da sala de refeição. Lado a lado, o sagrado e o profano confundem-se pelos efeitos de luz e sombra. Tintoretto cria ambivalências: o "outro" mundo, o divino celestial, graças à luz sobrenatural, opõe-se ao mundo humano. O jogo de luz e sombra aumenta a tensão entre os opostos e exalta, como centro temático, Jesus, que tem às suas costas uma imensa auréola, um sol e seus raios que propagam luz pela tela.

Os taberneiros, com roupas características da época, servem, em contínuos ir e vir, o grupo de Jesus distribuído pela mesa, em diagonal à tela. São eles, homens e mulheres que servem à mesa o alimento terreno, no entanto, não é esse o alimento consumido, mas o pão transubstanciado no corpo eterno de Jesus.

As linhas da mesa, do piso e do teto direcionam-se para a parte direita superior, que é o centro da sala, enquanto Jesus, o centro do tema e centro da estruturação pictórica, considerando a horizontal, cria um outro núcleo. São centros que se confrontam. O homem assume-se enquanto indivíduo com força e papel na ordenação do mundo e desafia a força unitária de Deus, assim como de qualquer outra autoridade. Há, no conceber estrutural da configuração, como no conceber das estruturas sócio-econômico-culturais, a efervescência de forças nucleadoras outras regendo o mundo. Surgem novas hierarquias dominantes e, em Tintoretto, ao lado do divino, o homem é também o regente da estrutura.

Tintoretto questiona a posição única de Deus como ordenador do mundo, que Leonardo posicionara no ponto de fuga. Com uma perspectiva dupla, concebe ele o contraponto a esta regência, o próprio homem.

Ao manipular a estrutura espacial, abandonando a distribuição frontal dos figurantes, no primeiro plano da ceia, Tintoretto confirma o pressuposto da infinitude do mundo. O homem, ao lado de Deus, tem poder infinito, todavia, Tintoretto aloca Deus infinito, no ponto focal da perspectiva, ponto situado, igualmente, no infinito, para o qual as paralelas confluem.

Com recursos barroquistas, a ceia adquire duplo eixo, assim como dualmente são concebidos o espaço arquitetônico e composicional do grupo. Direcionados obliquamente para o receptor, geram uma qualidade dinâmica que capta o seu olhar, lançando-o os contrapontos representacionais, e levando-o a ponderar sobre os conflitos. Dando continuidade à proposição de dualidades, Tintoretto opõe os serviçais e os apóstolos. Pelas feições dos serviçais não há qualquer vestígio de que percebam a transubstanciação de Jesus que ocorre na tela. Em contraste, os apóstolos param para dela participar, enquanto os serviçais prosseguem na execução de suas atividades.

O silêncio substitui a comemoração entre amigos. O silêncio é uma não-fala que fala a voz da partilha, do próprio ato de dar-se em comunhão e do estar em comunhão. No silêncio, há a atenção voltada para Jesus e, num crescendo, a atenção é aumentada pelo confluir das linhas oblíquas que, no seu ir e vir, do primeiro plano para o plano de fundo, estiram a tensão dos conflitos à máxima profundidade.

No primeiro plano, o discípulo da cabeceira está sentado, como é, aliás, a posição da grande maioria. As mãos, espalmadas frente a seu dorso, impõem uma pausa na interação com o serviçal. A cabeça e os olhos direcionam-se para o centro. O gesto das mãos, finalizador da interlocução, associado aos movimentos da cabeça e do olhar, direciona a atenção dos apóstolos, assim como a do receptor, para o centro temático.

A atenção, nas suas várias possibilidades de desempenho, é a expressão dominante da representação. Suas marcas são: cabeças voltadas para um ponto; olhos fixos neste; mãos, ou em repouso, ou em sustentação de uma parte do corpo, ou estendidas em direção a um ponto de interesse, ou tocando um companheiro em gesto de partilha; postura corporal, como por exemplo, movimento do tronco para frente, que, acompanhado de uma inclinação da cabeça, indicia o querer ver mais de perto, ou mesmo o aproximar-se mais da cena, que é o que o apóstolo, que se levanta às costas de Jesus, concretiza.

No silêncio e na concentração da atenção, ocorrem dois diálogos. Entre o segundo e o terceiro apóstolo, há uma conversação. O terceiro apóstolo, em pé, abaixa-se em direção ao companheiro. Suas faces defrontam-se e seus olhos olham-se. É a distância pessoal, graças à qual se vê, claramente, o interlocutor com que se dialoga em tom baixo. As mãos acompanham a fala: as do terceiro, postando-se entrecruzadas frente ao peito, e as dos segundo, assentadas sobre seu colo. O outro diálogo tem lugar na extremidade oposta da mesa. Ao fim da extensa/tensa diagonal traçada pelas cabeças, está a cabeça de um apóstolo em pé. Seus braços, estirados na altura dos ombros, tanto prolongam ao máximo a diagonal, quanto simbolizam, pela emblemática posição dos braços, a morte terrena de Jesus. À sua direita, o apóstolo seguinte olha-o atento, enquanto aquele fala. A atenção remete-os, uma vez mais, para o traçado da linha oblíqua e nela encontram-se dois ângulos de um triângulo, em cujos vértices estão o apóstolo e Jesus. São os vértices seqüenciais do agir de Judas.

Os vértices, Jesus e apóstolo de braços estendidos, ligados por uma reta, formam a base do triângulo. Do outro lado, Judas é o vértice que completa a triangularização e enuncia a tríade factual: Judas trai Jesus; Jesus morre crucificado; Jesus transubstancia-se.

Tintoretto, mantendo os padrões iconográficos da tradição, aloca Judas, ilhado, na outra lateral da mesa. Todavia, Judas, o traidor, como em Castagno, não é um opositor de Jesus. Ele também comunga, pelas expressões de atenção e partilha, da transubstanciação de Jesus. Judas, portanto, integra-se no grupo através de seu corpo, de sua postura: cabeça e tronco debruçados sobre o braço direito; de perfil, com o corpo e os olhos direcionados para o agir de Jesus. Desta feita, Judas, como os outros apóstolos, partilha a comunhão ao participar da celebração da transubstanciação de Jesus.

Tintoretto elabora, arquitetonicamente, a tríade, tanto na distribuição dos objetos à mesa, quanto no delinear do corpo de Jesus e no posicionamento de seus braços, figurando, metalingüisticamente, o trinarismo vida/morte/vida. Trinarismo que se marca, em Da Vinci, na rede dinâmica do posicionamento e postura de Jesus e de seus apóstolos, distribuídos três a três. E, em Castagno, nas vibrações ternárias, vivificadas na quadratura central.

A finitude da vida e a de suas linhas de tensão repropõe-se na circular auréola luminosa de Jesus. No círculo, o eterno, o infinito. A luz e seus raios, que emanam de Jesus, quebram o ciclo ternário e finito da vida e apresentam, no círculo, o contínuo, o sem-tempo, a totalidade. No centro temático, Tintoretto nucleia a resultante do que o cristianismo propõe ao homem – o viver eterno. Este é o sentido da comunhão em conjunto. Como o círculo e a integração de todas as figuras geométricas, o comungar é o integrar de todos os homens pela fé na promessa que torna infinita a vida finita.

Tintoretto, através da rede estrutural de dualidades, apresenta um tempo narrativo abrangente, em sintonia com a dinamicidade da diagonal. O tempo abarca as revelações de Jesus: a sua crucificação, morte, ressurreição e, com a integração de Judas, a salvação dos homens pela fé.

A expressão das emoções, sentimentos e idéias, por sua vez, inscreve-se no corpo dos figurantes: em Castagno, corpo contido, no estreito espaço-mesa; em Da Vinci, corpo expansivo, emotivo, que contrasta as diferentes marcações sígnicas para configurar as mesmas expressões; em Tintoretto, corpo dinâmico e que também recorre ao comparar de representações para criar as expressões.

Além da caracterização da expressão gestual de Jesus e seus apóstolos, Tintoretto tem um outro propósito: contextualizar a ceia dos escolhidos num cenário em que outras figuras agem. Tintoretto não isola Jesus e seus apóstolos, seus corpos atuam numa interação ampla, que, no fluir paradigmático da sala-mundo, forma o sintagma das revelações da tela.

Como último objeto pictórico do *corpus*, Salvador Dali e sua tela. Da mesma forma que em Tintoretto, é a transubstanciação a tônica central. Entretanto, diferindo deste e dos demais pintores, Dali explicita seu enfoque na explicativa nomeação da tela: *O Sacramento da Última Ceia*.

A tela é uma parte do mundo que, para ser representado, é recortado nos limites do enquadramento do quadro. É a janela-visão dodecaédrica o fragmento que nos possibilita ver o

Fig. 56. *O Sacramento da Última Ceia* (1955). Salvador Dali. Galeria Nacional de Arte, Washington.

olhar de Dali. Um olhar que foca uma parte do todo. A transparência vitral integra as partes divisórias da ambientação e o exterior insere-se no interior, na medida mesma em que o interior penetra o exterior. Dali une interior: doze apóstolos e exterior: natureza dodecaédrica. A conjunção homem-natureza, portanto, ambienta a mesa-palco da bidimensional ceia pascal. O homem, o ar, a terra, a água são referencializados na tela, enquanto o fogo é metaforizado nos raios solares, que são a luz-vida, iluminadora, no horizonte, tela-mundo, da passagem de Jesus do terreno para o divino.

A passagem é, pois, o tempo narrativo preciso, que tem seu espaço de ocorrência plasticamente construído na sala-natureza. Em planos que se sobrepõem, edifica-se a mesa retangular, o palco das ocorrências: um bloco de pedra, pedras sobrepostas. Jesus aloca-se em seu centro, só que está e não está sentado à mesa, pois se aloca também no cenário-natureza.

A mesa-palco, pelo enredar de ambigüidades, passa a assumir um outro possível interpretante. É também a mesa-altar, onde se celebra a Eucaristia. A cada missa, Jesus presentifica nos altares, para os fiéis, sob a aparência de pão e vinho, seu corpo e seu sangue.

Jesus é o homem. Jesus é a natureza também. Como o barco liga as margens de terra que as águas separam, Jesus é o elo entre o mundo dos homens e o mundo divino. Só que Dali usa esses mundos dicotômicos para construir um mundo outro, o da transparência do vidro. Jesus, no exterior da sala, com a cabeça saindo da água-vida, está, simultaneamente, no interior da sala sentado à mesa-pascal. Sua dupla localização aponta também uma outra, a do seu olhar, que, direcionado para alguém situado fora da tela, insere nessa o receptor. Jesus olha o receptor, qualquer um de nós. Nos olhos, um apontar se mostra: Olhe-me, olhando meus gestos. Enquanto o braço e a mão direita referencializam ser Jesus o sujeito da ação, o braço esquerdo, estendido para o alto, com a mão e posição dos dedos modelando direção, mostram sua trajetória ascendente. Os gestos são a fala mostrativa de Jesus. Gestos que não falam aos apóstolos, mas aos receptores.

Os apóstolos, com as cabeças abaixadas, são distribuídos, em montagem rigidamente simétrica, ao lado de Jesus e à sua frente. Do posicionar dos seres sem face, traçam-se triângulos que se propõem e repropõem continuamente. Enquanto o ciclo ternário é individualizado, os apóstolos são anônimas figuras sem face, que comungam o corpo e o sangue de Jesus, pelo pão e copo de

Fig. 57. Fragmento *O Sacramento da Última Ceia*. Salvador Dali.

vinho que, triangularmente, são prolongamentos do seu corpo, postulados como ele mesmo.

Pelo olhar de Jesus, os receptores são chamados a participar da Eucaristia, partilhando do revelar último de Jesus:

DOR E ALEGRIA DOS DISCÍPULOS

Daqui a pouco, vocês não me verão; e passado outro pouco, vão tornar a me ver. [17]Perguntavam os discípulos uns aos outros: "Que é isto que ele está dizendo: 'Daqui a pouco, vocês não me verão; e passado outro pouco, vão tornar a me ver'; e: 'porque vou para o Pai'?". [18]Diziam pois: "Que é este pouco? Não sabemos de que ele está falando". [19]Compreendeu Jesus que desejavam interrogá-lo e lhes disse: "Vocês estão perguntando uns aos outros por que eu disse: Daqui a pouco, vocês não me verão; e passado outro pouco, vão tornar a me ver. [20]Eu lhes afirmo com toda certeza: vocês vão chorar e gemer, enquanto o mundo se alegrará. Vocês estarão na tristeza, mas a sua tristeza se converterá em alegria. [21]A mulher, quando está para dar à luz, se entristece, porque é chegada a sua hora; nascida, porém, a criança, não lembra mais as dores, pela alegria de ter nascido um homem para o mundo. [22]Assim também, vocês agora estão tristes; mas vou tornar a vê-los e seu coração se alegrará, e ninguém lhes poderá tirar sua alegria. [23]Naquele dia, vocês não vão me perguntar mais nada. Eu lhes afirmo com toda certeza: se vocês pedirem alguma coisa a meu Pai, ele lhe dará em meu nome. [24]Até agora, vocês nada pediram em meu nome. Peçam, que vocês receberão, para que sua alegria seja completa.

[25]Isto eu lhes disse em parábolas. Vem o momento em que não vou lhes falar mais em parábolas, mas lhes falarei do Pai abertamente. [26]Naquele dia, vocês pedirão em meu nome, e não lhes digo que vou pedir ao Pai por vocês, [27]porque o próprio Pai os ama, porque vocês me amaram e acreditaram que saí de Deus. [28]Saí de meu Pai e vim ao mundo; outra vez deixo o mundo e vou para o Pai".

[29]Disseram-lhe os discípulos: "Agora, sim, falas claro e sem figuras! [30]Agora vemos que conheces tudo e não precisas que ninguém te interrogue. Por isso, acreditamos que saíste de Deus". [31]Respondeu-lhes Jesus: "Estão acreditando agora? [32]Está para vir a hora – e já chegou – em que vocês se dispersarão, cada um para seu lado, e me deixarão sozinho. Mas não estou sozinho, porque o Pai está comigo. [33]Eu lhes falei isso, para que em mim vocês tenham a paz. No mundo vocês terão que sofrer. Mas podem confiar: eu venci o mundo!".

A ORAÇÃO SACERDOTAL

[1]Depois de assim falar, Jesus levantou os olhos ao céu e continuou: "Pai, chegou a hora: glorificai vosso Filho, para que vosso Filho vos glorifique, [2]pois lhe destes poder sobre toda a humanidade, para que ele conceda a vida eterna a todos que lhe destes. [3]A vida eterna consiste em que vos conheçam a vós, verdadeiro e único Deus e a Jesus Cristo, que enviastes. [4]Eu vos glorifiquei na terra, levando a bom termo a obra que me encarregastes de executar. [5]Agora, ó Pai, glorifica-me com a glória que eu tinha junto de vós antes de existir o mundo.

[6]Manifestei vosso nome aos homens, que tirastes do mundo para dá-los a mim. Eram vossos e me quisestes dá-los, e eles guardaram vossa palavra. [7]Agora reconheceram que tudo quanto me destes vem de vós, [8]porque as palavras que me destes, eu as dei a eles, e eles as receberam e conheceram verdadeiramente que eu saí de vós e creram que vós me enviastes. [9]É por eles que eu rogo; não rogo pelo mundo, mas pelos que me destes, porque são vossos, [10]e tudo o que é

meu é vosso e tudo o que é vosso é meu, e neles eu sou glorificado. ¹¹Eu não estou mais no mundo, mas eles permanecem no mundo e eu volto para vós. Ó Pai Santo, guardai-os em vosso nome, o nome que me destes, para que sejam um como nós. ¹²Quando eu estava com eles, eu mesmo os guardava no vosso nome, o nome que me destes, e nenhum deles se perdeu, a não ser o filho da perdição, para que a palavra da Bíblia se cumprisse. ¹³Agora, porém, vou para vós, e digo isto ao mundo, para que eles tenham em si a minha alegria total. ¹⁴Eu lhes dei vossa palavra e o mundo os odiou, porque não são do mundo, como eu também não sou do mundo. ¹⁵Não vos peço que os tireis do mundo, mas que os livreis do Maligno. ¹⁶Eles não são do mundo, como eu não sou do mundo. ¹⁷Santificai-os na verdade: vossa palavra é a verdade. ¹⁸Como me enviastes ao mundo, assim eu os enviei ao mundo. ¹⁹E, por eles, me santifico a mim mesmo, a fim de que também eles sejam santificados na verdade.

²⁰Não rogo somente por eles, mas também por aqueles que, por meio de sua pregação, vão crer em mim; ²¹para que todos sejam um, assim como vós, ó Pai, estais em mim e eu estou em vós; para que também eles sejam um em nós e assim o mundo creia que vós me enviastes. ²²Eu lhes dei a glória que me destes, para que eles sejam um, assim como nós somos um; ²³eu neles e vós em mim, para que cheguem à plenitude da unidade e o mundo conheça que vós me enviastes e que vós os amastes, como também amastes a mim. ²⁴Pai, eu quero que lá onde eu estiver, estejam também comigo aqueles que me destes, para que contemplem minha glória que me destes, porque me amastes antes da criação do mundo. ²⁵Pai justo, o mundo não vos conheceu, mas eu vos conheci e estes reconheceram que vós me enviastes. ²⁶Eu lhes dei e lhes darei a conhecer vosso nome, para que neles esteja o amor com que me amastes e também eu esteja neles". (Jo 6:16-18)

A vida eterna, em substituição à finitude humana, é a última promessa de Jesus aos fiéis: os doze apóstolos e os receptores, apóstolos do século XX. Se, para o apóstolo, a fé é a condição para se obter a mensagem, o mesmo não se dá para o receptor. Cabe a esse articular as relações montadas na tela para estruturar a mensagem pascal de Dali.

Jesus, presente e ausente na mesa-altar, sai das águas para estar no ar. É a chama solar elevada às alturas, que se prolonga pelo incompleto dodecaedro para além da tela, por todo esse mundo-natureza. Indiciando através de seu auto-referir-se pela mão direita e pelo caminho que sua mão esquerda aponta ser sua direção, Jesus vai saindo da tela, que fica acéfala. Por uma metalinguagem, gesto-movimento, falando sobre movimento-gesto, Dali propõe a fala de Jesus:

Eu sou Jesus / Eu sou Natureza / Eu sou Homem / Eu sou você / Você é eu

A experimentação é o vetor que permite ao receptor a articulação sígnica da tela. Em consequência, ela é o vetor compulsivo que Dali lança ao mundo para fazer sentir, fazer viver, fazer pensar.

Nos doze lados-apóstolos da tela-mundo, há o encontro com o homem integral. O viver é a experiência singular, liberdade única, que o homem constrói nos doze vértices/meses do ano. E viver essa experiência é a possibilidade para que a semiose dos signos pictóricos se desenrole. Nesta tarefa, o receptor não é guiado pelos dogmas determinantes de seu interpretante, mas pelos interpretantes, signos de seu próprio experienciar.

A cortina das ceias, cenas pictóricas, está prestes a se fechar. Cada sintagma, mesa-palco, tornou-se paradigma de gestos possíveis frente a um único tema. Para lê-los, necessitamos de esquemas, e o esquema para ler as ceias é a busca não só do intratextual, mas também do intertextual num confrontar texto a texto, em busca de suas especificidades, analogias e contrastes. Do ver o olhar do pintor, vendo e revendo a configuração gestual, emergiu o nosso método para analisar o gesto: método contrastivo para ler e reler os signos gestuais.

Nas ceias, quer nos gestos de Jesus, quer nos dos apóstolos, predominam as expressões gestuais repertoriadas como expressivas de emoções. Na interação de um gesto e outro, uma rede dialogal monta-se, levando-nos a seqüências de gestos. São falas das mãos que respondem a olhares, posição do tronco, cabeça, traços, e, num conjugar múltiplo, todas as partes se inter-relacionam, montando a representação cênico-plástica. Nosso método perseguiu estes blocos para mostrar a forma dos gestos e montar os seus interpretantes. Nesse fazer, além de emoções e sentimentos, apontou-se para o fato de que os gestos representam também idéias.

O resultante desse estudo é o ponto motor para definirmos gesto como todo e qualquer ato: movimento/estaticidade do corpo que, num determinado contexto, significa. Gesto é uma forma-qualidade ou uma forma-símbolo que, situada numa interação, resulta sempre numa experimentação. Portanto, é um segundo, matriz geradora e captadora de ações rumo a possíveis e terceiros signos interpretantes.

Mas a ceia continua sendo representada... A próxima cena de nosso olhar, o gestual, situa-se, agora, na ceia cinematográfica, a fim de verificarmos como este outro código imagético operacionaliza o gestual em suas representações.

O filme *Evangelho Segundo São Mateus*, de Pier Paolo Pasolini, que é o nosso primeiro objetivo de estudo, foi premiado na XXV Mostra de Arte Cinematográfica de Veneza, em 1964. É um filme em preto e branco que Pasolini dedicou à "querida, grata e familiar memória de João XXIII".

Em sua estruturação global, encontramos dois grandes blocos, reoperacionalizadores do objeto-palavra de Mateus: o da concepção ao batismo de Jesus ou o Evangelho da Infância (cap. 1-2) e o das pregações (cap. 5-25) à paixão, morte e ressurreição (cap. 26-28).

O primeiro bloco estrutura-se com um verbal sintético e a câmera é o grande narrador. Segundo a ordem cronológica, a câmera, interagindo com músicas de J. S. Bach, Mozart, Prokofiev e Weber, e com falas do anjo, de Herodes, dos sábios e de João Batista, conta-nos a vida de Jesus. Caracterizado bem moço, Jesus é de estatura média, magro, de traços latinos, comum, barba rala, negras e longas sobrancelhas que se encontram na parte central, testa larga, rosto oval, olhos grandes, cabelos curtos, lisos e bem penteados, vestido de túnica clara e manto escuro – eis Jesus, um homem do povo, junto ao povo.

Povo que é a presença maior em todo filme. A câmera o identifica com os camponeses, pescadores, comerciantes, da região árida de Israel, que, nas suas roupas de trabalho, fazem o ofício que lhes cabe no dia-a-dia. São ouvintes atentos, primeiro de João Batista e depois de Jesus. Suas únicas falas são de questionamento. Conhecem Jesus e, após a onda de suas curas, decepcionam-se com ele, pois esperavam um Messias diferente. Na cena em praça pública, um círculo humano indaga: "quem é esse Jesus?". Foco nos rostos: homens do povo, sem nome, cuja fala é a única e concisa apresentação daqueles entre os quais Jesus vive. Pasolini trabalha as pessoas como tipos, num exercício contínuo da generalização.

O final do primeiro bloco ou o que antecede às pregações de Jesus tem novo ritmo verbal e imagético. A câmera passa a focar não mais um tipo mas a personagem João – prenúncio da personagem central: Jesus.

A palavra das pregações vai além do direcionamento da imagem e é ela mesma a própria mensagem: João, o prenúncio de novos tempos. Numa panorâmica, temos João a pregar às margens do rio. Foco no seu rosto. Seus olhos olham para o alto, à direita, e interrompe-se o seqüenciado batismo. João Batista fixa seus olhos na margem oposta. O que olha invade a tela. Constrói-se, via seus olhos, numa fusão de faces, a imagem de Jesus – da face de João, a de Jesus. João batiza Jesus, que olha para o alto, para o céu-Deus, presentificado na terra em forma de um feixe de luz e de uma voz apresentadora: "– Este é o meu filho muito amado...".

O segundo bloco inicia-se com o retiro no deserto. A partir dele, Jesus assume-se pregador e peregrino entre os camponeses em seu local de trabalho, até adentrar Jerusalém, etapa final das pregações.

Entre o povo, Jesus escolheu seus apóstolos. A câmera, a meia distância, partindo do olhar de Jesus, observa dois pescadores em seu barco, trabalhando com as redes. É o chamamento de Simão Pedro, que é seguido pelo de André, para serem, com Jesus, pescadores de almas. Sem palavras-respostas, eles largam tudo e seguem Jesus. Ambos são homens maduros. Numa panorâmica, a câmera mostra dois jovens que correm na margem do lago, esticando a rede de pesca: Tiago e João são chamados. Reconhecemos seus rostos, anteriormente mostrados no grupo de seguidores que ladeavam o profeta João Batista.

Apresentados os quatro apóstolos, no compasso da voz de Jesus, a câmera apresenta, do busto para cima, as faces dos demais obreiros: Felipe, Tomé, Simão, Bartolomeu, Tadeu, Tiago, filho de Alfeu, Mateus, Judas Iscariotes. Está formado o grupo e Jesus lhes diz: "O Espírito Santo falará em vós...".

À exceção dos questionamentos na multiplicação dos pães, na Última Ceia, Judas é o único que fala. Assume a palavra para negociar a venda de Jesus a Caifás. Utilizando palavras medidas, restritas ao essencial, Judas é apresentado como um delator, um instrumento da dirigente Igreja.

Ao lado da Igreja, o filme apresenta outro poder, os soldados, que, pelos uniformes, são o Império Romano, na época, governante daquelas terras. Durante as pregações, os soldados aparecem constantemente mostrando total desinteresse por suas palavras.

Os sacerdotes, vestidos de trajes típicos, locomovem-se e agem sempre em bloco compacto, sendo apresentados como uma força coesa. Suas túnicas claras, longas, bem alinhadas, distinguem-nos dos demais. Nas cabeças, enfatizadas como captadoras das vozes celestiais, usam os sacerdotes chapéus em forma de cone aberto. São homens maduros com faces enrugadas, nas quais se estampam expressões irônicas e de sarcasmo. São faces dominadas pela face de Caifás, seu líder, que, através de olhares, repuxar de lábios e acenar de cabeça, ordena o jogo de falas marcadas. A soberania de Caifás marca-se, também, pela cor escura de seu chapéu, pela posição central que ocupa, ao locomover-se com os doutores da Igreja e pela cadeira de chefe, onde se senta ao proferir o julgamento de Jesus.

Como recurso para mostrar o domínio da Igreja sobre a população, Pasolini foca-a em tomadas do alto para baixo. Os sacerdotes estão em janelas do piso superior, olhando, de cima para baixo, Jesus e a população. Também os doutores da Igreja locomovem-se em grupos compactos, unidos pelas vestimentas imponentes e exibindo assim seu domínio sobre o povo. É a câmera com suas imagens que faz afirmações sobre o contexto.

Em contraste, a liderança de Jesus é desprovida dessa força opressiva. Ele está sempre na frente de seu grupo ou ladeado pelos discípulos, vestindo-se como os homens do povo. Sua liderança é sua palavra.

Pasolini ordena seletiva e seqüencialmente a história de Jesus. Assume, como pressuposto, que os fatos são parte do repertório do espectador. Por isso, exige a memória desses para preencher as seqüências factuais. A tela é palco de momentos sínteses, momentos de ápice actancial. A proposta central não é contar a vida de Jesus, mas re-presentificar sua doutrina.

Com um cenário que tem o céu no horizonte, Jesus, posicionado no centro da tela, direcionando-se ora para a esquerda, ora para a direita, fala a quem não vemos e fala também ao receptor do filme. Seus olhos percorrem cento e oitenta graus, voltando-se inclusive para nós, peregrinos atuais, na sala escura da grande tela. O movimento de aproximação e afastamento da câmera no rosto de Jesus marca o início e o final de cada pregação. O verbal não se interrompe. Um jogo de claro/escuro reafirma o pregar dia e noite. Sem remissões, nem intermitências, a voz propaga os sermões que os gestos, movimentos da câmera, controlam num ritmo seqüencial.

Pasolini, baseando-se no texto de Mateus, analisa-o criteriosamente a nível filológico, exegético e estilístico. Mas o texto evangélico em Pasolini converte-se em texto-imagem que mantém na tradução cinematográfica a dimensão messiânica e revolucionária atribuída por Mateus a Jesus.

A Última Ceia, o nosso objetivo no filme, assume três tônicas: a revelação da traição de Jesus por um dos apóstolos, a identificação do traidor na série de questionamentos e a transubstanciação de Jesus em pão e vinho.

O foco de abertura da ceia pascal é um prato de cordeiro com molho, colocado sobre a mesa da pequena sala. Os trajes são os mesmos do dia-a-dia. Não há, além dos alimentos, nenhum arranjo especial. O grupo senta-se no chão, ao redor da quadrada mesa. Com um pedaço de pão duas mãos se servem de cordeiro. A câmera dá um *close* na ação e manda o foco para o rosto de Jesus: "Em verdade lhes afirmo com toda certeza: um de vós vai me trair" (Mt 26:21). Ao som das palavras, a câmera percorre os rostos dos corpos sentados. Todos, exceto Judas, sentam-se no chão ao redor de Jesus. Judas senta-se numa mureta, um pouco acima do grupo de apóstolos. A reunião pascal mostra a intimidade do grupo. Judas, que Pasolini, segundo a tradição, isola do grupo, mesmo assim, junto à parede, permanece de tal maneira próximo que, com um erguer do corpo, alcança o prato-refeição.

É a imagem em *close* da mão de Judas servindo-se como Jesus do prato central que introduz a ceia. Também é este o índice identificador do traidor que Jesus dá aos apóstolos, após lhes revelar que um deles o trairia. A câmera, como num ritual, focaliza os cinco questionamentos dos apóstolos. "Serei eu, Senhor?" (Mt 26:28). Nos rostos, a mesma expressão plácida de outras representações, mas sem a intensidade que Leonardo atribuiu às expressões de suas personagens. A coesão do mural de Da Vinci reaparece na ceia de Pasolini, divergindo da dispersão presente na obra de Castagno. Nos olhos fixos e indagantes, nas faces fechadas, há também uma nascente aceitação, como encontramos nos apóstolos em oração de Dali. A câmera enfatiza o diálogo de cada apóstolo com Jesus. Foco no apóstolo que indaga. Foco no silêncio de Jesus que o olha e depois abaixa o olhar. A câmera repete o foco no outro apóstolo que indaga, passa a focar Jesus que repete olhos nos olhos, olhos para baixo. A série se encerra na sua resposta: "Aquele que põe comigo a mão no prato, é esse que vai me trair" (Mt 26:23). É a vez de Judas indagar, e a câmera repete o mesmo processo e mostra-nos as mesmas expressões tanto em Judas como em Jesus, só que ao abaixar os olhos, sua boca revela: "Tu mesmo o disseste" (Mt 26:25).

Segue-se a ceia no mesmo ritmo. Após uma panorâmica, a câmera dá um *close* nas mãos de Jesus, que toma dois pães ázimos e os parte. O agir é suporte para o verbal: "Isto é o meu corpo", que confirma o gestual. Iniciando a Eucaristia, sentado e pela direita, Jesus dá a Pedro um pedaço de pão, seu corpo. Jesus divide-se a si próprio com os discípulos. Em função da distância física, após o terceiro apóstolo, ele se ergue e a câmera continua focando o seu repartir-se em pão até a comunhão do último discípulo. A câmera foca as mãos de Jesus que tomam a botija de vinho e, também em *close*, foca o vinho jorrando no copo. No ato de entrega do copo ao apóstolo da direita, a imagem é esclarecida pelo verbal: "Isto é o meu sangue, bebam deles todos, pois este é o sangue da Aliança, que é derramado por muitos para a remissão dos pecados" (Mt 26:28). Ao som destas palavras, o beber é focalizado: João bebe. A câmera foca Jesus que olha o apóstolo e sorri. Outro apóstolo bebe. A câmera foca Jesus que olha o apóstolo e sorri. Repetem-se os atos e a câmera, mostrando-nos o ritual, enfatiza o tratamento igual. Na terceira repetição, elimina a imagem de Jesus, presentificado pelas palavras: "Eu vos digo que não mais beberei deste fruto da videira, até o dia em que o beber de novo com vocês, no Reino do meu Pai" (Mt 26:29).

Na próxima cena, a câmera panoramicamente situa Jesus no Getsêmani, local afastado da cidade para onde Jesus e seus apóstolos se retiram para passar a noite. Demarcado o fluxo temporal, a narrativa fílmica prossegue.

A ceia é uma das poucas partes do filme em que os apóstolos falam. Pasolini sintetiza ao máximo o Evangelho de Mateus, sem excluir nenhuma parte. Como Mateus, interessou-se pelos discursos de Jesus:

– Sermão da Montanha (cap. 5-7)
– Sermão Apostólico (cap. 10)
– Sermão das Parábolas (cap. 13)
– Sermão sobre a Igreja (cap. 18)
– Sermão Escatológico (cap. 24-25)

Presentifica cada parte deles na tela e, como Mateus, não omite as palavras referentes às tradições e aos costumes judaicos. Enfatiza bem como Jesus é rejeitado pelo seu povo, o que é marcado explicitamente pelo narrador-câmera que, focando em *close* as pessoas na praça, desvela no rosto da multidão o grande enigma representado pelo Mestre. Mas, pouco a pouco, o povo descobre que Jesus não é o Messias esperado. Recolhido então junto aos apóstolos, Cristo prepara-os para a missão que deverão realizar após sua morte. As imagens sem palavras de Pasolini apontam os verdadeiros réus da Paixão: a Igreja e o povo.

No cinema, diz Yuri Lotman:

Cada nova cena apresenta uma condensação da ação que forma um todo organizado com limites estruturais definidos: é um nó de ação[5].

A ação, condensada em várias partes, tem seus vazios preenchidos por regras de ordenação que formam microcadeias de peças, enlaçadas.

Define-se cinema como conjunto de sons e imagens em movimento. Eisenstein, Pudovkin e Alexandroff no *Manifesto dos Três* (1928) e *Bela Balzs*, mais tarde, enfatizam a combinação em contraponto do som (palavra, timbre de voz, ruído, silêncio, efeitos sonoros, música) e da imagem que, nos rebatimentos dialéticos de suas possibilidades combinatórias, apresentam-se em relações de complementaridade, de afirmação, de contradição entre um código e outro. São informações mais, muito mais também, são qualidades estéticas que veiculadas propõem a mensagem fílmica.

No filme de Pasolini, a relação som e imagem constrói-se com ênfase na palavra evangelizadora de Jesus. Os estágios das pregações são vivificadas na tela, mostrando a proeminência da palavra oral na instituição do cristianismo. A palavra, em ritmo acelerado, é a corrente de ensinamentos que a imagem condensa através de gestos, enfatizando as ações centrais. Por tal ênfase, os gestos são metáforas das ações, são informações concentradas. Diálogos de olhares, sorrisos, enfim, o modo como os apóstolos partilham o que as mãos de Jesus lhes oferecem: seu corpo e seu sangue. Pasolini reafirma o grupo e a sua missão, sempre ressaltando o papel geral que lhes é atribuído.

Na cena da ceia pascal especificamente, a imagem antecede a palavra. É a imagem que fala. O movimento dos corpos, as posturas, a distribuição dos mesmos na sala, tudo isto aliado às expressões faciais, são os pensamentos-ações-sentimentos que marcam as interações. O verbal cria um limite para o que o gestual sugere e, assim, restringe a fala dos signos gestuais. Pasolini sabe disso: em *zoom*, primeiro no pão, depois no vinho, sugere, imageticamente, a transubstanciação do corpo e sangue de Jesus. Em primeiro plano, Jesus atua. A câmera focaliza-o do tronco para cima. Suas mãos e face informam o que a palavra complementa e restringe. Na ceia do espírito e não do corpo, é o corpo a fala do espírito.

Em contrapartida, a palavra inexiste na ceia pascal de Buñuel. A sala burguesa, ao ser desbravada pelos mendigos, agita-se em falas ruidosas, vozes em diálogos, em gritos, em xingamentos, em cantos ao som de brigas, risos, acordes musicais, ruídos de apetrechos de mesa, para silenciar totalmente ao ser capturada como imagem. Acompanhemos as entrópicas falas das personagens na ceia de Buñuel.

M – Esta señora que se parece a nuestra señorita Viridiana era la mujer de ese, que es el que se colgó.
H – En seguida me colgaba yo, com su parné.
M – Y dio se por el asma. Estos viejos ricachones siempre tienen el asma.
M – ¡Cuánte riqueza de lujo!
M – ¡Jesús, María y José!
M – ¡Vaya! Mantel tán pituno!
M – ¡Ven! Vamos a estenderlo.
M – Ha de costar da escuela lo menos mil monices, ¿verdad tú?
M – ¿Mil? Más de diez mil, ¡pasmad!

M — ¿No ves que es encaje francés?
H — ¡Dejádlo ya! No nos vayamos amolar.
M — Usted fumese y callese que nada mal lo hacemos. Peor es fumar el tabaco al señorito.
M — Tiene razón el señor Ezequiel. A ver si llegan los señores, y nos cogen, "Dominus Vobiscum".
M — Has mañana no vuelven que se lo oí decir al chofer.
M — ¡Mirad que morirme sin comer en manteles tán galanes!
H — ¡Don Ezequiel! ¡Hombre!
 ¡Alegría!
M — ¡No apurase! Eso lo dejamos nosotras como una patena antes de que vengan.
H — ¡Pasa la bota!
M — Siga usted contando, Don Amalio.
H — Esto es un gallinero. Aquí no su puede hablar.
H — Adivina, adivina... ¿Cuál es el lado...?
M — ¡Cállate tú y deja hablar Amalio! Cuántelo señor Amalio.
H — ¡Silencio! Entonces nos juntemos pa pedir (...) por la Iglesia ricachona (...) Pasaron unas gachís con un olor tan perfumoso que se sentía como si la estubiense de piba.
H — ¡Esta sí que es buena! ¡Olerla y no poderla sentir!
H — Y ¿por que os separatéis?
H — ¡Cierra la petaca! A ver me pregunto otro.
 ¡Cuénteme!
H — Pues nos separamos porque el sordo empezó a sangrar los cepillos de la Iglesia con la hoja de una navaja.
H — Y ¿cómo supo usted eso?
H — Por los reales que le sonaban en la bolsa. Aquel día no habíamos cogido ninguna limosna, ¿sabes lo que hice? Lo denuncié a la autoridad.
H — Pero lo chotaste porque no te llamó pa el reparto, ¡chibato!
H — Pues los señores jueces me dieron las gracias. Y uno que daba mucho respeto me llamó una palabra... ¿Cómo se dice?
H — Cerdo y soplón te hubiera llamado yo.
H — Me dijo cívico. Eso ahí. Cívico para que te enteres.
 (música)
H — A tu salud y a esta amable compañía.
M — ¡Demonio! ¡Vete pa allá!
M — Vamos a ver si le callo yo o no. ¿Por qué no te callas? ¿A ver que te has creído tu? ¡Vamos, a ver! ¿Por qué tienes que llorar tanto? ¿he?
 (ruído)
M — ¡Tonta!
M — ¡Pues cállala! ¡Que no deja oir!
M — Me da ganas de romperte la cabeza. Eso ni oye, eso hi habla.
M — A mí no me tocas tú que me pegas...
M — ¡Su cochina!
M — ¡Que la desgracio!
 (ruído)
H — ¡Quieta!

H — ¡Quieta Erendina! Esa no merece ni que la miren.
M — ¡Mis latillas! ¡Salta ladrón!
H — ¡El postre!
(ruído)
H — Esta acción tuya me acuerda (...). Ya verás como mi acuerdo.
M — ¡Suélta!
Buena, buena.
H — ¡Erendina!
M — ¿Qué quieres?
H — ¿Sí?
M — ¡Sí!
H — Erendina nos va a sacar un retrato a todos como recuerdo.
H — ¿Y en que máquina?
M — Con una que me regalaron mis papás.
H — ¡Ponérselo!
M — Y cuando yo diga alto, que nadie se mueva.
(ruído)
H — Adelina, adelanta: ¿cuál es el ave que pone en la grampa?
H — La gallina.
M — ¡Vamos, vamos! ¡Todos quietos!
M — ¡Tú no te muevas!
(risadas)

(Transcrição sonora dos antecedentes da cena: Última Ceia, de Buñuel, em *Viridiana*).

As personagens ruidosas blasfemam o tempo todo. São irreverentes. São detritos humanos, repulsivos em suas feições, ávidos de oportunidades, e tiram vantagem da saída dos donos da casa para conhecê-la por dentro, como quem desbrava o mundo interior. Mas, quem são estas ruidosas personagens que, em segundos, reproporão na tela as personagens, modelos sacralizados de Da Vinci?

São o bando de apóstolos de Viridiana, a loira heroína (Sylvia Kristel) de Buñuel. Ao sair do mundo fechado e isolado do convento, Viridiana descobre-se não mais uma santa, mas tão somente uma jovem com todas as limitações dos seres humanos. Suas orações e penitências, seu exaurir-se para conter as energias do corpo, em prol das do espírito, terminam, numa mesa de cartas, com seres humanos comuns: Jorge, seu primo, e Ramona, a criada, mãe solteira com quem este mantém relações sexuais. O jogo que Viridiana aceita jogar é o jogo de uma outra vida que desiste de evitar e a que acaba se entregando. Entretanto, esta é a cena final do filme, que aparece na tela, focalizada à distância, pela câmera, e que se nos oferece como uma janela-mundo, emoldurada por um arco renascentista, em nítida oposição à ambígua e mística janela vitral de Dali.

Viridiana, até então, tinha incorporado os valores da Igreja que a faziam ver-se mais do que um ser humano. Apercebia-se como um ser fortalecido pela fé e com poderes para transformar o mundo. Imbuída deste ideal, olha inicialmente para os seres marginais que a cercam e tenta agir no sentido de reintegrá-los e enquadrá-los na sociedade que os rejeita. Contudo, Viridiana acaba mergulhando no mundo profano ao sair do convento, descobre que os homens já não podem ser salvos. Transforma-se numa anti-heroína. Viridiana vê (não vê) como a ótica social vê, com olhos cegos e exterminadores para tudo o que se lhe apresenta como ameaça para desestabilizá-la.

O velho decadente mundo de D. Jaime, contextualizado em uma fazenda improdutiva, é o palco fílmico de negação do vitalismo corporal. D. Jaime casou-se com uma mulher que morreu com o corpo protegido por vestes sagradas de noiva-virgem. São estas vestimentas que vestem D. Jaime quando, ao se masturbar, tenta dar vida a seu corpo de velho satírico. No entanto, o sexo solitário não o satisfaz. Seu corpo sonha a dança inocente e cheia de vida da criança, dança que se metaforiza em pés infantis abrindo-se, fechando-se, cruzando-se, enlaçando-se. O pular corda iconiza o sexo como jogo natural dos corpos. Todavia, D. Jaime fracassa. Deseja Viridiana mas, ao tocar aquela que é a reencarnação de sua mulher vestida de noiva, toca, de novo, um ser dormente, morto, anestesiado em seus sentidos vitais.

O sexo, instinto animal para Viridiana, faz com que ela renuncie ao convento após a morte de D. Jaime. O sexo é carregado de culpa e o frustrado senhor, o "Judas" de Viridiana, se autopune através de seu enforcamento com a mesma corda, objeto-sonho do prazer que sente ao ver a criança brincando na sombra da árvore, a mesma em que se suicida. Os homens, propõe Buñuel, são punidos por seus desejos humanos e não têm escapatória. Estão atados pelas amarras institucionais do seu viver. Viridiana também é punida. Deixa o convento, cobre suas marcas de mulher com andrajos, lenços, penitências e renúncia ao conforto que a vida em sociedade lhe garante.

Contrastando com o isolamento de Viridiana, Jorge, filho ilegítimo de D. Jaime, busca satisfação no sexo. Através dele, Buñuel afirma repetidas vezes – o homem é o animal: cão, pomba, vaca leiteira. É inútil as instituições negarem a animalidade humana, pois o homem não tem como fugir à animalidade que lhe é inerente.

Parodiando Jesus. Viridiana, a falsa heroína, depois da reclusão no deserto-convento, sai para o mundo para, e com o povo, seu semelhante, formar seu apostolado. Entretanto, ladeiam a sua beleza e perfeição o grotesco, a feiúra, a doença (lepra, cegueira), a gravidez, a família desintegrada, o trágico, a mendicância, a imoralidade, o desrespeito, a irreverência, a blasfêmia, a subexistência do ser desintegrado do sistema produtivo, da sociedade, das instituições que falam pelo homem e não para o homem. Como guia do grupo, ela objetiva reintegrar seus membros no mundo pela fé e pelo trabalho. No entanto, o bando junta-se a ela para tirar proveito de seu idealismo e do que ela lhes oferece. São indivíduos à margem do sistema sem qualquer perspectiva de vida.

Se D. Jaime é ridicularizado em sua caracterização, Viridiana e seus ideais também o são. Buñuel arma um jogo de contradições para aniquilar não só a Igreja e o Estado, mas também a Cultura burguesa, representada pelos artefatos-adornos dos cenários, pelas músicas e pelos ideais sócio-econômico-culturais, quer de Jorge, em seu esforço capitalista para transformar a estanque e improdutiva fazenda de seu pai, quer de Viridiana, em seu sonho comunista de repartir a terra entre os pobres, para juntos, com seu trabalho, viverem em comunidade. São objetivos dissonantes, através dos quais Buñuel expõe as contradições e ambivalências dos sistemas que, em montagem exemplar, iconiza. Em um plano, trabalhadores, sob o comando de Jorge, tentam concretizar seu projeto de reformulação, enquanto, noutro plano, Viridiana e seus apóstolos rezam o *Angelus* ao ruído do acordeão, do gramofone, do escavar, descarregar, martelar. Os sistemas, em suas representações radicais, se justapõem até que Buñuel os reúna na mesa de cartas, ou jogo da vida, que traduz sua visão de um universo sem hierarquias.

No filme, as dualidades barroquistas se rebatem. De um lado, o instinto animal silencia-se nos homens inseridos em sociedade, e, de outro, vive solto nos mendigos, que saboreiam os prazeres carnais sem qualquer regra. Para eles, o mundo das leis de nada vale, pois estão à margem do social. A cultura pouco importa, e dançam uma sevilhana ao som do Messias de Haendel, com o véu branco de uma noiva. Nesta conjugação de símbolos, o sacramento do matrimônio se desfaz nas penas que o mendigo-noiva tira de seu próprio corpete e lança pelos ares.

Também não é ao acaso que esta cena tem como protagonista um homem que se faz passar por mulher, logo em continuidade à seqüência da Última Ceia. É o papel da mulher, na sociedade espanhola, centrada no matriarcado, que é posto em discussão. Observemos: a morte da esposa de D. Jaime, no dia de seu matrimônio, castra-lhe os sonhos. Em conseqüência, ele abandona seu latifúndio e se enclausura em casa. Ainda pelo amor à mulher, D. Jaime não assume seu único filho, Jorge, fruto de uma relação ilícita, mas para compensar a paternidade não assumida, doa-lhe, ao morrer, parte de seus bens, dentre estes, sua fazenda, tão improdutiva como seu ser. Quando D. Jaime se apaixona por Viridiana, imagem de sua mulher, os instintos que afloram acabam por gerar uma culpa maior que o leva ao suicídio. Culpa é também o que determina, após a morte de D. Jaime, a decisão de Viridiana de largar o noviciado e vir ao mundo para salvar os homens. Como Jesus, ela tem uma missão no mundo terreno. Só que os mendigos blasfemam, desprezam as metas de Viridiana e mais: um deles a desvirgina após a ceia e ela o mata. Quanto às demais mulheres da obra, são, a começar por Ramona, a empregada, mães solteiras. A mulher, na lógica do filme, não completa o homem, nem a si mesma, mas é tão-somente um foco gerador de conflitos.

Voltemos ao objeto-ceia. Em Buñuel, a ceia, diversamente da do Pasolini, é imagem sem palavras, um silêncio de alto teor informacional, na medida em que a tela é ocupada pela imagem iconográfica da ceia de Da Vinci. Não há para a Mente Interpretadora como escapar à rede analógica que daí advém. A foto que Erendina, sem máquina, tira do grupo como *recuerdo*, reacorda o recordar imagético que, por quatro séculos, preenche como interpretante o objeto, ceia pascal.

Após o banquete, voltado para os prazeres do corpo e não do espírito, a ceia é, como nos Evangelhos, o último ato conjunto dos apóstolos. Decidido a perpetuar uma imagem da ceia, o grupo de mendigos monta o cenário e a mesa pascal. Seus movimentos evidenciam ao receptor que a ambientação é um arranjo intencional do criador. Trata-se de um aparato organizado para receber as ações das personagens que, neste espaço, são configuradas.

Para mostrar que a ceia é representação, Buñuel repropõe na tela a mesa em diagonal da ceia de Tintoretto para noutro plano fixar a imagem na mesa de Da Vinci. Num *flash back*, o receptor é remetido a duas representações clássicas da *Última Ceia*.

Fig. 58. Fragmento *Última Ceia*: Luiz Buñuel. Filme *Viridiana*, 1959.

Fig. 59. *Última Ceia*: Tintoretto.

Fig. 60. Fragmento *Última Ceia*: Luiz Buñuel. Filme *Viridiana*, 1959.

Fig. 61. *Última Ceia*: Leonardo Da Vinci.

É o estudo composicional de Leonardo que Buñuel fixa na tela para levar o receptor a relacionar os figurantes do filme com os figurantes pictóricos, todos distribuídos no espaço da obra segundo as leis da perspectiva. Mas, esta estrutura simétrica, harmonicamente composta, é pretexto para o texto fílmico. A câmera, aproximando-se ao máximo do cego, destrói o ver hierarquizado e constrói o ver no plano. A imagem, num proceder similar ao de Dali, transita de um plano a outro, simultaneamente e sem qualquer dominância de um plano sobre os demais. São planos iguais, da mesma forma que Deus, Homem e Natureza são entidades iguais.

Buñuel expõe em seu texto que a ceia de Leonardo é o modelo de ceia aceito pela Igreja. Todavia, a ceia não é o objeto ceia pascal, mas uma representação sígnica desta. Desta forma, o cineasta, através do poder da linguagem, mostra a linguagem do poder.

Na mesa-palco da ceia de Buñuel, os figurantes distribuem-se em cinco partes. Ocupa a posição central um cego e, ladeando-o, simetricamente, dois a dois, os quatro grupos ternários, que são focalizados numa seqüência de quatro *flashes* sobrepostos. Numa sobreposição última, o cineasta estatiza na tela a imagem de um Jesus cego, que é focalizado de baixo para cima. A câmera, centrando-se nele, apanha-o cada vez mais próximo, até o cego Jesus ser toda a tela. Em primeiro plano, no centro do grupo, o líder é um Deus que não vê. Cego, este Deus é a não-luz, ou o nosso conhecimento direcionado por dogmas e convenções.

As tomadas aproximativas e a angulação transformam o cego Deus em regente todo-poderoso da tela e de todos nós. Porém, o silêncio é quebrado por três cantos de galo. O cego, construído como Deus, passa a ser Pedro, aquele que negou Jesus três vezes antes que o galo cantasse. Numa radicalização de justaposição, o aproximar da câmera a cada canto do galo desencadeia novo fluxo de interpretantes, na Mente Interpretadora.

Nos planos estatizados, bloqueados, nossos olhos olham a tela como olham as telas clássicas. O cego Deus, por associação, nega séculos e séculos de interpretantes, aceitos como o próprio objeto-ceia pascal. Os corpos arranjados em localização, configuração, tamanho, posição, postura, movimento, repropõem o mesmo instante fixado no mural de Leonardo, instante que se fixou como um momento/movimento único e que perdurou no tempo como instante presente, parte do acervo do homem ocidental. É o instante eternizado que tem seus valores e ideologias questionados. A sua proposição, símbolo do mundo cristão greco-romano, se esvai no riso da fotógrafa que, com uma câmara imaginária, montada através de um gesto obsceno, nada fotografa. Arrancam-se as máscaras: o arranjo da representação secular é uma criação da mente humana, fruto dos valores sócio-econômico-culturais (religiosos) que imperam no mundo ocidental. O debochar ecoa no gargalhar do grupo que se dispersa em outra paródia – o homem com véu nupcial dança ao som do início de "Aleluia", do *Messias* de Haendel.

Num crescendo, assistimos, na tela, o transformar de farrapos humanos em deuses. Tanto é assim que os decreptos mendigos, quando fixados no tempo fílmico, metamorfoseiam-se à imagem e semelhança dos modelos davincianos. Com a inversão dos referentes, Buñuel propõe a sua fé nos homens – é o homem a possibilidade do homem. Instauram-se novos interpretantes em substituição aos interpretantes religiosos, filosóficos e ideológicos regedores do Ocidente.

O anti-Jesus cego de Viridiana não salva o homem, não é o Messias. Seu corpo, que cresce na tela com o aproximar da câmera, é repentinamente destruído por um corte paródico. A montagem ceia, arranjo para ser perpetuado por uma câmera fotográfica inexistente, desmonta-se, desmistificando todas as representações anteriores que a antecederam. Nas gargalhadas, que se seguem à foto não tirada, ecoa a proposição implícita de Buñuel: crer nos modelos cristãos é ser traído, pois Deus não existe, é mera representação.

O particular Jesus de Buñuel, na sua ambigüidade, sintoniza-se com o genérico Jesus-Deus de Dali que, sem delineamento da cabeça, pode ser preenchido por qualquer cabeça humana: homem/mulher. O homem, Senhor de si mesmo e do seu reino, é a única possibilidade para o homem.

Buñuel faz uma tradução icônica da obra de Da Vinci, mas apenas a nível estrutural, para construir a sua representação desmistificadora das ideologias. Através da estruturação semelhante, monta interpretantes críticos com relações extratextuais de historicidade própria.

A ceia de Buñuel é uma versão pascal da modernidade que, lendo o lido, relê as leituras sobrepostas de séculos de representação oral (Evangelho) e recria interpretantes para os signos: a traição, o perdão, a comunhão e a ressurreição. Buñuel apropria-se quer da historicidade dos interpretantes, quer do seu próprio construto sígnico, para, pelos signos – gargalhada e foto sem câmera – criar a sua ceia: ceia de usurpação, de desconstrução da tradição.

6. Fala Gestual

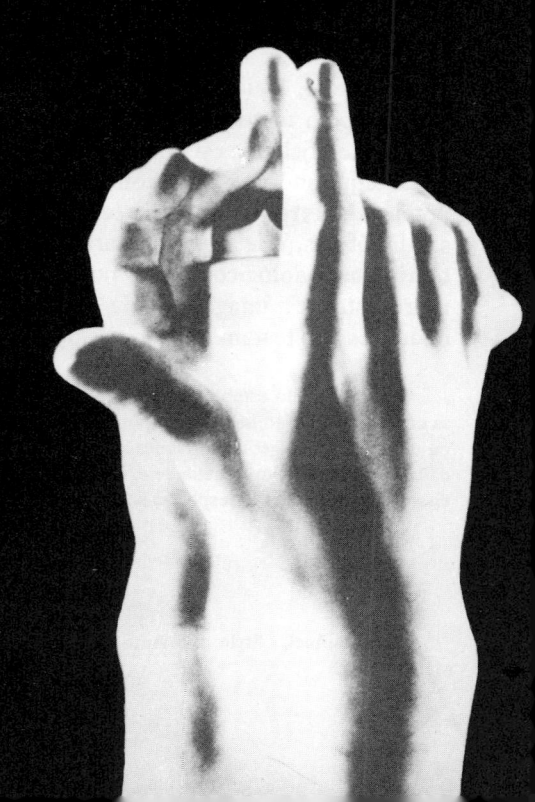

Ler os gestos nas ceias é uma leitura em trânsito com paradas alhures, mas obrigatórias, nos labirintos das imagens até a sua raiz: o verbal, "no princípio e no fim", gerador de interpretantes.

O percurso do ler tem uma perspectiva bidimensional/tridimensional, traçada pelos referenciais que direcionam os raios do olhar, pois o perceber, ver, ler, são sempre condicionados. Além disso, ao ler com um propósito determinado, como ler o gesto nas representações pictóricas e cinematográficas da Última Ceia, a leitura tende a ser mais obliterada, pois deixa-se de ver os múltiplos ângulos do todo para focar uma de suas partes.

Nos meandros determinantes do como ler, além da força mostrativa que emana dos próprios signos, são igualmente importantes os referenciais selecionados pelo investigador. Nesta pesquisa são esses formados pelas teorias da imagem de Leonardo Da Vinci, Panofsky, Gombrich e Arnhein, entre outros; pelas teorias do gesto de Darwin, Efron, Hall, Birdwhistell, Ekman-Friesen e Mary Douglas, por exemplo; pela teoria semiótica de Peirce. Nos três vértices, é a interdisciplinaridade que ajusta o olhar para ver os signos-gestos e seus interpretantes. Com angulação de tempo e espaço marcados, nosso modo de ver mostra, ainda, que nossos interpretantes dinâmicos se abrem para diálogos outros. Como signo que é abre-se, também, para a força corrosiva do tempo.

No olhar, as leituras representacionais de Castagno, Da Vinci, Tintoretto, Dali, Pasolini e Buñuel apontam um ver relacional possível pelo método comparativo. Através desse, na e pela linguagem, edificamos esta pesquisa em linguagens.

Pesquisando a arte, o convívio com o signo artístico e seu rico potencial interpretante abriu caminhos para a formulação de nossas hipóteses, que nos orientaram na seleção de procedimentos teórico-metodológicos e nas nossas leituras da gestualidade nas representações imagéticas da *Santa Ceia*. Percebemos que os criadores não testam teoremas, pois como afirma Buñuel:

É um absurdo estabelecer um problema *a priori* e tentar provar alguma coisa em um filme. Não há nenhum ponto de relação com um teorema de geometria ou uma equação algébrica... Nunca me coloco frente a um problema e digo: caridade ou virgindade ou crueldade e, então, organizo minhas personagens ao redor disso, sabendo todas as respostas previamente. Fazer isto seria copiar[1].

---

1. L. Buñuel, "Style and Anti-Style". In: *The World of Luis Buñuel*. Joan Mellen, p. 123.

Tanto o artista como o cientista defrontam-se com a força desafiadora do signo para a qual hipotetizam soluções, que, à luz da experimentação do fazer arte/ciência, são confirmadas ou abandonadas. Por outro lado, os artistas/cientistas fazem uso de modelos representacionais ou diagramas que as criações atualizam, mas o fazem sem saber previamente as respostas do como enfrentar o padrão estabelecido. A tela é tanto arte quanto ciência. Ao se estudar um construto sígnico e sua gramática, simultaneamente, estuda-se sua sensibilidade e sua expressão a partir de um código. Não há, pois, como fugir dos meios de expressão e nem dos da época que impulsionam o ato de criação. Ao fazermos ciência, os procedimentos que nos guiam são similares ao fazer arte. Ao postularmos:

PRODUTO FORMA ARTE

o que pretendemos é caracterizar um conceito de arte, estabelecendo que:

Arte não é cópia
 é um fazer descoberta
 uma descoberta-fazendo-se.

Arte não é recriação do mundo
 é construção de mundos.

Arte, além de manifestos/leis
 é expressão de leis
  épocas
  ideologias

Arte, além de demonstração do saber
 é um conhecimento em processo.

Se um trabalho de arte for claro então meu interesse nele se encerra...
Mistério é o elemento essencial de cada trabalho de Arte...[2]

Uma vez mais, fazemos nossas as palavras de Buñuel. Os gestos desse fazer-ciência são movidos pelo mistério, pelo indecifrável, que agiganta as forças construtivas do ser, obscurecem o volume das operações decifradoras e enfatizam o essencial que alimenta o fazer-ciência: expressão e conhecimento de um ser para outros seres.

---

2. *Idem*, p. 70.

Castagno, Da Vinci, Tintoretto, Dali, Pasolini e Buñuel enfrentam, cada um a seu tempo e hora, a tradição da linguagem. É lendo e relendo a série representacional da *Santa Ceia* que pintam/filmam a sua ceia. No ato de criação, vivem a dialética entre a história, que a cada um propulsiona através de seus impulsos energéticos, e o individual, que cada criador ao representar, remodela. Assim, em cada um desses criadores encontramos um elo com o social, o cultural (religioso), com as técnicas e os meios representacionais da época, que influenciam tanto sua interpretação da tradição, quanto sua criação.

O enfrentamento de tal interpretação é um repensar o construto representacional passível de ser pensado, graças à imaginação humana que permite ao criador (e a nós também) tanto a conjectura de possíveis, quanto a formulação de leis.

O gesto e sua figuração, um dos signos estruturantes do construto representacional, apresentam não só a idéia, emoção, sentimento que o artista quer transmitir, mas também, nas qualidades estéticas de sua forma, apresentam-se a época e a sua história. Assistimos, em nosso estudo, o percurso da representação imagética, marcado por concepções várias sobre o homem. Em Castagno, o corpo indicia os primórdios de um movimento do homem para se ver como ser física e mentalmente propulsor do seu circundante. É o prenúncio de um homem-agente que Da Vinci concretiza. Ambas as concepções de homem submetem-se à esfera de ação de Deus, senhor do universo. Em Tintoretto, o corpo humano é concebido como parte de um universo, no qual ele próprio é um dos centros. O homem é um senhor que enfrenta a ação de outro Senhor–Deus. Em Da Vinci e Tintoretto, o homem é estruturado corporalmente como um indivíduo. A dupla centralização da obra de Tintoretto, em contraposição ao centro único da de Da Vinci, enfatiza o papel do homem como modelador de sua história. Entretanto, o processar dessa história aponta, no século XX, progressões e regressões. O homem singular, um indivíduo, perde seu papel em Pasolini, onde encontramos um ser anônimo, uma vez mais subjugado ao circundante, para chegarmos no nível da negação total do indivíduo, em Dali e Buñuel. É o corpo anônimo uma massa indefinida. Todavia, essa massa é a que de novo avança proclamando, nos seus traços indistintos, que o homem é seu único senhor.

O conceber do corpo-forma informa, então, que a visão de mundo con-forma o homem e suas formas.

Além dessa postulação, uma outra: o corpo, miríade de sinais, é uma ação sígnica que significa.

Santo Agostinho, em *De La Dialectia*, antecipa certas noções de cinética ao afirmar:

> Os signos são uma produção do espírito como o rosto é uma expressão do corpo... Quando alguém diz *Tratus sum* nenhum povo, salvo os latinos, compreende. Porém se a paixão de sua alma em fogo sobe-lhe à face e transforma sua expressão, todos os espectadores pensam: Um homem em cólera. (*Doctrina Cristiana*, II, 3)

No rosto, manifestam-se, pois, os signos como meios de expressão dos sentimentos, emoções, ideação do homem. Todavia, não só o rosto é palco de codificações gestuais, mas os próprios signos-gestos brilham por todo o corpo, como uma imensa constelação. São formas marcadas pela dinamicidade/estaticidade que determinam o estado, as condições de ocorrência e a interpretação.

	emoções		emoções
Formas que não só expressam		, mas também geram	
	idéias		idéias

O gesto, na arte, como o gesto, no cotidiano do homem, orienta-se pelos ritos e pela tradição, sendo aprendido pelo corpo, no interagir social. Na estaticidade da tela pictórica, o artista guia o seu codificar o gesto, tanto pelo signo espontâneo do sentir/conceituar, quanto pelo signo convencional do sentir/conceituar.

Como salientaram Da Vinci e Arnheim, o movimento da vida é muito rico e múltiplo para permitir a imitação sem a ordenção de· princípios seletivos. Exemplarmente, Leonardo Da Vinci expõe, em seus manuscritos, que a observação do modo como o homem se expressa, aliada aos conhecimentos de anatomia e do código pictórico, é o instrumento de que o artista dispõe para sua tarefa de codificar os gestos da personagem-figura. Ele manipula um "vocabulário" e as regras de combinação da gramática com o objetivo de ordenar seus arranjos expressivos.

A fala que o artista sistematiza é uma integração de vozes propagadas por vetores de todo o corpo os quais, enlaçados sob a dominância de uma das partes emissoras, formam a Fala Gestual que ouvimos, ao ver sua imagem sígnica.

Nas figurações de Castagno, Da Vinci e Tintoretto, evidenciamos, na análise de cada apóstolo e de Jesus, essa consonância de vozes, e apontamos que a alocação do corpo na mesa, o posicionamento e a distância entre uma figura representada e outra, assim como sua postura, falam uma fala tecida pelos movimentos das mãos e da face. Os gestos codificados por todo o corpo são como que qualificados pelos movimentos da face e das mãos. São estes movimentos gestuais que dão as marcas distintas de um gesto.

Por outro lado, atestamos que o corpo, figura representada, submete-se tanto às regras de composição da imagem, quanto às regras de movimentação do próprio corpo físico. Assim é que o espaço e o tempo são vetores organizacionais do gesto, pois tanto a personagem figurada está contextualizada, quanto o artista que a figura. O corpo não é livre em seu agir, submete-se ao espaço/tempo da representação, do que é representado e daquele que o representa.

Os artistas concebem o corpo também no seu espaço/tempo e, desta forma, o corpo submete-se ao estilo de uma época. Submissão que nos permite afirmar que, tal como a vestimenta do corpo e da sala, a conformação do corpo também apresenta a época em que é concebida.

Nos meados do século XV, na Itália, com a descoberta da perspectiva, foi possível, na bidimensionalidade do espaço-tela, configurar uma visão tridimensional do espaço-mundo. A tela, recorte metonímico do mundo, passou a representá-lo, segundo essa visão tridimensional, ordenada pelo tamanho, direção, largura e profundidade do que é visto. O ver se dá em escala: o mais próximo ao observador apresenta-se em proporções maiores, enquanto o mais distante em proporções menores. No centro do ver, no ponto de fuga, há o convergir de todos os raios da visão e, além desses raios demarcadores do olhar, nada existe. É um recortar tridimensional e unidimensional que o olho, controlado por um centro, vê, numa série de hierarquias, que é como o próprio homem vive – sem questionamento.

Ao configurar sua tela pelas leis rígidas da perspectiva, o criador é como o poeta de Fernando Pessoa:

> O poeta é um fingidor,
> finge tão completamente,
> que chega a fingir que é dor
> a dor que deveras sente.

No *Quattrocento*, e totalmente na Renascença, esses ditames do ver imperam.

As qualidades têm normas para serem sentidas. Nas telas, há o sentir, um sentir recriado para desencadear outro sentir pensado. A experiência vivida pelo homem situou-o no centro do mundo e levou-o a desfrutar dos conhecimentos adquiridos. Tanto na arte como na ciência, triunfa o esplendoroso homem florentino que dominou o desconhecido graças à luz celestial. Na tela, as medidas anatômicas e a verossimilhança proporcional das imagens-homens evidenciam as buscas máximas do homem: simetria, harmonia e centro ordenador.

Há uma relação significativa entre a configuração do ato-gesto nas obras artísticas e o período sócio-econômico-cultural. A de Da Vinci mostra um operar matemático, cálculo por cálculo da tela-mundo. A técnica e seus domínios, assim como Deus e seu reinado sobre os homens, são os valores supremos da concepção pictórica.

A *Última Ceia* de Castagno inicia um processo que tem o seu ápice na ceia de Da Vinci, para entrar em crise na de Tintoretto e se esfacelar nas *Últimas Ceias* de Buñuel e Dali. Apresentam, Castagno e Da Vinci, um Deus, à imagem do homem, que veio ao mundo trazer-lhe conhecimento e verdade. Leonardo, fazendo uso da perspectiva central, situa Jesus no centro da composição pictórica e faz dele a edificação suprema dos valores cristãos. É uma figura-símbolo, que se marca pela máxima harmonia e equilíbrio.

Tintoretto põe em crise a centralização única. Jesus não é o único regente do viver humano. Também o homem rege o seu viver. A crise que sua representação propõe propaga-se até a modernidade, quando Dali e Buñuel, às avessas de Pasolini, questionam o mito Jesus, Deus dos homens, para construírem o Homem-Deus. Pasolini reafirma o mito Jesus, salvação do homem. O Messias, ontem como hoje, é aquele que outorga a vida eterna, tal como proposta por Castagno, Da Vinci e também por Tintoretto. O reverberar desse contraponto reitera que o século XX é o século da simultaneidade.

Em conclusão, a composição imagética de Castagno, Da Vinci, Tintoretto e Pasolini mitifica Jesus e coloca-se a serviço do cristianismo. Todavia, Tintoretto, ao propor a dupla centralização em sua tela, abriu possibilidades para as visões desmistificadoras de Dali e Buñuel.

Elencamos nas relações centrais de nosso ler as representações gestuais nas *Santas Ceias*. No seu conjunto, as leituras das ceias são traduções imagéticas da tradição verbal. Denominamos de tradução o representar de uma representação já existente, segundo o que Haroldo de Campos, desde 1962, tem teorizado como: um fazer linguagem que opera sobre o eixo do interpretante, no qual se dá a recepção estética. A tradução é concebida como transcrição e transculturação, na medida em que cada representação imagética da *Última Ceia* transtextualiza não só o texto verbal dos Evangelhos, mas também toda a série imagética.

Exemplarmente, Buñuel mostra, na sincronia de sua transtextualização, a diacronia das representações da ceia. Traduzindo os interpretantes pelos próprios signos que os geraram, o cineasta mostra que leitura é sempre um ler o lido. Para se ler/traduzir globalmente uma imagem, Buñuel postula no seu fazer: é preciso ver na imagem outras imagens nela cifradas. São imagens-interpretantes, resíduos imagéticos, sempre um interpretante emocional a caminho do dinâmico.

Ao vermos a ceia de Buñuel, vendo a de Tintoretto e Da Vinci, inscritas no próprio corpo do filme, vemos o gesto libertador desta tradução. Buñuel plasma, no seu filme, o fio imagético com que a Igreja, através de suas encomendas aos artistas, teceu signicamente seus dogmas e valores. Desestabilizando a visão da ressurreição que obscurece a finitude do homem, Buñuel propõe o mundo finito, no qual o homem nem é mais instrumento de dominação de Deus, nem de outro homem, nem de outro sistema opressor. É o homem, senhor de si mesmo, sua tradução radical.

O desmascaramento dos valores e dogmas põe em questão o próprio mundo e suas convenções. O que é o mundo senão convenções? Abaixo a representação. Com questões e respostas, Buñuel realiza em sua Última Ceia uma tradução que corresponde ao que Hegel atribui ser uma das funções do criador.

> O novelista (cineasta) ter-se-á desobrigado honrosamente de sua tarefa quando, por meio de um retrato acurado das autênticas relações sociais, ele tiver destruído a visão convencional da natureza daquelas relações, estilhaçado o otimismo do mundo burguês e forçado o receptor a questionar sobre a permanência da ordem dominante...[3].

O *corpus* imagético desta pesquisa, que, conclusivamente, concebemos como transcriação transcultural, é também um recorte das células evolutivas da história da Arte. Lemos nas representações da ceia pascal a própria evolução do configurar o signo-gesto pelo corpo, que, quer ao codificá-lo, quer ao transmiti-lo, é linguagem em processo.

O corpo sem face de Dali, assim como o corpo sem distinção de sexo, qualquer homem-mulher de Buñuel, estão correlacionados a uma descoberta fundante do homem das cavernas – só o homem faz o homem. Na medida em que o homem vive a qualidade do mundo, vivendo os seus *insights* entrópicos, vive tanto seu próprio corpo, quanto o seu estar relacional no mundo. O homem transita do único, do singular, experienciáveis no/e pelo conflito,

---

3. L. Buñuel, "Buñuel The Filmmaker", *op. cit.*, p. 110.

para a generalização do vivido através de padrões e normas repertoriadas pelo seu experienciar anterior.

O viver o singular é que reverte o curso da vida humana. É tal afastamento da lógica do genérico, das leis e dogmas estabelecidos como pilares da sociedade que Dali e Buñuel sugerem como salvação do homem. Tal viver põe o homem em sintonia com um universo de qualidade, que o desperta para suas sensações. Vivendo a imaginação e o sonho, através das sensações, o homem é relançado para o enfrentamento do mundo e de si mesmo, o que torna possível seu salto qualitativo.

Tanto o homem sem face de Dali, quanto o homem-farrapo de Buñuel, encontram-se no diagrama corpóreo do homem das paredes de Altamira. Os gestos da figura representam uma ação atemporal, que condensa em si mesma todos os tempos possíveis, assim como todos os espaços possíveis. É o homem ícone que, no seu existir, procura nas feições de seu corpo uma imagem capaz de torná-lo símbolo.

Fig. 62. Figura humana e animais, Altamira.

Bibliografia

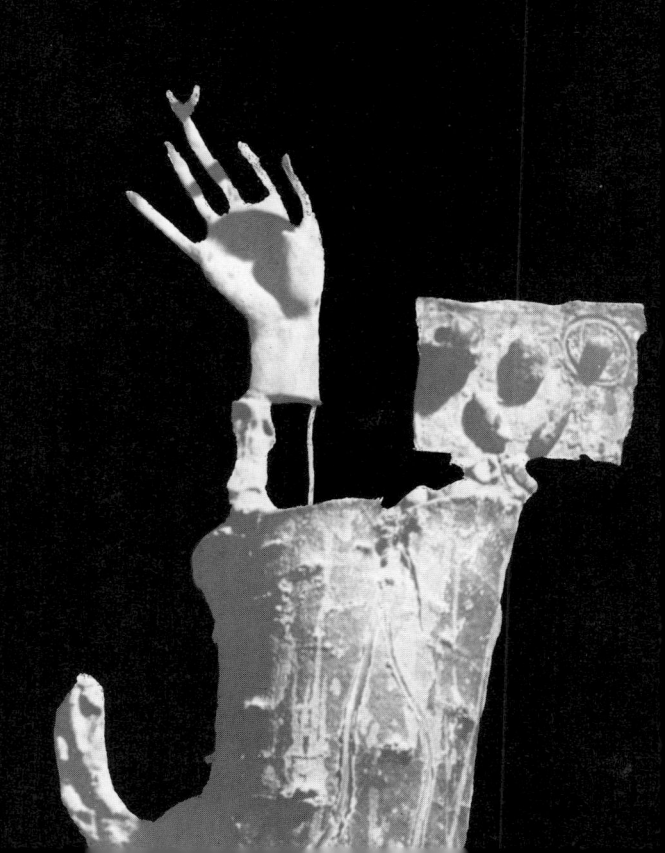

ALDRICH, Virgil C. *Filosofia da Arte*. Trad. Álvaro Cabral. Rio de Janeiro, Zahar, 1976.

ALLMEN, J. J. von. *O Culto Cristão. Teologia e Prática*. Trad. Dirson Glinio Vergara dos Santos. São Paulo, Aste, 1968.

ALSCHULER, Rox & HATTWICH, La Berta Weiss. *Painting and Personality*. Chicago, 1947.

ARANDA, J. Francisco. *Luis Buñuel: Biografia Crítica*. Barcelona, Lumemm, 1975.

ARGYLE, M. *Bodily Communication*. London, Methuen, 1974.

ARNHEIM, R. *Arte e Percepção Visual: Uma Psicologia da Visão Criadora*. Trad. Ivone Terezinha de Faria. São Paulo, Pioneira-EDUSP, 1980.

—————. *Inverted Perspective in Art: Display and Expression*. Vol. 5. Leonardo, primavera de 1972.

—————. *The Power of the Center*. California, University of California Press, 1982.

—————. *El Cine como Arte*. Trad. Enrique L. Revol. Barcelona, Paidós, 1986.

—————. *Verso una Psicologia dell'Arte*. Trad. Renato Pedro. Torino, Giulio Einaudi, 1969.

BAILEY, F. L. "Navaho Motor Habits". In: *American Anthropologist*. 1942.

BAKHTIN, M. *Marxismo e Filosofia da Linguagem*. Trad. Michel Lahud e Yara Frateschi Vieira. São Paulo, Hucitec, 1981.

—————. *Problemas da Poética de Dostoiévski*. Trad. Paulo Bezerra. Rio de Janeiro, Forense Universitária, 1981.

—————. *La Cultura Popular en la Edad Media y en el Renacimiento. El Contexto de François Rabelais*. Trad. Julio Forcat y César Conroy. Barcelona, Barral, 1971.

—————. *A Cultura Popular na Idade Média e no Renascimento. O Contexto de François Rabelais*. Trad. Yara Frateschi Vieira. São Paulo, Hucitec, 1987.

BALASZ, Bëla. "A Face do Homem". In: *Estéticas do Cinema*. Trad. Tereza Coelho. Lisboa, Dom Quixote, 1985.

BARTHES, Roland. *O Grau Zero da Escritura*. Trad. Heloysa de Lima Dantas e Anne Arnichand e Álvaro Lorencini. São Paulo, Cultrix, 1974.

—————. *Aula*. Trad. Leyla Perrone-Moisés. São Paulo, Cultrix, 1980.

—————. *A Câmera Clara*. Trad. Júlio Castanon Guimarães. Rio de Janeiro, Nova Fronteira, 1984.

—————. *O Prazer do Texto*. Trad. J. Guinsburg. São Paulo, Perspectiva, 1977.

BAZIN, Andre. "Théâtre et cinéma". *Esprit*, junho e julho - agosto, 1951.

—————. *Qu'est-ce que le cinéma*. Paris, 1975.

BENEDICT, Ruth. *Padrões de Cultura*. Trad. Alberto Candeiras. Lisboa, Livros do Brasil, 1934.

BENJAMIN, Walter. "A Obra de Arte na Era da sua Reprodução Técnica". In: *Estética do Cinema*. Trad. Tereza Coelho. Lisboa, Dom Quixote, 1985.

BENTHALL, J & POLHEMUS, T. (edit.). *The Body as a Medium of Expression*. New York, EP. Dulton & Co. Inc., 1975.

BERENSON, Bernard. *Estética e História*. Trad. Janete Miches. São Paulo, Perspectiva, 1972.

BERGER, John. *Modo de Ver*. Trad. Ana Maria Alves. São Paulo, Martins Fontes, 1972.

BERGES & LUCKMAN. *A Construção Social da Realidade*. Trad. Floriano de Souza Fernandes. Petrópolis, Vozes, 1973.

BEST, David. *Expression in Movement and the Arts*. London, Lepus Book-Henry Kimpton, 1965.

——————. *Philosophy and Human Movement*. London, Unwin Education Books, 1978.

BETTON, Gérard. *A Estética do Cinema*. Trad. Marina Appenzella. São Paulo, Martins Fontes, 1987.

BIRDWHISTELL, R. *Kinesics and Context*. Philadelphia, University of Pennsylvania Press, 1970.

——————. *Kinesics* (verbete). International Encyclopedia of the Social Sciences, Vol. VIII. New York, Sills, Collier, Macmillan, 1972.

——————. "Paralanguage: 25 years after Sapir". In: BROSIN, Henry W. (ed.). *Lectures in Experimental Psychiatry*. Pittsburg, University of Pittsburg P. A., 1959.

——————. *Introduction to Kinesics*. Louisville, University of Louisville Press, 1954.

BOAS, F. *General Antropology*. New York, D. C. Heath & Co., 1938.

BOGATYREV, P. "Semiotics in The Folk Theater". In: *Semiotics of Art*. Prague School Contributions, Massachusetts, London, Matejka, L. e Titunikm I. Cambridge, 1976.

BOSI, Alfredo. *Reflexão sobre a Arte*. São Paulo, Ática, 1986.

BREUIL, Abbé. *400 Siècles D'Art Pariétal*. Paris, Max Fourny Art et Industrie, 1985.

BREWER, W. D. "Patterns of Gesture Among the Livintime Arabs", In: *American Anthropologist*, 1951.

BRILLIANT, R. *Gesture and Rank in Roman. The Use of Gesture to Denote Status in Roman Sculpture and Coinage*. New Haven (Connecticut), Academy of Art and Sciences, 1963.

BRYSON, Norman. *Vision and Painting. The Logic of the Gaze*. London, Yale University Press-New Haven and London, 1983.

BUACHE, Freddy. *Luiz Buñuel*. Madrid, Labor, 1976.

BUCH, Ross. *The Communication of Emotion*. New York, Guilford Press, 1984.

BURGESS, Anthony. *O Homem de Nazaré*. Trad. Raul de Sá Barbosa. Rio de Janeiro, Nova Fronteira, 1979.

CAMPOS, Haroldo de. *A Arte no Horizonte do Provável*. São Paulo, Perspectiva, 1969.

——————. *A Operação do Texto*. São Paulo, Perspectiva, 1976.

——————. "A Transcriação do Fausto". In: Suplemento Cultural de *O Estado de S. Paulo*, 16 de agosto de 1981, ano II, n. 62.

CASALIS, Matthieu. "The Semiotics of Gestuality in Japonese Archery". *Revista Semiótica* v. 43 - 3/4 Mouton Publishers, 1983.

CASCUDO, Luís da Câmara. *História dos Nossos Gestos*. São Paulo, Melhoramentos, 1976.

CAVALCANTI, Carlos. *Como Entender a Pintura Moderna*. Rio de Janeiro, Editora Rio, 1978.

CECHINATO, L. *O Reino de Deus*. Petrópolis, Vozes, 1977.

CHARPENTIER, E. *Leitura do Evangelho Segundo Mateus*. Trad. Benôni Lemos. São Paulo, Edições Paulinas, 1982.

CHAUÍ, Marilena. *O que é Ideologia*. São Paulo, Brasiliense, 1983.

CHIPP, Herschel B. *Theories of Modern Art*. California, University of California Press, 1969.

CHOMSKY, N. *Current Issues in Linguistic Theory*. Paris, Mouton The Hague, 1969.

―――――. *Language and Mind*. USA, Harcourt Brace Jovanovich, Inc., 1972.

CHOREL, Jean-Claude. "The Arbitrairness of Iconicity". In: *Semiotics*, 1986.

COLI, Jorge. *O que é Arte*. São Paulo, Brasiliense, 1981.

COLLIER, Gary. *Emotional Expression*. Hillsdale, NJ, Lawrence Erlbaum, 1985.

CONTI, Flávio. *Como Reconocer el Arte del Renacimiento*. Barcelona, Medica y Tecnica, 1986.

COULTHARD, M. *An Introduction to Discourse Analysis*. England, Longman, 1977.

CRITCHLEY, MacDonald. *Il linguaggio del gesto*. Trad. Prof. Francisco Ferro Milone. Roma, Il Pensiero Cientifico, 1979.

CULLMAN, Oscar. *Jesus e os Revolucionários de seu Tempo*. Trad. Cécio Gomes, Petrópolis, Vozes, 1972.

DARWIN, Charles. *The Expressions of Emotions in Man and Animals*. University of Chicago Press, 1965.

DAVIS, Flora. *A Comunicação Não-Verbal*. Trad. Antonio Dimas. São Paulo, Summus, 1979.

DAVIS, Martha & SKUPIEN, Janet. *Body Movement, Non-Verbal Communication*. Bloomington, Indiana University Press, 1982.

DAVIS, Martha. *Understanding Body Movement, and Annotated Bibliography*. Bloomington. Indiana University Press, 1972.

―――――. "Kinephobia". In: *Revista Semiótica* 66-4. Amsterdam, Mouton de Gruyter, 1987.

DEISS, Lucien. *A Ceia do Senhor: Eucaristia dos Cristãos*. Trad. João Pedro Mendes. São Paulo, Edições Paulinas, 1985.

DELORME, J. *Leitura do Evangelho Segundo Marcos*. Trad. Benôni Lemos. São Paulo, Edições Paulinas, 1982.

DECHARNES, R. *The world of Salvador Dali*. New York, Crown, 1962.

DONDIS, D. *La Sintaxis de La Imagen*. Barcelona, Gustavo Gili, 1976.

DOUGLAS, M. *Natural Symbols: Explorations in Cosmology*. Harmondsworth, Peguin Books, 1973.

―――――. *Pureza e Perigo*. Trad. Monica S. L. de Barros e Gilda Zakia Pinto. São Paulo, Perspectiva, 1976.

ECO, Umberto. *Sobre os Espelhos e Outros Ensaios*. Trad. Beatriz Borges. Rio de Janeiro, Nova Fronteira, 1989.

EDWARDS, B. J. & BRILHART, J. K. *Communication in Nursing Practice*. Missouri, Mosby, 1981.

EFRON, David. *Gesture. Race and Culture*. Paris, Mouton, 1972.

EIBL, Eibesfeldt. "Similarites and Differences Between Cultures in Expressive Movements". In: HINDE, R. A. *Non-Verbal Communication*. Cambridge, Cambridge University Press, 1972.

EISENSTEIN, Serguei. *Reflexão de um Cineasta*. Trad. Gustavo A. Doria. Rio de Janeiro, Zahar, 1969.

EKMAN, P. & FRIESEN, W. V. "The Repertoire of Non-verbal Behavior Categories, Origins, Usage and Coding". *Semiótica I*. Paris, The Hague Mouton, 1968.

EKMAN, Paul. *Emotion in the Human Face*. Cambridge, University Press, 1982.

ELAM, K. *The Semiotics of the Theatre and Drama*. New York, Methuen & Co., 1980.

ELMERBELT. *Leonardo, the Anatomist*. University of the Kansas Press, 1956.

ENCICLOPÉDIA ESPASA. Enciclopedia Universal Ilustrada Europeo-Americana. Barcelona, Hijos de J. Espasa.

ENCINA, J. *La Pintura Italiana del Renacimiento*. México-Buenos Aires, Fondo de Cultura Económica, 1951.

ERICKSON, F. "Afterthoughts". In: KENDON, H. & HEY, M. R. *Organization of Behavior in Face to Face Interation*. Mouton, The Hague, 1975.

FANTUZZI, Virgilio. *Pier Paolo Pasolini*. Bilbao, Mensajero, 1978.

FERRARA, Lucrécia. *A Estratégia dos Signos*. São Paulo, Perspectiva, 1985.

―――. *Leitura Sem Palavras*. São Paulo, Ática, 1986.

―――. "A Mudez e a Fala de um Signo". In: *Semiótica da Cultura, Arte e Arquitetura*. OLIVEIRA, A. C. & SANTAELLA, L. (org.). São Paulo, Educ, 1987.

―――. "A Ciência do Olhar Atento". In: *Trans/form/ação: Revista de Filosofia*. n. 9-10. São Paulo, UNESP, 1986-87.

FERRARO, Benedito. *A Significação Política e Teológica da Morte de Jesus*. Petrópolis, Vozes, 1977.

FISCHER-LICHTE, E. *The Dramatic Dialogue – Oral or Literary Communication*. Bloomington, University of Indiana. Texto xerografado.

―――. *The Theatrical Code. An Approach to the Problem*. Bloomington, University of Indiana. Texto xerografado.

FLORENT, P. de. *Jesus a sua Vida Narrada pelos Grandes Artistas Plásticos*. Trad. João Mendes e Alves Pires. Lisboa, Verbo, 1985.

FOCILLON, Henri. *Vida das Formas e Elogio da Mão*. Trad. Lea Maria S. V. de Castro. Rio de Janeiro, Zahar, 1983.

FOSTER, Hall (org.). "The Anti-Aesthetic". In: *Essays on Postmodern Culture*. Washington, Day Press, 1983.

―――. "The Primitive Unconscious of Modern Art". In: *October 34*, New York, Mit Press, 1985.

FRAMPTON, Hollis. "Film in the House of the Word". In: *October 16*. New York, Mit Press, 1981.

FRANCASTEL, Pierre. *A Realidade Figurativa*. Trad. Mary Amazonas Leite de Barros. São Paulo, Perspectiva-EDUSP, 1973.

FRANCO, Afonso Arinos M. e outros. *O Renascimento*. Rio de Janeiro, Agir, 1978.

FUMAGALLI, G. *Leonardo Omo Senza Lettere*. Florença, Sansoni, 1943.

GALBIATI, Monsenhor Enrico (org.). *O Evangelho de Jesus*. São Paulo, Mimep, 1968.

GALCERÁN, Mônica Maria. *Sobre a Problemática do Espaço e da Espacialidade nas Artes Plásticas*. Rio de Janeiro, Brasília, Cultura-INL, 1981.

GEADA, Eduardo (org.). *Estética do Cinema* (artigos vários). Lisboa, Dom Quixote, 1985.

GEORGE, A. *Leitura do Evangelho Segundo Lucas*. Trad. Benôni Lemos. São Paulo, Edições Paulinas, 1982.

GIBSON, James. *The Perception of the Visual World*. Boston, 1950.

GIEDION, Sigfried. *El Presente Eterno: Los Comienzos del Arte*. Trad. Maria Luisa Balseiro. Madrid, Alianza, 1981.

GLAS, Norbert. *As Mãos Revelam o Homem*. Trad. Gérard Bomnwart. São Paulo, Antroposófica, 1988.

GLUSBERG, Jorge. *The Art of Performance*. New York, New York University, s.d.

GOETHE, J. W. *Theory of Colors*. Cambridge Mass, 1970.

—————. "Joseph Bossi über Leonardo Da Vinci Ahendmahl". In: *Über Kunst und Alterthum*, I, 1817. p. 3.

GOFFMAN, Erving. *Behavior in Public Places*. New York, Macmillan, s.d.

GOLDSTEIN, T. *Dawn of Modern Science*. Boston, Howghton Mifflin Co., 1980.

GOMBRICH, E. H. *A História da Arte*. Trad. Álvaro Cabra. Rio de Janeiro, Zahar, 1979.

—————. *The Image and The Eye*. Oxford, Phaidon, 1982.

—————. "The Sense of Order: A Study". In: *The Psychology of Decorative Art*. New York, Cornel University Press, 1980.

GONÇALVES, O. L. *Cristo e a Contestação Política. Relacionamento de Cristo com o Partido Zelota*. Petrópolis, Vozes, 1974.

GREENBERG, Clement. *Arte y Cultura. Ensayos Críticos*. Trad. Justo G. Beramendi. Barcelona, Diamante, 1979.

GUIRAUD, Pierre. *El linguage del corpo*. Trad. Beatriz Padilla Salas. México, Fondo de Cultura Económica, 1980.

HALL, E. *A Dimensão Oculta*. Rio de Janeiro, Francisco Alves, 1977.

—————. "Adumbration as a Feature of Intercultural Communications". In: *American Anthropologist*, 1964.

—————. "A System for the Notation of Behavior". In: *American Antropologist*, 1963.

—————. "Silent Assumption in Social Communication". In: *Desorders of Communication*. Research, ARMND, 1964.

—————. *The Silent Language*. New York, Fawcett, 1959.

HARRIS, James. "Discourse on Music, Painting and Poetry". In: *Three Tratises*, 1944.

HARTSHORNE, Ch., WEISS, P. & BURK, A. (eds.). *Collected Papers of Charles Sanders Peirce*. Cambridge, Massachussetts, Harvard University Press, 1934-1962.

HEUSER, Frei Bruno. *História Sagrada do Antigo e do Novo Testamento*. Petrópolis, Vozes, 1958.

HINDE, R. A. "The comparative Study of Non-verbal Communication". In: BENTHALL, J. et al. *The Body as a Medium of Expression*. London, Alelen Lane Penguim, 1975.

—————. *Non-Verbal Communication*. Cambridge University Press, s.d.

HOSTER, Marita. *Andrea del Castagno*. Oxford, Phaidon Press Limited, 1980.

HYMES, D. "Models of the Interaction of Language and Social Life". In: GUMPERZ & HYMES, D. (eds.). *Directions in Sociolinguistic*. Holt, Rinehart and Winston, 1972.

HUYGHE, R. *Os Poderes da Imagem*. São Paulo, Difel, 1965.

IBRI, Ivo Assad. *Kósmos Noétos a Arquitetura Metafísica de Charles Sanders Peirce*. Tese de Mestrado em Filosofia PUC/SP, 1986.

IGLESIAS, Francisco. *A Revolução Industrial*. São Paulo, Brasiliense, 1981.

ISER, Wolfgang. "Problemas da Teoria da Literatura Atual: o Imaginário e os Conceitos Chaves da Época". In: LIMA, Luiz Costa (org.). *Teoria da Literatura e suas Fontes*. Vol. II. Rio de Janeiro, Francisco Alves, 1983.

IZARD, Carroll. *Human Emotions*. New York, Plenum Press, 1977.

JAKOBSON, Roman. *Lingüística Poética. Cinema*. Trad. Francisco Achcer, Haroldo de Campos, J. Guinsburg, Boris Schnaiderman, Geraldo Gerson de Souza. São Paulo, Perspectiva, 1970.

JANSON, H. W. *History of Art*. New York, Harry N. Abrams, Inc., 1973.

JAUBERT, A. *Leitura do Evangelho Segundo João*. Trad. Pe. José Raimundo Vidigal. São Paulo, Edições Paulinas, 1982.

JONG, J. P. de. *A Eucaristia*. São Paulo, Herder, 1969.

KANDINSKY. *De Lo Espiritual En El Arte*. Barcelona, Barral, 1973.

——————. *Punto y Linea sobre el Plano*. Barcelona, Barral, 1975.

KENDON, A. & BLAKELY. "Approaches to Gesture". *Semiotica-Special*. Vol. 62-1/2. New York, Issue Mouton de Gruyter Amsterdan, Berlin, 1986.

KENDON, Adam. *Non-verbal Communication. Interation and Gestures*. The Hague, Mouton, 1981.

——————. *Did Gesture Have the Happiness to Escape the Curse at the Confusion of Babel?* Texto mimeografado.

——————. *Studies in the Behavior of Social Interaction*. Bloomington, Indiana University, 1977.

——————. "Gesticulation and Speech: Two Aspects of the Process of Utterance". In: *Sign Language Studies*. Texto mimeografado.

——————. *Gesture*. Texto mimeografado.

KEPES, G. *El Lenguaje de la Visión*. Trad. Enrique L. Revol. Buenos Aires, Infinito, 1969.

KEY, Mary Ritchie. *Paralanguage and Kinesics – Non-verbal Communication*. New York, The Scarecrow Press, Inc., Metuchen, 1975.

KLIMA, Edward & BELLUGI, Ursula. *The Signs of Language*. Cambridge, Harvard University Press., 1979.

KRAUSS, Rosalind E. "Originality as Repetition: A Challenge to Art History?". In: *October 36*. New York, Mit Press, 1988.

——————. *The Originality of the Avant-Garde and Other Modernist Myths*. Massachussets, Mit Press., 1984.

KRISTEVA, Julia. "Gesture: Practice or Communication". In: *Semiotics: Recherces pour une sémanalyse: Essay*. Paris, Seuil, 1969.

KUHN, Thomas S. *A Estrutura das Revoluções Científicas*, Trad. Beatriz Vianna Boeira e Nelson Boeira. São Paulo, Perspectiva, 1978.

LABAN, Rudolf. *Domínio do Movimento*, Trad. Anna Maria Barros De Vecchi e Maria Silvia Mourão Neto. São Paulo, Summus, 1978.

LA BARRE, W. "Paralinguistics, Kinesics and Cultural Anthropology", In: *Approaches to Semiotics*. Org. Debcock, Hayes, Bateson, Mouton & Company, 1964.

──────. "The Cultural Basis of Emotions and Gestures". *Journal of Personality*, 16. 1947.

LANGER, Suzanne K. *Problems of Art*. New York, Charles Screbners Book, 1957.

──────. *Filosofia em Nova Chave*. Trad. Moysés Baumsteim. São Paulo, Perspectiva, 1971.

──────. *Philosophical Sketches*. Baltimore, Johns Hopkins Press, 1964.

LARSEN, Svend Erik. "O Observador. O Sujeito Duplo", *Cruzeiro Semiótico*. Porto, Julho, 1985.

──────. "Comparing Semiotics of Object". In: *Brondal and Peirce*. Dinamarca, Odense University.

LEACH, Edmund. *The Influence of Cultural Context on Non-Verbal Communication in Man*. Cambridge, Faculdade de Arqueologia e Antropologia.

LEÃO, Sonia C. "Ali Se Maravilha", *Revista do Corpo e da Linguagem*. Rio de Janeiro, Icobi, 1985.

LEROI-GOURHAN, Andre. *O Gesto e a Palavra*. Trad. Vitor Gonçalves. Lisboa, Edições 70, 1986.

LOTMAN, Y. "O Problema de uma Tipologia da Cultura, a Linguagem e os Signos", *Tempo Brasileiro* 29. Rio de Janeiro, 1972.

──────. *Estética e Semiótica do Cinema*. Trad. Alberto Carneiro. Lisboa, Estampa, 1978.

──────. *Escuela de Tartu: Semiótica de la Cultura*. Trad. Nieves Méndez. Madrid, Catedra, 1979.

LYONS, J. *As Idéias de Chomsky*. Trad. Octanny Silveira da Mota e Leonidas Hegenberg. São Paulo, Cultrix, 1973.

MAC CURDY, Edward (ed.). *The Notebooks of Leonardo Da Vinci*. New York, s.d.

MACHADO, Arlindo. *A Ilusão Especular*. São Paulo, PUC/SP, 1983.

MACHADO, Irene A. "Bakhtin e o Legado Dialógico do Formalismo Russo". In: *Face Revista de Comunicação e Semiótica* 2, São Paulo, EDUC, 1988.

MALDONADO, L. e outros. *Arte e Símbolo na Liturgia*. Petrópolis, Vozes, 1980.

MALINOWSKI, B. *Antropologia*. Org. Eunice R. Durham. São Paulo, Ática, 1986.

MANNERING, Douglas. *A Arte de Leonardo Da Vinci*, Trad. Francisco de Castro Azevedo. Rio de Janeiro, Ao Livro Técnico, 1985.

MARX, K. & ENGELS, F. *Cuestiones de Arte y Literatura*. Trad. Jésus Lopes Pacheco. Barcelona, Península, 1975.

MASCARETTI, Mariangela. "Relações entre Linguagem Verbal e Corporal: A Kinésica Americana". In: *Revista do Corpo e da Linguagem*. Rio de Janeiro, Icobi, 1985.

MATSON, F. & MONTAGU, A. *The Human Dialogue Perspectives on Communication*. New York, London, The Free Press/Collier-Macmillan, 1967.

MAUSS, Marcel. *Sociologia e Antropologia*. Vol. I e II. Trad. Lamberto Puccinelli (vol. I), Mauro W. B. Almeida e Lamberto Puccinelli (vol. II). E.P.V.-Edusp, São Paulo, 1974.

McLUHAN, Marshall & PARKER, Harley. *O Espaço na Poesia e na Pintura*. Trad. Edson Bini, Marco Pugliesi e Norberto de Paula Lima. São Paulo, Hemus, 1975.

McNEILL, David. *So you think Gestures are Non-verbal?* University of Chicago. Texto mimeografado.

MELO FRANCO, VILLAÇA, NUNES, CHAGAS, RIBEIRO, HUND, FIGUEIREDO, NABUCO, REGINA, SOUZA. *O Renascimento*. Ciclo de Conferências MNBA. Rio de Janeiro, Agir, 1978.

MERLEAU-PONTY, Maurice. *El Ojo y El Espiritu*. Trad. Jorge Romero Brest. Buenos Aires, Barcelona, Paidós, 1985.

―――――. *Fenomenologia da Percepção*. Trad. Reginaldo di Piero. Rio de Janeiro, Freitas Bastos, 1971.

METHENY, Eleanor. *Connotations of Movement in Sport and Dance*. Dubuque, Iowa, Wm C. Brown, 1965.

―――――. *Movement and Meaning*. New York, McGraw-Hill, 1968.

METZ, Christian. *Linguagem e Cinema*. Trad. Marília Pereira. São Paulo, Perspectiva, 1980.

MICHELSON, Annette. "Film and the Critical Text". In: *October 16*. New York, Mit Press, 1981.

MOCANU, Virgil. *Tintoretto*. Trad. Carol Kosmos. London, Abbey Library, 1977.

MONEGAL, E. *et al.* "Sobre a Paródia", *Tempo Brasileiro* 62, 1980.

MONOD, J. *O Acaso e a Necessidade*. Trad. Bruno Palma e Pedro Paulo de Sena Madureira. Rio de Janeiro, Vozes, 1976.

MONTAGU, Jennifer. *Charles Le Brun's Conférence sur l'expression*. Unpublished PhD. thesis. University of London, 1960.

MORIN, Edgar. *O Enigma do Homem*. Trad. Fernando de Castro Ferro. Rio de Janeiro, Zahar, 1975.

―――――. *As Estrelas de Cinema*. Trad. Salvato Telès de Menezes e Antônio Durão. Lisboa, Livros Horizonte, 1980.

MORRIS, C. *Signi, Linguaggio e Comportamento*. Trad. Silvio Ceccato. Milano, Longanesi S.C., 1949.

MORRIS, D. *Você: um Estudo Objetivo do Comportamento Humano*. Trad. de Manoel Paulo Ferreira. São Paulo, Círculo do Livro, 1977.

MOSCARIELLO, Angelo. *Como Ver um Filme*. Lisboa, Proença, s. d.

MURRAY, P. *et al. L'Art de la Renaissance*. Paris, Larousse, 1963.

MUYBRIDGE, E. *The Human Figure in Motion*. New York, 1955.

NERY, Irmão. *A Páscoa e seus Símbolos*. São Paulo, Edições Paulinas, 1982.

NESHER, Dan. "Pragmatic Theory of Meaning: a Note on Peirce's 'Last' Formulation of the Pragmatic Maxim and its Interpretation", In: *Semiótica*. Amsterdam, Mouton, 1983.

NETO, Onofre P. *Vida – Valor – Arte I*. São Paulo, Rio de Janeiro, Perspectiva-UFRJ, 1988.

NICCACI, A. & BATTAGLIA. *Comentário ao Evangelho de São João*. Trad. Ney Brasil Pereira. Petrópolis, Vozes, 1981.

OLIVEIRA, Ana Claudia. "Semiótica e Antropologia", *Cruzeiro Semiótico* n. 3, Ass. Port. de Semiótica, Julho, 1985.

―――――. *Neolítico: Arte Moderna*. São Paulo, Perspectiva, 1987.

OSBORNE, Harold. *Estética e Teoria da Arte*. Trad. Octavio Mendes Cajado. São Paulo, Cultrix, s. d.

PANOFSKY, Erwin. *La Perspectiva como Forma Simbólica*. Trad. Virginia Coreaga. Barcelona, Tusquets, 1983.

——. *Significados nas Artes Visuais*. Trad. Maria Clara F. Kneese e J. Guinsburg. São Paulo, Perspectiva, 1979.

——. *The Codex Huygens and Leonard Da Vinci's Art Theory*. (Studies of Warburg Institute, XIII). Londres, 1940.

PARK, Robert. "Comunicação". In: PIERSON, D. (org.). *Estudos de Organização Social*. São Paulo, Martins Fontes, 1949. (Texto republicado em Série Comunicações USP-ECA, São Paulo, 1971).

PASOLINI, Pier Paolo. *Diálogo com Pier Paolo Pasolini Escritos (1957-1984)*. Trad. Nordona Benetozzo. São Paulo, Nova Stella-EDUSP, 1986.

PASSERONI, GOMBRICH, DAMISH, MARIN, PETITOT. *Semiótica della Pintura*. CALABRESE, O. (org.). Trad. Francisco Marsciani (Gombrich), Isabella Pezzini. (Damish e Petitot) Maria Pia Pozzato (Passeron e Marin). Milani, Il Saggiatores, 1980.

PAZ, Octavio. *Signos em Rotação*. Trad. Sebastião Uchoa Leite. São Paulo, Perspectiva, 1976.

PEDROSA, Mário. *Mundo, Homem, Arte em Crise*. São Paulo, Perspectiva, 1975.

PEIRCE, C. S. *Semiótica*. Trad. José Teixeira Coelho Neto. São Paulo, Perspectiva, 1977.

——. *Semiótica e Filosofia*. Trad. Octanny Silveira da Mota e Leonidas Hegenberg. São Paulo, Cultrix, 1975.

——. *Escritos Coligidos*, Coleção Pensadores. Trad. Luis Henrique dos Santos. São Paulo, Abril, Coleção Pensadores, 1974.

PIGNATARI, Décio. *Semiótica da Arte e da Arquitetura*. São Paulo, Cultrix, 1981.

——. *Semiótica & Literatura*. São Paulo, Cortez & Moraes, 1979.

——. *Informação, Linguagem, Comunicação*. São Paulo, 1968.

——. "Metalinguagem da Arte", *Revista Escrita* 9, 1976.

PLAZA, J. *Tradução Intersemiótica*. São Paulo, Perspectiva, 1987.

POLAN, Dana B. "Roland Barthes an the Moving Image". In: *October 18*. New York, Mit Press, 1981.

POLHEMUS, Ted. (org.) *The Body Reader – Social Aspects of the Human Body*. New York, Pantheon Books, 1978.

POYATOS, F. "Forms and Functions of Non-verbal Communication in the Novel; a New Perspective of the Author-Character-Reader Relationship". In: KENDON, A. *Non-verbal Communication Interaction and Gesture*. The Hague Mouton, pp. 371-379.

——. "Gesture Inventories Fieldwork Methodology an Problems". In: KENDON, A. *Non-verbal Communication. Interaction and Gesture*. Mouton, The Hague, 1981.

——. *Interactive Functions and Limitations of Verbal and Non-verbal Communication*. New York, State English Council, 1976.

——. "The Morphological and Functional Approach to Kinesics in the Context of Interaction and Culture", Semiótica 20, 1977.

RAJCHMAN, John. "Foucault or the end of Modernism". In: *October 24*. New York, Mit Press, 1983.

READ, Herbert. *A Filosofia da Arte Moderna*. Trad. Maria José Miranda. Portugal, Ulisseia, s.d.

──────. *Imagen e Idea*. Trad. Horacio Flores Sanches. México, Fondo de Cultura Económica, 1957.

──────. *As Origens da Forma na Arte*. Trad. Waltensir Dutra. Rio de Janeiro, Zahar, 1981.

──────. *O Sentido da Arte*. Trad. E. Jacy Monteiro. São Paulo, Ibrasa, 1976.

RECTOR, M. & TRINTA, A. *Comunicação Não-Verbal; a Gestualidade Brasileira*. Petrópolis, Vozes, 1985.

RÉGAMEY. *Arte Sacra e Contemporânea*. Trad. Belkiss Silveira Barbruy. São Paulo, Herder, 1965.

REISS, Timothy. *The Discourse of Modernism*. Londres, Cornell University Press, 1982.

RODRIGUES, José Carlos. *Tabu do Corpo*. Rio de Janeiro, Achiamé, 1980.

ROUET, Albert. *A Missa na História*. Trad. M. Cecília M. Duprat. São Paulo, Edições Paulinas, 1981.

RUBINGER, Marcos M. *Pintura Rupestre: Algo Mais do que Arte Pré-Histórica*. Belo Horizonte, Interlivros, 1979.

SAITZ, R. & CERVENKA, E. *Colombian and North American Gestures*, Mouton, The Hague, 1973.

SANTAELLA, L. *Produção de Linguagem e Ideologia*. São Paulo, Cortez, 1980.

──────. *O que é Semiótica*. São Paulo, Brasiliense, 1983.

──────. "As Três Categorias Peirceanas e Os Três Registros Lacanianos: Correspondências", *Correio Semiotico*. Porto, julho, 1986.

──────. "Dialogismo (Bakhtin e Peirce: Semelhanças e Diferenças)", *Correio Semiótico*. Porto, janeiro, 1985.

──────. "Por uma Classificação de Linguagem Visual". In: *Face: Revista de Comunicação e Semiótica* 1. Vol. 2. São Paulo, EDUC, 1989.

SAPIR, E. *Linguagem*. Trad. J. Mattoso Camara J. São Paulo, Perspectiva, 1980.

SCHEFLEN, A. E. "The Significance of Posture in Communication Systems", *Psychiatry* 26, 1963.

SCHNAIDERMAN, Boris. *Semiótica Russa* (coletânea). São Paulo, Perspectiva, 1979.

SEARLE, J. "What is a Speech Act?" In: GIGLIOGLI, P. (ed.). *Language and Social Context*. Penguin, 1965.

SILVEIRA, Lauro F. Barbosa da. "Cosmos Evolutivo e Plano da Criação na Filosofia Peirceana". In: *Trans/Form/Ação* 8. São Paulo, UNESP.

──────. "O Caráter Dialógico e Social do Signo e do Pensamento em Peirce". In: *Trans/Form/Ação: Revista de Filosofia* 8. São Paulo, UNESP, 1988.

SIMONNET, Dominique. "Religião, Saldo Positivo a Longo Prazo". (L'Express). "Cultura", *O Estado de S. Paulo*, ano VII, n. 443, 14 de janeiro de 1989.

SINCLAIR, J. & COULTHARD, M. *Toward an Analysis of Discourse*. Oxford, Oxford University Press, 1978.

SONTAG, S. *Ensaios sobre Fotografia*. Rio de Janeiro, Arbor, 1981.

STEPHENSON, Ralph & DEBRIX, J. R. *O Cinema como Arte*. Trad. Tati de Morais. Rio de Janeiro, Zahar, 1969.

SYPHER, Wylie (org.). *Art Histoy: An Anthology of Modern Criticism*. New York, Vintage Books, 1963.

TAPIÉ, Victor L. *O Barroco*. Trad. Armando Ribeiro Pinto. São Paulo, Cultrix, 1983.

TARALLO. *A Pesquisa Sócio-Lingüística*. São Paulo, Ática, 1986.

TOHYAMA, Yasuko. "Aspectos of Japonese Non-verbal Behavior". In: *Relation to traditional Culture*. Japon Women's University. Texto mimeografado.

——————. *A Semiotic Analysis of Meeting and parting Ritual in Japonese and English*. Tokyo, 1982.

TORRES, A. Roma (org.). *Cinema, Arte e Ideologia*. Porto, Afrontamento, s.d.

UPJOHN, WINGERT, MAHLER, *História Mundial da Arte – O Renascimento*. Trad. Manuela França. Lisboa, Bertrand, 1974.

——————. *História Mundial da Arte: do Barroco ao Romantismo*. Trad. Manuela França. Lisboa, Berthrand, 1975.

VALÉRY, Paul. *Léonard et Les Philosophes*. Paris, Kiäï, s.d.

VANDER, Dr. *Expressión del Rostro. El Arte de Conocer a los demás*. Barcelona, Sintes, 1950.

VERHEUL, Ambroos. *A Estrutura Fundamental da Eucaristia*. Trad. Gaspard Gabriel Neerinok. São Paulo, Edições Paulinas, 1982.

VERÓN, E. *Ideologia, Estrutura, Comunicação*. Trad. Amélia Cohn. São Paulo, Cultrix, 1970.

VIDAL, Augustin Sanches. *Luis Buñuel – Obra Cinematográfica*. Madrid, J. C., 1984.

V. V. A. A. *Leitura do Evangelho Segundo Mateus*. Trad. Benôni Lemos. São Paulo, Edições Paulinas, 1982.

VYGOTSKY, L. S. *Mind in Society*. Cambridge, Massachussetts, London, England, Harvard University Press, 1978.

YAMAGUCHI, Masao. *Le Maquillage Traditionel au Japon. Folklore et Théàtre*. Paris, Traverser 7, Févrie 1977. Texto xerografado.

WEATHERAL, M. *Método Científico*. Trad. Leonidas Hegenberg. São Paulo, Polígono, 1970.

WEBER, Alfred. *História de la Cultura*. México, Fondo de Cultura Económica, 1954.

WEIL, Pierre & TOMPAKOW, Roland. *O Corpo Fala*. Petrópolis, Vozes, 1980.

WESTCOTTI, W. *Os Números*. Trad. Joaquim Palacios. São Paulo, Pensamento, 1988.

WHORF, Benjamin Lee. *Lenguaje, Pensamiento y Realidad*. Trad. José M. Pomares. Barcelona, Barral, 1970.

WIENEN, Robert, *Cibernética e Sociedade o Uso Humano de Seres Humanos*. Trad. José Paulo Pais. São Paulo, Cultrix, s. d.

WITTGENSTEIN, Ludwig. *Investigações Filosóficas*. Trad. José Carlos Bruni. São Paulo, Abril Cultural, 1979.

WÖLFFLIN, Enrique. *Conceptos Fundamentales en la Historia Del Arte*. Trad. José Moreno Villa. Madrid, Espasa-Calpe, 1976.

——————. *El Arte Clásico*. Trad. Amélia I. Bertarini. Buenos Aires, 1955.

——————. *Renacimiento y Barroco*. Barcelona, Paidós Ibérica, 1986.

WOLLEN, Peter. "The Field of Language in Film". In: *October 16*. New York, Mit Press, 1981.

WORRINGER, Wilhelm. *Abstracción y Naturaleza*, Trad. Mariana Frenk. México, Fondo de Cultura Económica, 1953.

——— . *El Arte Egipcio*. Buenos Aires, Nueva Visión, 1972.

WUNDT, Wilheim. *The Language of Gestures*. Paris, Mouton, 1979.

XAVIER, Ismail. *O Discurso Cinematográfico – A Opacidade e a Transparência*. Rio de Janeiro, Paz e Terra, 1984.

ARTE NA PERSPECTIVA

BARROCO MINEIRO – Lourival Gomes Machado (D011)
A ARTE NO HORIZONTE DO PROVÁVEL – Haroldo de Campos (D016)
ARTES PLÁSTICAS NA SEMANA DE 22 – Aracy Amaral (D027)
O LÚDICO E AS PROJEÇÕES DO MUNDO BARROCO – Affonso Ávila (D035)
A ARTE DE AGORA, AGORA – Herbert Read (D046)
A NOVA ARTE – Gregory Battcock (D073)
MANEIRISMO: O MUNDO COMO LABIRINTO – G. R. Hocke (D092)
SIGNIFICADO NAS ARTES VISUAIS – Erwin Panofsky (D099)
MUNDO, HOMEM, ARTE EM CRISE – Mário Pedrosa (D106)
DE ANITA AO MUSEU – Paulo Mendes de Almeida (D133)
OS NOVOS REALISTAS – Pierre Restany (D137)
ARTE – EDUCAÇÃO NO BRASIL – Ana Mae Barbosa (D139)
HISTÓRIA DO SURREALISMO – M. Nadeau (D147)
O FUTURISMO ITALIANO – Org. Aurora Fornoni Bernardini (D167)
FEITURA DAS ARTES – José Neistein (D174)
ARTE COMO MEDIDA – Sheila Leirner (D177)
MÁRIO ZANINI E SEU TEMPO – Alice Brill (D187)
MARCEL DUCHAMP: ENGENHEIRO DO TEMPO PERDIDO – Pierre Cabanne (D200)
NEOLÍTICO: ARTE MODERNA – Ana Cláudia de Oliveira (D202)

A ARTE DA PERFORMANCE – Jorge Glusberg (D206)
DA ARTE E DA LINGUAGEM – Alice Brill (D209)
POR QUE ARTE? – Gregory Battcock (D224)
ALDO BONADEI: O PERCURSO DE UM PINTOR – Lisbeth Rebollo Gonçalves (D232)
DO SIMBÓLICO AO VIRTUAL – Jorge Lucio de Campos (D235)
ARTE E SEU TEMPO – Sheila Leirner (D237)
A REALIDADE FIGURATIVA – Pierre Francastel (E021)
A TRADIÇÃO DO NOVO – Harold Rosenberg (E030)
TARSILA – SUA OBRA E SEU TEMPO (2 vols.) – Aracy Amaral (E033)
A ESTRATÉGIA DOS SIGNOS – Lucrécia D'Aléssio Ferrara (E079)
FUTURISMO: UMA POÉTICA DA MODERNIDADE – Annateresa Fabris (E094)
ARTE, PRIVILÉGIO E DISTINÇÃO – José Carlos Durand (E108)
PORTINARI, PINTOR SOCIAL – Annateresa Fabris (E112)
A IMAGEM NO ENSINO DA ARTE – Ana Mae Barbosa (E126)
O MODERNISMO – Org. Affonso Ávila (ST01)
MANEIRISMO – Arnold Hauser (ST02)
O ROMANTISMO – Org. J. Guinsburg (ST03)
DO ROCOCÓ AO CUBISMO – Wylie Syphher (ST04)
O SIMBOLISMO – Anna Balakian (ST05)
O GROTESCO – Wolfgang Kayser (ST06)
RENASCENÇA E BARROCO – Heinrich Wölfflin (ST07)
ESTUDOS SOBRE O BARROCO – Helmut Hatzfeld (ST08)
MARCEL DUCHAMP: OU O CASTELO DA PUREZA – Octavio Paz (EL13)
EXPRESSIONISMO – R.S. Furness (EL46)
A DANÇA DO SOZINHO – Armindo Trevisan (EL48)
DESENHO ESTRUTURAL – Onofre Penteado Neto (LSC)
VIDA-VALOR-ARTE I – Onofre Penteado Neto (LSC)
VIDA-VALOR-ARTE II – Onofre Penteado Neto (LSC)

impresso na **Prol** editora gráfica ltda.
03043 Rua Martim Burchard, 246
Brás - São Paulo - SP
Fone: (011) 270-4388 (PABX)
com filmes fornecidos pelo Editor.